梦山书系

幼儿园安全管理策略50条

雷思明 著

海峡出版发行集团 | 福建教育出版社

图书在版编目（CIP）数据

幼儿园安全管理策略 50 条/雷思明著．—福州：福建教育出版社，2024.8
ISBN 978-7-5334-9957-0

Ⅰ．①幼…　Ⅱ．①雷…　Ⅲ．①幼儿园－安全管理　Ⅳ．①G617

中国国家版本馆 CIP 数据核字（2024）第 090518 号

You'eryuan Anquan Guanli Celüe 50 Tiao

幼儿园安全管理策略 50 条

雷思明　著

出版发行	福建教育出版社
	（福州市梦山路 27 号　邮编：350025　网址：www.fep.com.cn）
	编辑部电话：0591-83779615　83726908
	发行部电话：0591-83721876　87115073　010-62024258）
出 版 人	江金辉
印　　刷	福建省地质印刷厂
	（福州市金山工业区　邮编：350011）
开　　本	710 毫米×1000 毫米　1/16
印　　张	15.25
字　　数	250 千字
插　　页	2
版　　次	2024 年 8 月第 1 版　2024 年 8 月第 1 次印刷
书　　号	ISBN 978-7-5334-9957-0
定　　价	45.00 元

如发现本书印装质量问题，请向本社出版科（电话：0591-83726019）调换。

序

在孩子上学期间，每当接到幼儿园打来的电话，笔者的心理总是会产生本能的应激反应：但愿孩子没事，希望这个电话与孩子的安全问题无关。后来，不少家长告诉笔者，他们也有类似的体验。诚然，对于任何一个家庭而言，孩子的安全总是最让人牵挂的事情。能够保护孩子安全的教师，一定是家长最感激的教师；能够保证孩子安全的学校，一定是社会最信任的学校。

作为一名法律工作者，近些年来笔者介入了不少在园幼儿伤害事故案件的处理。在大多数事故当中，幼儿园或多或少存在着未履行安全职责的情形，有的是校园设施设备存在安全缺陷；有的是未建立健全各个方面（如门卫、食品、消防等）的安全制度；有的是安全管理不到位，未及时制止幼儿做出各种危险性行为，未采取措施消除校园中潜在的安全隐患；有的是未对幼儿开展必要的安全教育；有的是在发生意外事故之后，未及时、妥当地救助受害幼儿。这些"失职"，均构成了法律上的"过错"，意味着幼儿园须对事故后果承担相应的法律责任。当园长们、教师们焦虑地向笔者寻求可以让园方免责的"灵丹妙药"时，笔者的回答常常让他们失望。笔者告诉老师们，现行的《中华人民共和国侵权责任法》在对幼儿伤害事故的法律责任进行归结时，采取的是"过错推定"原则，在园幼儿发生伤害事故后，首先推定幼儿园有过错，需承担责任，但幼儿园能够证明自身已尽了教育、管理职责的，不承担责任。对于发生了幼儿伤害事故的幼儿园而言，要证明自身已履行教育、管理职责总是很困难的，因为其证据多为园方提供的规章制度类文件和教职工的证人证言，在一些法官看来，这是一方当事人或其利益相关者的一面之词，其客观性无以保证。由此，幼儿园免责的意见往往难以被司法部门所接受。在这样的情况下，幼儿园更应当争取的是，要在法定的、合理的范围内承担责任，剔除掉原告的索赔要求中的"水分"；同时，在存在第三人侵权的情形下，积极协助原告依法向第三人索赔，让幼儿园的责任不被不理性、不合法地扩大。最后，笔者总是反复建议老师们，一定要从受害幼儿家长的角度进行换位思考，感受、理解其正常诉求，反思幼儿园在安全管理中存在的问题，改进校园安全工作，让幼儿园真正成为最安全、最让家长放心的场所。

学龄前幼儿活泼好动，好奇心强烈，喜欢尝试和冒险，对身边的危险缺乏敏感性，自护和保护同伴安全的能力极为欠缺，保障他们在园学习、生活期间的安全，需要从小处设防，从细节做起，建立起周密的安全工作防范体系。最重要的是，要让一线教职工掌握保护幼儿的基本知识，并有针对性地采取相应的防范对策。有鉴于此，笔者收集了近些年来发生的方方面面的在园幼儿安全事故，分析、诊断事故的缘由，并结合自己多年来在处理幼儿伤害事故纠纷、协助幼儿园建立健全安全制度工作中的一些体会，归纳、总结出了较有代表性的50条安全管理策略。在本书中，笔者试图通过呈现大量的案例，让教师们了解各种场合、各种情形下可能发生的安全事故；通过对案例进行点评，让教师们了解现行法律对幼儿园及其教师在各个方面的安全职责要求，以及怠于履行职责可能要承担的法律责任；通过提出具体的、可操作的安全策略，供教师们参考、借鉴，引导幼儿园及其教师探索、施行保护幼儿的安全之道，最大限度地防范在园幼儿安全事故的发生。

隐患甚于明火，责任重于泰山。杜邦公司是世界500强之一，它的主营业务是生产火药和化工产品，从理论上看这是一个相当危险的产业，但是，今天的杜邦公司却以高效的安全生产管理模式和接近于零的安全事故发生率而闻名于世界。实践证明，生产领域的各类安全事故是可以有效防范和避免的。虽然幼儿园的安全工作具有特殊性，幼儿也不同于没有生命的产品、设备，但是，只要思想重视、方式得当，幼儿园的各种安全事故也是可以尽力避免的。愿所有的在园幼儿都有一个安全的今天和美好的明天。

雷思明
2024年2月于北京

目 录

第 1 条　忽视晨检，问题多多 ································ 1

第 2 条　幼儿缺勤，老师要及时询问家长 ···················· 4

第 3 条　在园幼儿的穿戴要适宜 ······························ 7

第 4 条　家长没来接，幼儿园不要让孩子自行离园 ············ 11

第 5 条　代为接孩子，应当向幼儿园出示授权委托书 ·········· 14

第 6 条　如何防止幼儿被他人冒领 ···························· 18

第 7 条　离异家庭的幼儿交接时要注意些什么 ················ 21

第 8 条　放学离园，特别容易出事故的几种情况 ·············· 24

第 9 条　防范幼儿走失应该怎么做 ···························· 27

第 10 条　校车及其司机应当具备怎样的资质条件 ············ 30

第 11 条　建立校车接送幼儿过程中的专人跟车管理制度 ······ 34

第 12 条　如何防范幼儿园的建筑、场地发生安全事故 ········ 37

第 13 条　如何防范幼儿园的设施、设备引发安全事故 ········ 40

第 14 条　如何防范幼儿园的教具、玩具引发安全事故 ········ 44

第 15 条　在容易发生危险的地方要设立警示标志 ············ 48

第 16 条　幼儿园装修过程中有哪些注意事项 ················ 51

第 17 条　危险物品应当如何管理 ···························· 54

第 18 条　幼儿伙食费应当全部用于幼儿膳食 ················ 57

第 19 条　怎样防范幼儿园食物中毒事件的发生 …………… 60

第 20 条　怎样防范幼儿就餐过程中发生安全事故 …………… 63

第 21 条　药品的安全管理不可忽视 ……………………………… 66

第 22 条　传染病防治，幼儿园该怎么做 ……………………… 69

第 23 条　怎样建立突发公共卫生事件应急处理机制 ………… 73

第 24 条　幼儿午睡有哪些风险 …………………………………… 77

第 25 条　幼儿如厕应注意哪些安全问题 ……………………… 81

第 26 条　如何进行班级区角活动的安全管理 ………………… 84

第 27 条　室外活动课如何保证幼儿的安全 …………………… 87

第 28 条　幼儿园大型活动和集体外出活动如何强化安全管理 … 91

第 29 条　建立防范拥挤踩踏事故的安全制度 ………………… 97

第 30 条　强化消防管理，预防火灾发生 ……………………… 101

第 31 条　如何做好幼儿园的交通安全工作 …………………… 109

第 32 条　幼儿园暴力伤害案件该如何预防与处理 …………… 113

第 33 条　幼儿园如何预防与应对自然灾害 …………………… 120

第 34 条　如何防范在园幼儿遭受性侵害 ……………………… 127

第 35 条　健全门卫制度，守住幼儿园的第一道防线 ………… 132

第 36 条　建立在园幼儿安全信息通报制度 …………………… 136

第 37 条　建立幼儿园安全事故报告制度 ……………………… 140

第 38 条　建立幼儿园安全工作责任制和事故责任追究制 …… 145

第 39 条　幼儿园安全工作台账如何建设和管理 ……………… 150

第 40 条　体罚幼儿会带来哪些后果 ……………………………… 153

第 41 条	尊重幼儿的人格尊严，不要侮辱孩子	156
第 42 条	尊重幼儿的个人隐私，不要泄露幼儿的个人信息	159
第 43 条	规范保教言行，防止侵犯幼儿的名誉权	163
第 44 条	保护幼儿的肖像权，慎重使用幼儿的照片	166
第 45 条	孩子发生事故后幼儿园该怎么办	169
第 46 条	如何判断幼儿园对伤害事故是否需要担责	173
第 47 条	幼儿伤害事故的赔偿项目及费用标准	177
第 48 条	如何处理因伤害事故的赔偿问题而引发的纠纷	182
第 49 条	投保校方责任险后应当注意哪些问题	187
第 50 条	幼儿常见伤病如何紧急处理	191

附录一	幼儿园管理条例	197
附录二	幼儿园工作规程	202
附录三	学生伤害事故处理办法	213
附录四	中小学幼儿园安全管理办法	220
附录五	"练习与思考"参考答案（思路点拨）	230

第1条　忽视晨检，问题多多

情景再现

旦旦是幼儿园中班的学生。一日早晨起床后，旦旦随手把爸爸的打火机装进了自己的口袋。随后，旦旦在奶奶的护送下来到了幼儿园。看见在门口值班的幼儿园保健医生李阿姨，旦旦快速伸出一双小手让李阿姨看了一眼，便一蹦一跳地进入了自己所在的班级。到了上午户外活动的时候，旦旦趁老师不注意，从兜里拿出打火机玩弄起来，班上其他小朋友看见后围过来看热闹。突然间，打火机被打着火了，蹿起来的小火苗烧到了另一个小朋友齐齐的脸。齐齐当即疼得大哭起来。老师闻讯赶过来，将齐齐送到保健室，保健医生随即进行了简单的处理。看到齐齐被烫的地方离眼睛仅有两三厘米之距，保健医生和老师想想都感到后怕。下午妈妈来接齐齐的时候，看见了儿子左脸上不起眼的伤痕，在得知事情的经过后，齐齐的妈妈非常气愤，与老师、幼儿园领导大吵起来，并扬言要向媒体曝光。为了防止事态扩大，第二天，幼儿园的园长安排教师带齐齐去医院做进一步的检查，并由园方支付了所有的医疗费用。后来，园领导和老师还多次到齐齐家中进行慰问。在幼儿园诚恳道歉并表示今后会采取措施加强安全工作的情况下，齐齐的妈妈才消解了胸中的怒火。

问题分析

齐齐为什么会被打火机烧伤呢？户外活动课的老师怠于履行管理职责，活动前没有对孩子的着装及携带物品情况进行安全检查，且在活动过程中对孩子的行为疏于管理，乃是重要原因。幼儿自身缺乏安全意识，违反纪律玩弄危险物品，以及家长对家里的危险物品管理不周，对幼儿的安全教育存在不足，也是不可忽视的原因。更重要的是，这一事件还反映了幼儿园在安全制度上的一个重大漏洞——没有严格执行晨检制度。当旦旦早晨来到幼儿园门口的时候，值班的保健医生只是看了看他的小手，没有严格执行"一摸、二看、三问、四查"的晨检规定，特别是没有对旦旦随身携带物品的情况进行检查，导致旦旦把打火机这一危险物品带进了园内。紧接着，班级的老师和保育员也没有对旦旦进行第二道晨检，没有检查幼儿是否携带危险物品入班，导致危险物品最终"闯关"成功，给幼儿在园活动留下了不可预知的安全隐患。

做好晨检工作意义重大。首先，幼儿园通过晨检活动，可以识别出患有严重疾病的幼儿，从而督促家长及时带孩子就医，防止因疏忽大意而延误了病情。其次，在晨检中发现患有传染性疾病（如手足口病、麻疹、腮腺炎等）的孩子，幼儿园可做到早发现、早报告、早隔离、早治疗，既对患儿自身的健康负责，也防止患儿把疾病传染给幼儿园内其他健康的孩子。再次，通过晨检，可以防止幼儿将危险物品带入园内，以免对其自身或其他幼儿的安全和健康构成威胁。可见，晨检不是一项可有可无的工作，它可以把很多危险因素阻挡在校门之外，幼儿园及教师应当严格执行晨检制度，不能敷衍了事。

应对之策

• 每天早晨，幼儿园应当安排保健人员（也可安排一两名教师或保育人员予以辅助）站在校门口，亲切地迎接幼儿的到来。

• 负责晨检的保健人员和教师要严格执行"一摸、二看、三问、四查"的规定。"一摸"：摸一摸幼儿的额头和手心，看有无发热的现象，疑似发热者予以测体温。"二看"：看看幼儿面色和神态是否正常，有无流涕、流泪、结膜充血现象，身上有无皮疹，咽部是否充血，体表有无伤痕，观察幼儿有无疾病或传染病迹象。"三问"：向家长询问昨夜幼儿在家的饮食、睡眠、大小便情况，判断幼儿有无不舒服、患病等异常情况。"四查"：检查幼儿是否随身携带了危险物品，着装是否符合安全要求。

• 对于晨检中发现有传染病或其他严重疾病的幼儿，保健人员和教师要让家长带幼儿去医院检查或治疗；对于健康的幼儿、服药的幼儿及待观察的幼儿要发放不同的晨检牌（如绿牌、黄牌、红牌等），由幼儿的家长或幼儿带回班级，再由班级老师、保育员及保健人员做进一步处理。晨检结束后，保健人员要将当天晨检中发现的异常状况记录下来，并进行全日观察和追踪，及时采取防范措施。教师和保育员要对身体异常的孩子予以特别关注和保护。

• 幼儿进了班级之后，班上的老师和保育员要对幼儿进行第二道晨检，重点是检查幼儿的着装和携带物品的情况，特别是要通过查看幼儿的衣服口袋和书包，检查幼儿是否携带不适宜的物品来园。幼儿可能携带的不适宜物品主要包括三类：一是容易丢失或可能被幼儿误吞的贵重物品，如首饰、项链等；二是可能对幼儿造成伤害的具有一定危险性的物品，如打火机、火柴、剪刀、小刀、针、铁钉、纽扣、玻璃球（片）、带有子弹的玩具手枪、尖锐物品等；三是容易造成幼儿呛、噎、窒息的食品，如果冻、花生、豆子、爆米花、瓜子、口香糖等零食。教师一旦发现幼儿携带了不适宜的物品，应当将其交由家长带回，或者由老师收起来妥善保管，在幼儿放学离园时再交给其家长带回，并教育幼儿以后不要再次携带。幼儿在多次碰壁之后，就会知难而退，不再携带不适宜物品来园。

• 幼儿园应当向幼儿的家长提出要求，当孩子患病后，家长应当让其在家中休息或及时带孩子就诊，并将病情告知幼儿园，而不要坚持让孩子上学，以免延误了病情而酿成恶果。每天上学前，家长应当检查孩子的着装、口袋、书包，防止孩子将不适宜的物品带到幼儿园。

练习与思考

【案例】 一天早晨上幼儿园之前，龙龙小朋友趁家长不注意，偷偷把一包药放进了自己的口袋。当天，正当幼儿园老师忙着给孩子们准备午饭的时候，龙龙把药从兜里拿出来，发给别的小朋友，小朋友都把它当作糖给吃了。不一会儿，几个小朋友突然倒了下去。老师发现后急忙拨打了120急救电话。经过治疗，6名孩子康复情况良好，另5名在ICU病房抢救的孩子也脱离了生命危险。

【思考】 哪一（几）方应对本起事故承担责任？为什么？

第 2 条　幼儿缺勤，老师要及时询问家长

=== 情景再现 ===

6 岁的小芳是某小学学前班的学生，一日下午 1 时 10 分左右，小芳的外公将小芳送到学校的大门口，由于学校规定的入校时间是 1 时 50 分，距离开校门的时间还有 40 分钟，外公让小芳在校门口等着，自己便回家了。下午 4 时 50 分，学校放学后，小芳的父亲去学校接女儿，老师告诉他，小芳整个下午都没来上课，座位上也没有发现她的书包。全班同学也都说，下午没有看到小芳来上课。发现小芳失踪后，学校立即组织全校大部分老师四处寻找，并向派出所报了案。当天晚上 7 时左右，派出所通知学校，在离学校几公里远的废弃的建筑工地上，发现了小芳的尸体。杀害小芳的罪犯一直没有抓获。小芳的家长认为，他们的女儿是在学校门前失踪后惨遭不幸的，便告到法院，要求学校承担全部责任，给予 15 万元的赔偿。法院经审理认为，小芳的家长由于监护不力，对小芳不幸被害应承担主要责任，而学校由于部分管理职责不到位，应承担次要责任，给予适当的赔偿。

=== 问题分析 ===

按照规定，幼儿园与幼儿的家长之间应当建立幼儿接送的交接制度。本案中，小芳的外公在学校规定的入校时间之前就把小芳送到校园门口，且在尚未把小芳交给老师的情况下即撇下小芳自顾离开，导致小芳在无人照管的情况下遭受不法分子的残害。家长没有履行交接义务，对孩子疏于监管是事故发生的主要原因。同时，学校考勤制度不健全，在下午上课后没有检查考勤情况，未能及时发现小芳非正常缺勤的情况并及时向家长进行询问，导致小芳的家长未能及时知悉小芳的缺勤信息，从而错过了寻找小芳的最佳时

机，学校对事故的发生也存在一定的过错。

《中小学幼儿园安全管理办法》第二十四条规定："学校应当建立学生安全信息通报制度，将学校规定的学生到校和放学时间、学生非正常缺席或者擅自离校情况，以及学生身体和心理的异常状况等关系学生安全的信息，及时告知其监护人。"《学生伤害事故处理办法》第九条也规定："因下列情形之一造成的学生伤害事故，学校应当依法承担相应的责任……（十一）对未成年学生擅自离校等与学生人身安全直接相关的信息，学校发现或者知道，但未及时告知未成年学生的监护人，导致未成年学生因脱离监护人的保护而发生伤害的。"实践中，一些幼儿缺勤后，其家长往往不主动与幼儿园老师联系，一些教师由于工作繁忙或者疏忽大意也不主动询问幼儿缺勤的原因，虽然一般情况下幼儿缺勤多是家长做出的选择，幼儿也并没有脱离家长的监护，但如果信息通报的缺失成为一种惯例，那么一旦发生如本案中的幼儿非正常缺勤现象，就很容易因家庭和学校之间的信息沟通不足，导致幼儿处于家庭和学校的监管真空状态而发生意外。

应对之策

- 幼儿园应当建立严格的考勤制度，每天幼儿到园后，教师都要检查本班幼儿的出勤情况，若发现有幼儿未经请假而缺勤，教师应当立即与其家长取得联系，询问缺勤的原因。
- 幼儿在园期间，教师在组织幼儿参加每一项活动之前及活动之后，都要清点人数，若发现幼儿非正常缺席，要立即查找，并及时通知幼儿的家长，必要时应当及时向公安部门求助。
- 对于因病缺勤的幼儿，带班教师要了解幼儿的病因及治疗情况，并及时告知幼儿园的保健医生，防止传染病的传播。
- 平时，幼儿园应当规定，孩子因故缺勤的，家长应提前向教师请假，并将孩子缺勤的原因和缺勤期间的活动安排告诉教师，以便教师及时掌握孩子的安全信息情况。

练习与思考

【案例】 2007年8月8日7时许,山东英才·银座双语艺术幼儿园阳光分园班车司机齐某接送幼儿上学。7时55分左右,班车到达幼儿园,该园老师杨某从车上抱扶幼儿下车,并安排实习教师张某在幼儿园大厅整队。后齐、杨二人未清点下车人数,也没有进入车厢内部仔细查看,便直接带领下车的幼儿进入园内。齐某将班车停放在停车场内,在没有确认乘车幼儿全部下车的情况下即关闭车门离去。结果导致其中一名幼儿滞留车内,至当日17时20分被发现时,该幼儿已死亡。经法医鉴定,幼儿系中暑身亡。2007年11月23日,山东省济南市市中区人民法院对此案作出判决,以过失致人死亡罪判处教师杨某有期徒刑二年;实习教师张某、司机齐某以相同的罪名均被判处有期徒刑一年,缓刑一年。此案提起公诉后,被害人的亲属与幼儿园自愿达成民事赔偿协议,由幼儿园赔偿被害人亲属住房一套。

【思考】 幼儿园教师杨某和实习教师张某有何过错?

第3条　在园幼儿的穿戴要适宜

情景再现

据《南国都市报》报道，一日上午7时许，陈女士将2岁半的儿子小健送到幼儿园后离开。小健在幼儿园吃完早餐后，老师安排孩子们玩滑梯，后来，有孩子跑来告诉老师，小健在滑梯上不动了，可能是睡着了。闻讯后，园长及几名老师跑到滑梯处，叫小健醒来，小健不应。老师要抱小健下滑梯时，发现小健脖子上的红绳卡在了滑梯的螺丝帽上，老师将红绳从螺丝帽上摘下，将小健抱下滑梯，此时小健已昏迷不醒，老师随即对其进行抢救。随后，园长跑到路边拦了一辆车将小健送到医院，因抢救无效，小健于上午9时许死亡。警方在现场调查时发现，卡住小健脖子红绳的滑梯螺丝已松动，警方推断，在玩滑梯的时候，小健脖子上的红绳被松动的螺丝卡住，导致其窒息死亡。据小健的爷爷介绍，小健脖子上的红绳子是小健出生后，其姑姑按照当地的风俗，为避邪保平安而给小健买的，绳子上还挂着一个浅色的象牙，孩子出生不久就戴在脖子上，红绳是一条细细的尼龙绳，不容易扯断。据家长反映，事发时，看管孩子的两个年轻女老师都不在滑梯旁边，而是在不远的地方。就滑梯上的螺丝为什么会将小健脖子上的红绳卡住，幼儿园老师都说不清楚。

问题分析

本起事故的发生，源于在园幼儿不适宜的着装穿戴。家长们在给孩子穿着打扮时往往只从自身的审美角度出发，或者为图自身方便而过于随意，没有考虑到幼儿在园活动的特殊性。而幼儿园老师对幼儿的穿戴缺乏必要的提醒、教育并采取相应的安全防范措施，加之在活动中对幼儿疏于照看和管理，最终导致了事故的发生。事实告诉我们，幼儿生性好奇、好动、自理、自护能力差，而其在园期间要参加大量的游戏、体育活动，不适宜的穿戴很可能成为活动中的羁绊，甚而危及幼儿的人身安全。

在园幼儿穿戴中存在的问题，主要表现在以下几个方面：

1. 鞋

（1）给幼儿穿系鞋带的鞋。由于幼儿自理能力较差，在活动中鞋带松了，幼儿不会或者顾不上系鞋带，教师若没有及时发现，幼儿很容易因鞋带被自己或者他人踩住而摔倒。

（2）给幼儿穿的鞋过大，不合脚。幼儿在活动中容易因鞋子掉了而摔倒。

（3）给幼儿穿靴子、皮鞋等不灵便的鞋。这不利于幼儿参加运动，而且会阻碍幼儿脚部的血液循环，影响其脚趾和脚掌的生长发育。

2. 裤子

（1）裤子太紧或太松都不好。裤子太紧，导致孩子在活动、上厕所或者午睡时穿脱困难，影响其正常生活和运动，并且太紧的裤子会压迫孩子的身体器官，会影响孩子的肌肉、骨骼、生殖器的正常发育。裤腰太松，在活动中裤子容易往下滑，会导致孩子受风着凉，或者因裤腿着地被自己或他人踩住而摔跤。

（2）裤腿太长，容易导致孩子在走路或者活动中被自己或者他人踩住裤腿而摔倒。

（3）男孩子的裤头前面有拉链，可能会导致孩子在上厕所的时候生殖器被拉链夹伤。

3. 上衣

（1）衣服上有绳类装饰。有些家长给孩子买的上衣的领子、衣角上有装饰绳子，或者是与上衣相连的风帽上有绳线，当孩子在运动时，绳线可能缠在脖子上，卡在大型玩具（如滑梯）的缝隙处或螺丝帽上，绳线还可能被其他孩子拽住，导致孩子发生窒息等意外事故。

（2）衣服上有不适当的饰物。衣服上的装饰物太多，孩子有可能不分场合地玩弄，从而分散其注意力。有些挂饰物，如小纽扣、珠子、球、塑料亮片、金属链等，有可能被孩子取下来放进嘴里而导致误吞误服。

总之，在园幼儿的穿戴，一要合体、舒服，服装和鞋的长短、大小要合适，衣服的面料要柔软、吸湿、透气，让幼儿穿起来舒服，不会感到别扭。二要便于幼儿自己穿脱，不要给幼儿穿戴系鞋带的鞋、在后背开襟的上衣、紧身裤等幼儿自行穿脱较为费力的衣物，这不利于培养孩子的生活自理能力。三要便于幼儿参加运动，幼儿在园的一天生活以活动为主，幼儿的着装要适合孩子参加游戏、运动，不能给运动中的幼儿造成妨碍，甚至给其安全造成威胁。

应对之策

- 幼儿园应当利用召开家长会、发放宣传物品等各种途径，向幼儿的家长开展在园幼儿着装问题的安全教育，提高家长的防范意识，防止幼儿因穿戴不当而导致意外发生。
- 每天晨检的时候，值班的教师要注意检查幼儿的穿戴是否符合要求，发现问题要及时予以纠正，以免造成隐患。
- 在幼儿参加游戏、体育活动之前，教师要认真检查幼儿着装的安全性，查看幼儿穿戴的鞋、裤子、上衣是否适合活动的要求，是否携带了不安全的饰物，排除不安全的着装行为。在活动过程中，发现幼儿的着装有可能影响其安全时，教师要立即采取防范措施，决不能有"等一会儿"的想法。
- 教师平时要教育幼儿，当感觉到身上的着装妨碍了自己的活动或者让自己不舒服的时候，当发现其他小朋友的着装有问题的时候，一定要及时告诉老师。在活动过程中，千万不要去拉扯别人的衣服，不要把衣服上的挂饰物放进嘴里，否则会危及自己或他人的健康和安全。

练习与思考

【案例】 星期三早晨，5岁的小雨穿了一双新鞋去幼儿园上学，鞋带是妈妈在家给系好的，妈妈还特意提醒小雨在幼儿园不要把鞋带解下来。上午户外活动的时候，老师让小朋友们在操场玩，小雨的鞋带松了，但他玩兴正浓，根本顾不上。奔跑中，小雨的鞋带被人踩住，一个跟头摔倒在地。老师听到哭声赶过来，听小雨说自己的肩膀很疼，便立即将小雨送到附近的医院检查。经医生诊断，小雨的伤情为锁骨骨折。后来，小雨在医院住了十天，花去医疗费四千多元。

【思考】 小雨的医疗费等损失应当由谁承担？为什么？

第4条　家长没来接，幼儿园不要让孩子自行离园

情景再现

据《华西都市报》报道，家住四川宜宾县某社区的5岁男孩晓方（化名），在该县某幼儿园上学。2008年12月的一天下午放学后，晓方在未等家人来接的情况下自行离开幼儿园。当晓方的亲人在去接孩子的路上遇到晓方时，发现晓方脸色异常，便将他送到当地医院检查治疗。当晚晓方又被转送到宜宾市另一家大医院抢救，23时许，晓方因抢救无效死亡。经检查，晓方系放学途中误食枣子，导致支气管异物堵塞，呼吸循环衰竭而死亡。事后，晓方的亲人以幼儿园在晓方没有家长来接时，让其自行离校，没有尽到安全义务为由，要求园方对晓方的死亡承担赔偿责任。法院经审理认为，幼儿园的幼儿上下学接送制度不完善，导致晓方在放学后自行离园，并在回家途中因气管异物堵塞而死亡，园方对此有过错，应承担60%的责任；晓方的亲人未按时到校接孩子，对事故的发生也有一定过错，应承担40%的责任。法院一审判决幼儿园赔偿晓方家人死亡赔偿金、丧葬费、误工费等损失共计6万多元。

问题分析

幼儿的辨别能力、自我控制能力和自我保护能力都比较弱，他们一旦脱离家长的监护和学校的管理，处于监管的"真空状态"，就有可能发生意外事故。因此，家庭的监护和学校的保护在时间及空间上应当相互衔接、不留漏洞。在幼儿上下学的过程中，建立起幼儿接送的交接制度，可以实现家庭保护和学校保护之间的"无缝链接"。幼儿园应当按照《幼儿园工作规程》和《中小学幼儿园安全管理办法》的规定，建立严格的幼儿接送的交接制度。

交接应当做到"手递手"：上学的时候，家长应当把幼儿送进幼儿园并交到带班老师的手中后方可离去；放学的时候，幼儿园应当把幼儿交到家长手中后方可允许幼儿离园。在后手"接盘"之前，前手不得以任何理由放弃对孩子的管理和保护。前述案例中，幼儿园在幼儿家长未按时来接孩子的情况下，让孩子自行离园，严重违背了交接职责，存在重大过错，应当对由此引发的事故承担主要责任。同时，幼儿的家长没有在规定的时间接送孩子，也没有事先与幼儿园联系并说明理由，亦存一定的过错，须承担相应的责任。

应对之策

- 幼儿园应当向幼儿的家长提出要求，在上下学期间，家长应当按时接送幼儿，如有特殊情况不能按时接送的，应当事先告知幼儿园，以便园方采取相应对策，保证孩子的安全。
- 放学后，对于家长未能按时来接的幼儿，幼儿园不得让其自行离园或将其交给无关人员带走，而应当指派专人看管，保证其安全，直至家长或其委托的人员将孩子接走。
- 幼儿交接的地点，一般选择在幼儿所在班级的门口，也可选择在幼儿园门口。对于校车接送上下学的幼儿，交接地点则为某一特定的校车停靠站点。在校车停靠站点，跟车教师和司机不得让无人接送的幼儿自行离去，而应当看管好孩子，直到亲手把孩子交到家长手中。
- 平时，教师应当教育在园幼儿，没有家长的接送，不要自己上下学。放学后若是家长没有按时来接自己，那就在幼儿园耐心地等待，听从老师的安排，不要乱跑、乱动，更不能自行离开幼儿园。

练习与思考

【案例】据《扬子晚报》报道，小雨是泗洪某幼儿园宝宝班的学生，对路途遥远学生，该幼儿园上学、放学均有专车接送，该车通常将学生送到家长指定地点，由家长接领，上午正常到达家长指定地点的时间为11时30分至40分。2009年11月24日上午，由于幼儿园提前放学，接送学生的车辆于11时20分将小雨送到了指定地点。时间提前了10分钟左右，小雨下车后见父母没有来接自己，而且家就住在马路对面，便自己回家。就在通过公路时，小雨不幸被张某驾驶的车辆撞伤。小雨住院治疗 30 天，支付医疗费 32 887.46 元，经鉴定为八级伤残。事后小雨父母以道路交通事故人身损害赔偿纠纷起诉张某及其投保的保险公司。经确认，小雨各项损失为 99 625.46 元，法院判决张某及其投保的保险公司共赔偿原告 94 350 元，余额由原告自行负担。小雨的父母认为如果幼儿园方当天没有提前放学，或者提前放学及时通知家长接送，孩子也不会自行横穿马路，故以幼儿园在教学管理上存在过失为由，将幼儿园诉至法院，要求园方承担各项损失赔偿 5 万元。法院经审理判决幼儿园赔偿小雨各项损失 5275.46 元。

【思考】 幼儿园承担赔偿责任的依据是什么？

第5条　代为接孩子，应当向幼儿园出示授权委托书

情景再现

三岁的豆豆原本就读于某幼儿园，大人们的一时疏忽却让他永远离开了这个世界。豆豆的家长向法院起诉称，他们早晨把孩子送到幼儿园，当天下午五点多，在他们尚未到幼儿园接孩子的情况下，孩子却离开了幼儿园。豆豆在回家途中跌入学校附近的一道两米多宽、近一米深的河沟里，不幸被淹死。他们要求幼儿园赔偿死亡赔偿金、丧葬费等共计17万余元。幼儿园则辩称，出事前三个月，豆豆常常由班上另一名幼儿的家长江某（江某跟豆豆一家是邻居，两家关系很好）接回家，学校和家长对此都是默认的，从未有异议。出事当天下午五点多，江某到学校接自己的孩子的时候，顺便将豆豆一起接走了。江某在回家途中对豆豆看管不周，致使豆豆在河边洗手时不慎跌入水中而发生意外。对此，幼儿园是没有过错的，不应承担法律责任。庭审中，法院将江某追加为共同被告。江某则辩称，虽然过去她偶尔接过豆豆，但出事当天，她并没有接豆豆，豆豆的家长也没让她接。事发当天，她接自己的孩子的时候，豆豆也想跟她走，但她没同意。她还特别叮嘱学校门卫看好豆豆，别让豆豆跟她走。她带着自己的孩子出了校园，刚走了几十米，后面有人喊"孩子落水了"，她才知道豆豆出事了。她认为，事发当天自己并没有接豆豆，不应承担赔偿责任。庭审中，豆豆的妈妈也坚持说事发当天她并没有委托江某接豆豆。然而，学校找来的一些证人却说，事发当天他们看到江某领着豆豆在河边走，豆豆说想洗手，江某叫豆豆自己去洗，结果豆豆洗手时不慎跌入水中。后来，江某看到他们时还说"我把娃娃接出来淹到了，怎么办啊"。此案经开庭审理，各方据理力争。法院终审判决幼儿园承担全部责任，赔偿豆豆的父母17万余元。法官解释说，江某曾经接送过豆豆，不能

够说明当天豆豆的父母就确实委托江某了，学校不能证明豆豆的父母与江某之间存在委托关系。豆豆的父母也表示，当天他们并没有委托江某接送豆豆。在没有证据证明委托关系成立的情况下，幼儿园擅自把孩子交给江某接走，因此，幼儿园应承担赔偿责任。

问题分析

本案争议的焦点有两个：一是豆豆是否是被其邻居江某接走的；二是如果豆豆确实是被江某接走的，那么江某接豆豆是否受豆豆家长的委托。关于第一个争议焦点，从各方的陈述及证人作证的情况看，应该可以确定豆豆是被江某从幼儿园带走的。关于第二个争议焦点，委托关系在法律上要成立，既需要有委托人明确的委托意思表示，又需要有受托人明确的同意接受委托的意思表示，两者缺一不可。由于本案中豆豆的家长与江某均否认事发当日两者之间存在委托关系，亦没有证据证明委托关系存在，故委托关系缺乏成立的法律要件，应认定两者之间不存在委托关系。虽然江某过去曾接过豆豆，但两者之间并没有书面的协议，且幼儿园与豆豆的家长之间也没有允许第三人接豆豆的协议，故不能以以往的个例来推定委托关系的恒定成立。按照教育部等十部委联合发布的《中小学幼儿园安全管理办法》的规定，小学、幼儿园应当建立低年级学生、幼儿上下学时接送的交接制度，不得将晚离学校的低年级学生、幼儿交与无关人员。本案中幼儿园在未征得豆豆家长同意的情况下，擅自将豆豆交与他人接走，其行为违反了国家的相关规定，对意外事故的发生存有一定过错，须承担相应的民事责任。

豆豆的遭遇告诉我们，在幼儿的家长未明确授权他人代为接送孩子的情况下，如果幼儿园擅自将幼儿交给家长之外的人带走，那么一旦孩子发生意外，园方很可能需要承担相应的法律责任。

应对之策

• 为了保证幼儿的交接安全，幼儿园应当建立在园幼儿上下学接送的交接制度，与幼儿的监护人签订交接协议，约定交接的时间、地点、接送人、交接的方式，明确各自的职责范围，并在实践中予以严格执行。

• 幼儿离园时，应当由约定的接送人进行接送。如果约定的接送人因故不能亲自来幼儿园接孩子，而须委托他人代为接送的，幼儿园应当让幼儿的监护人给受托人出具代为接送孩子的授权委托书。受托人到幼儿园代为接孩子时，应当将授权委托书交给幼儿园，幼儿园应当立即向幼儿的监护人打电话确认授权委托书的真实性。只有在授权委托书的真实性得到确认的情况下，幼儿园方可允许受托人将幼儿接走。

• 因时间紧迫，幼儿的监护人未来得及向代为接送的受托人签发授权委托书，而仅仅是进行口头委托的，在受托人来园代为接送孩子时，幼儿园应当及时与幼儿的监护人通话联系，就委托关系是否存在进行核实，并保留好通话录音，以防他人假借幼儿家长的名义将孩子从幼儿园带走。事后，幼儿园还应当让幼儿的监护人及时补交授权委托书。

• 一旦发现在园幼儿擅自离园或被无关人员接走，幼儿园应当立即通知幼儿的监护人，必要时应当及时向公安机关报案。

• 幼儿园应当教育在园幼儿，放学的时候，如果来接自己的人跟平时不一样，而且也不是自己的家长，那么千万不要轻易跟他（她）走，而要把这一情况告诉老师，听从老师的安排。

练习与思考

【案例】 据《三峡都市报》报道，2007年，分水镇男子聂某与妻子离婚。此后，聂某曾试图找妻子复婚，但未果。为此，聂某对妻子娘家人怀恨在心，并扬言要报复前妻的侄儿。2008年3月4日，聂某来到万州分水镇某幼儿园。当时，聂某的女儿和前妻5岁的侄儿彬彬（化名）均在这所私人幼儿园上学。聂某在从老师处接到自己的女儿后，又向老师提出要接走彬彬。幼儿园的老师都知道彬彬和聂某的女儿是表兄妹关系，且彬彬出来后又叫聂某"姑父"，为此老师便让聂某将彬彬一并接走了。然而，聂某在将自己的女儿送回家后，却将彬彬带到荒郊野岭。当天下午，聂某将彬彬杀害。2008年年底，重庆市第二中级人民法院一审以聂某犯故意杀人罪，判处死刑，剥夺政治权利终身，赔偿彬彬父母丧葬费、误工费共计1.4万元。在杀人凶手受到法律的处罚后，彬彬的父母想到了幼儿园。他们认为，聂某在以姑父名义向幼儿园提出接走彬彬时，幼儿园并没有征得其父母的同意。因此，幼儿园有重大过错，也为凶手杀害彬彬创造了客观条件。为此，彬彬的父母向万州区法院天城法庭递交了诉状，要求幼儿园赔偿死亡赔偿金、精神损失费共计12万余元。庭审过程中，双方达成了和解协议，由幼儿园一次性付给彬彬父母1.5万元，彬彬父母自动放弃其余赔偿。

【思考】 本案中，幼儿园对彬彬的被害遭遇是否有过错？

第6条　如何防止幼儿被他人冒领

情景再现

据《重庆晨报》报道，一日下午5时许，晶晶的父亲唐某去幼儿园接女儿时，却接了个空。唐某找到值班老师询问，老师一脸茫然。经老师仔细回忆并在幼儿园四处查找，才回想起晶晶在尚未放学时，就被一名自称"叔叔"的男子接走。唐某和幼儿园当即到派出所报案。当晚7时许，唐某夫妇在九龙坡医院见到了伤痕累累的晶晶，晶晶的脸部、背部、手上多达10余处挫伤、擦伤。据晶晶自己讲，身上的伤是被陌生人带出后弄的，自己被丢在幼儿园后面的施工工地上，直到被过路人发现，才被送进了医院。事发后，伤害晶晶的凶手迟迟未能抓获。无奈之下，唐某夫妇以孩子代理人的身份将女儿所在的幼儿园告到了法院，索赔医疗费及精神损失费8万余元。唐某夫妇认为，女儿失踪并遭伤害，完全是幼儿园未尽到职责、看管失误所致，园方有不可推卸的责任。

问题分析

在案例中，面对自称为孩子"叔叔"的人，幼儿园的老师未进行任何核实工作便将孩子交给其带走，园方的过失是显而易见的。这起案件也警示我们，防止幼儿被冒领，关键是要做好两个方面的工作。一是幼儿的接送人应当事先确定并且相对固定。幼儿园应当在与幼儿家长签订的《交接协议》中明确约定幼儿平时的接送人是谁，并在实践中严格执行。幼儿的接送人可以是作为幼儿监护人的幼儿之父或母，也可以是幼儿监护人指定的其他亲属或相关人员，如爷爷、姥姥、保姆等。接送人应当是完全民事行为能力人，未成年人、精神病人等限制民事行为能力人或无民事行为能力人不能作为接送人。如果幼儿园实行了接送卡制度，那么接送卡上要注明接送人的相关信息（如照片、身份证号、与学生的关系等），以便教师在幼儿交接时进行核实。接送人一旦确定之后就应当固定下来，不要随意变更，以免给幼儿园的交接工作造成不必要的麻烦。如果原有的接送人因故今后不能再接送孩子，则幼儿园与幼儿监护人应当对《交接协议》中约定的接送人作出变更，约定新的接送人。如果只是接送人临时有事接不了孩子，而需委托他人代为接送，则只需要幼儿的监护人向受托人出具《授权委托书》，授权受托人临时代为接送孩子即可。二是在交接孩子时，幼儿园的老师要认真核实接送人的身份，如果不是幼儿监护人事先认可、指定的接送人，老师要坚决拒绝其将孩子带走，并及时与孩子的监护人联系，发现有违法犯罪行为的，要及时向公安部门举报。

应对之策

- 幼儿园应当与幼儿监护人在双方签订的《交接协议》中明确约定接送人，并在平时接送孩子的过程中严格遵守这一约定。

- 各班的带班教师应当能够辨认、熟悉本班每一名幼儿的接送人。

- 在幼儿上学期间及放学时，对于来接孩子离园的人，教师要认真核实其身份，如果接送者不是《交接协议》中约定的人，或者不是平时接孩子的人，或者发现幼儿对接送者表现出明显的排斥情绪，就算接送者持有接送卡，教师也不要贸然让其接走幼儿，而应当提高警惕，问一问接送者与孩子及其家长的关系，并立即与幼儿的监护人联系，询问相关情况。对于持幼儿监护人出具的临时授权委托书来园代接孩子的人，教师也要及时与幼儿监护人通话联系，核实委托书的真伪，防止不法分子伪造委托书冒领孩子。

- 平时，教师应当教育孩子不要跟陌生人走，发现有人要强行带走自己的时候，要大声向周围的老师或其他成人寻求帮助。幼儿园应当提醒幼儿的家长保管好接送卡，一旦接送卡不慎丢失，家长要立即通知幼儿园，以便园方加强防范，防止发生意外。

练习与思考

【案例】 据《华商报》报道，一日下午，杨女士去幼儿园接儿子，不料被告知，当天上午一男子持接送卡已将她儿子涛涛接走了。杨女士闻讯焦急万分，立即同家人四处寻找。但到了第三日，儿子仍无下落，杨女士遂向派出所及刑警中队报案。警方通过摸排，发现杨女士的儿子是被一个黑瘦、头发邋遢的男子接走的。第三日上午，一男子让人给杨女士送来一张纸条，称其儿子在他手中。下午4时许，一男子打来电话要杨女士拿2万元钱，地点、方式随后另行通知。第四日晚9时许，前来取钱的犯罪分子韩某被守候的民警当场抓获。经查，25岁的韩某是蓝田人，此前暂住红庙坡附近的大白杨西村，以蹬人力三轮车卖杂货谋生。几天前，韩某和熟人一起去过杨女士的家，他认为杨女士家很有钱，便滋生了恶念，伺机从杨女士家中偷走了幼儿园的接送卡，随后绑架了涛涛，企图勒索一笔钱财。

【思考】 对于涛涛被冒领事件，幼儿园是否有责任？

第7条　离异家庭的幼儿交接时要注意些什么

情景再现

东东的妈妈薛某和爸爸赵某离婚了，法院判决东东由妈妈抚养。薛某找到东东所在幼儿园的带班教师李老师，告诉她今后只有自己才有权接送孩子，如果孩子的爸爸或其他人来接孩子，老师务必要予以拒绝。谁知刚过一个月，周五下午放学后薛某到幼儿园接孩子时，却被告知孩子中午已被其爷爷接走。李老师回忆说，因为过去东东的爷爷曾经来接过几次东东，加上东东也愿意跟爷爷走，所以自己就没有加以阻拦。薛某闻讯后赶到前夫赵某家里，得知下午三点左右，赵某已经带着东东坐火车去了自己打工所在地北京。由于一时找不到孩子，薛某非常生气，找到李老师和幼儿园的园长，要求园方立即将孩子找回来。园方表示，事情源于孩子的家庭内部纠纷，不应当把幼儿园牵扯进来。但薛某反驳说，自己才是东东的直接抚养人，幼儿园老师在明知这一事实的情况下还将孩子交给他人，应当对东东的"失踪"承担责任。由于协商无果，薛某将幼儿园告上了法院。

问题分析

在本案中，幼儿园究竟有没有过错，关键是要看幼儿园与东东的监护人事先是否对接送人作出过明确约定。如果双方事先约定接送人是薛某，那么幼儿园将东东交给其爷爷带走显然不妥，违背了约定的义务。如果双方对接送人并未做过书面的约定，那么，东东的父亲或者母亲作为东东的监护人都有接送东东的权利。而且，在监护人因故不能接送的情况下，其还有权授权他人代为接送孩子。也即在园方与东东的父母没有约定接送人的情况下，只要东东的爷爷向幼儿园提交了东东之父的授权委托书，园方将东东交给其爷爷带走并无不妥。当然，如果幼儿园能够处理得更谨慎一些（例如在爷爷来接送东东的时候通知一下薛某），完全可以避免引发纠纷。

其实，在离异家庭幼儿的交接问题上，幼儿园可以主动采取一些措施，来防止园方被牵扯进幼儿父母双方的纠纷中。在获知幼儿的父母离婚后，幼儿园可以把幼儿的父母一同找来，询问双方是否对约定的接送人进行变更，如果变更，则重新以书面的形式约定新的接送人，园方以及幼儿的父亲、母亲都应当在新协议上签字、盖章，并且今后严格遵守新协议的约定；如果幼儿的父母表示接送人无须变更，那么今后仍旧由原来的接送人接送孩子；如果此前幼儿园与幼儿的父母并未对孩子的接送人作出相关约定，那么为了避免日后发生纠纷，幼儿园、幼儿的父亲及母亲应当对接送人的身份做出书面约定，以供日后各方共同遵照执行。

应对之策

• 对于离异家庭的幼儿，幼儿园应当严格执行《交接协议》中关于接送人的约定，不要把孩子交给约定的接送人以外的人。

• 如果原来对接送人没有约定，幼儿园应当督促双方及时对接送人的身份作出专门约定。在约定接送人之前，原则上幼儿的父亲和母亲都有权接送幼儿。但为了避免纠纷，幼儿园最好将幼儿交给直接抚养幼儿的一方。如果不直接抚养幼儿的一方来园接孩子，幼儿园应当立即通知幼儿的直接抚养方，让幼儿的父母协商解决，双方协商之前或者经过协商后无法达成一致意见的，幼儿园不要让不直接抚养幼儿的一方将孩子接走，以免引发不必要的纠纷。

• 原则上，幼儿园不能成为不直接抚养孩子的一方探视孩子的场所，以免将园方卷入幼儿的探视权纠纷之中。

• 平时，幼儿园应当向幼儿的家长声明：（1）大人离婚后，孩子仍然是双方的孩子。在孩子的接送问题上，父母应当以保证孩子的安全和健康为原则，配合幼儿园做好交接工作，不要把双方之间的矛盾和分歧表露在幼儿园，以免给幼儿园的交接工作造成不便，影响孩子的安全和健康。（2）幼儿的父母离婚后，直接抚养孩子的一方应当及时、主动告知幼儿园相关情况，接送人如有变化，幼儿的父母应当配合幼儿园办理接送人的变更手续。

（3）不直接抚养孩子的一方如果不是约定的接送人，就不要到幼儿园接送或者探视孩子。若因探视权发生纠纷，孩子的父母应当通过法律途径解决。

练习与思考

【案例】 美琪是某幼儿园小班的老师，最近她碰到了一件麻烦的事情。班上一个小男孩的父母正在闹离婚，已起诉到法院，法庭尚未作出判决。一日上午8时，妈妈把孩子送到了幼儿园。一个多小时后，爸爸来到幼儿园，以给孩子送衣物的名义进入班级。随后，爸爸趁老师不注意，偷偷将孩子带出了幼儿园。幼儿园发现情况后随即报警，但警方确认孩子是被父亲接走后，拒绝予以立案。随后，孩子的母亲来向幼儿园要人，并大吵大闹，要求幼儿园把孩子找回来交还给她。幼儿园一时不知如何是好。

【思考】 幼儿园应当如何避免这一类事件的发生？

第8条　放学离园，特别容易出事故的几种情况

情景再现

【案例一】一日下午5时，正是某幼儿园放学的时间，中（1）班的吴老师和郭老师在教室门口忙着接待来园接送孩子的家长，回答着家长的各种问题。家长还没来接的小朋友，则在教室的后面自行玩耍，忙碌的老师无暇去照看他们。突然间，从教室后面传来一阵哭声，原来小亮和琪琪在抢一个塑料玩具的时候，玩具碰到了琪琪的眼睛，导致琪琪的眼角被扎破了一个小口子，一行鲜血顺着脸颊流淌下来。老师赶紧将琪琪送到医务室，经过保健医生简单处理后，琪琪又被老师送到医院进行治疗。虽然最后的诊断结果表明琪琪的伤势并无大碍，但琪琪的家长还是对幼儿园及其老师疏于照看孩子感到非常不满。而幼儿园认为，事故起源于小亮和琪琪抢玩具，小亮才是直接的肇事者，园方并没有什么过错。吴老师和郭老师也感到很委屈，自己当时忙于接待家长，根本不可能抽出时间去顾及小亮和琪琪的行为。小亮的家长则认为，事故发生时自己并未在孩子身边，孩子仍处在幼儿园及老师的监管之下，如果有责任，那也应当是由园方承担。由于对幼儿园及老师的态度感到不满，琪琪的家长扬言要向法院提起诉讼。

【案例二】下午放学后，云云的妈妈到幼儿园接孩子。云云走出所在班级的教室后，看到有小朋友在幼儿园的操场上玩耍，便向妈妈提出要玩一会儿再回家。妈妈同意后，云云便从墙角的竹筐里拿起一个皮球，在操场上边走边拍。妈妈看见云云玩得高兴，一时走不了，便拿出手机打起了电话。在玩皮球的过程中，一次皮球落地后，云云试图用双脚踩在球面上，没想到球一滑动，云云一个跟头摔倒在地，磕掉了一颗门牙。听到孩子的哭声后，妈妈和老师赶紧跑过来，一起将满嘴是血的云云送往医院救治。

问题分析

放学铃声响了，孩子也交到家长手中了，紧绷了一天的神经可以松弛了吧？不，上述两起事故表明，在放学后至幼儿离园前这一特殊时段，一旦幼儿园教师及家长的安全警惕性稍有下降，很可能会引发意想不到的事故。

以下几种情形特别容易发生事故。情形之一，如案例一，在孩子交接过程中，带班老师忙于接待来接孩子的家长，一些家长还借机询问孩子在校的表现情况，老师疲于应对。此时，还在教室里等待家长来接的幼儿，因为放学而备感兴奋，而老师对他们疏于看管，他们很容易因嬉闹、违反园规而发生安全事故。情形之二，如案例二，家长从老师手里领走孩子后，没有马上离园，而让幼儿在园内玩耍。此时，因为幼儿园内人多嘈杂，老师忙于交接工作，园内的活动场地、游戏器材往往无人看管。而家长也认为孩子在幼儿园里玩应当是安全的，不会有什么事，因此放松了对孩子的看护。人人一时疏忽，幼儿就有可能发生意外事故。情形之三，家长从教室里接出孩子后，没有马上离园，而是和熟识的人在园内聊天，或者忙于接电话、发短信，任凭孩子脱离自己的视野范围在园内随意活动。此时，孩子很可能在家长不知情的情况下，趁门卫或在门口值班的老师不注意，混在人群中溜出校园。

其中，在第一种情形下，幼儿园与幼儿的家长尚未进行交接工作，园方对幼儿尚负有全面的安全管理职责。一旦幼儿发生意外，园方须对事故承担全部责任。在第二及第三种情形下，虽然幼儿已交到家长手中，家长须对幼儿承担起监管职责，但幼儿园对在园内活动的幼儿仍旧负有一定的管理职责，一旦园方对园内的活动场地、器械、器材疏于管理，导致幼儿在活动中发生伤害事故，园方仍须承担一定的责任。

应对之策

• 虽然放学了，但只要孩子没有迈出幼儿园的大门，园方仍对在园的幼儿负有安全管理职责，那种认为只要孩子交到了家长的手中，出了事就跟幼儿园无关的想法是错误的。此时，由于园内人来人往、环境嘈杂，园方更需要提高警惕，对园内的活动场所、器械、器材加强管理，对幼儿的活动加强引导和监督，防止幼儿在离园前发生安全事故。

• 幼儿园应当建立放学后的静园制度，督促已经接到孩子的家长尽快带孩子离开幼儿园，不要在园内逗留，以免由于秩序混乱而发生意外。

• 在幼儿交接过程中，负责交接工作的老师对仍在园内（教室）等待家长的幼儿一定要加强管理，不要因为忙于与其他家长交流而忽视了对这些孩子的看管。

• 幼儿园应当要求家长每天放学后准时来园接送孩子，接到孩子后，家长应当对孩子加强看管，保证其安全，并尽可能迅速离园，防止因环境嘈杂、孩子过于兴奋等原因而发生意外。

练习与思考

【案例】 一日下午放学后，乐乐的奶奶刚从教室里接出孩子，就在操场上碰到了久未见面的丁丁的奶奶，两位老人便在操场边上聊了起来。乐乐和丁丁则在操场上互相追逐。几分钟后，丁丁跑过来说找不着乐乐了。乐乐的奶奶赶紧四处寻找，并大声喊着乐乐的名字，但都没有找着孙子。着急的奶奶又返回教室向乐乐的老师求助。老师陪着乐乐的奶奶四处寻找，最后在幼儿园的门口，看见乐乐正由幼儿园的门卫牵着手在一旁站着。原来乐乐在和丁丁玩游戏的过程中，为了让丁丁找不着自己，他便朝着幼儿园大门的方向跑去，他想跑出大门后再躲在门后面。幸亏在门口，门卫发现他没有家长陪同，便拦下了他。虽然是虚惊一场，但乐乐的奶奶仍旧感到后怕。

【思考】 假如乐乐出了校门后走失或发生意外，园方是否有责任？

第9条　防范幼儿走失应该怎么做

情景再现

据《重庆商报》报道，8月29日早上8点，宇宇吃过早餐之后，被妈妈陈女士送往镇上的阳光幼儿园。在妈妈走后不久，也许是因为想妈妈，宇宇独自一人溜出了幼儿园，但并没有老师留意到孩子擅自离校。"29日早上9点过，我发现宇宇在界石医院附近的街头，身旁只有一名白发老太。"界石镇居民何先生向记者讲述了自己发现宇宇的经过。"老太太大约60岁，她告诉我，这孩子在公路上，险些被车撞倒，孩子大哭不止，老太太以为孩子和父母走散了，便将孩子带到街边，坐等孩子的父母。"何先生说，等了半小时左右，宇宇的父母并没出现，其间有几位市民上前询问，想将宇宇带走收养，何先生都拒绝了，随后他向界石交巡警平台报了警。这时，宇宇的妈妈陈女士并不知道儿子已走失街头。中午约12点，她担心儿子在幼儿园不习惯，还给老师打了个电话询问宇宇在校的情况，值班老师告诉她，宇宇正在午休。于是，陈女士不安的心放下了。下午4点，陈女士早早地赶到幼儿园接儿子回家。孩子一个个走出教室，被父母接走。陈女士吃惊地发现幼儿园里并没有宇宇的身影。她找到老师问："我的儿子在哪里？"当时值班老师告诉陈女士，宇宇已被家长接走了。听到老师的回答，陈女士急得快哭了，因为家里除了她，没有其他人来接过宇宇。陈女士随即报警。警方告诉她，早在上午10时许，就有两位好心人将孩子领到了平台报警，而这两位好心人也一直在找寻孩子的家长。下午4点30分，通过警方联系，陈女士终于见到了宇宇。这个险些走失的小男孩被妈妈紧紧地搂在怀中。后来，陈女士要求幼儿园赔偿精神损失费，区教委也责令园方进行整改，要求园方必须落实好安全管理措施，负责孩子安全的人员必须落实到位。

问题分析

幼儿走失是幼儿园经常发生的一类安全事故，相关事件频频见诸媒体报道。幼儿自我保护能力较弱，一旦在走失期间遭遇不法分子拐骗或者发生意外事故，将会给幼儿的家庭带来沉重的打击，幼儿园也可能因此陷于棘手的法律纠纷中。针对上述在园幼儿走失事故，幼儿园需承担全部法律责任。在园幼儿走失事件的发生，主观上源于幼儿园教职工对防范幼儿走失工作重视不够，安全意识薄弱、责任心不强；客观上反映的是幼儿园管理工作混乱，安全制度不健全。防范在园幼儿走失事件的发生，需要幼儿园从制度建设的层面进行寻根溯源、对症下药。

应对之策

• 防范在园幼儿走失，是幼儿园全体教职员工的共同责任，任何人见到在园幼儿离群单独行动或者试图独自离园，都应当主动过问并采取有效的安全措施。

• 每天上学期间，家长应当亲手把孩子交到带班教师的手中后方可离开，不要在孩子未进班甚至未进校门的情况下就转身离开（这一点需要教师反复向家长提醒）；放学的时候，教师应当亲手把孩子交到家长手中，不要在家长未到校的情况下即让孩子离开教室，不要把孩子交给无关人员（只能交给指定的接送人）。对于乘坐校车上下学的幼儿，上学的时候家长应当在幼儿上车后或者把孩子交给跟车教师后方可离开；放学时跟车教师应当把孩子交给前来接送的家长后方可离开。

• 上学期间，带班教师应当做好幼儿的考勤工作。当天来了多少人，谁没来，教师一定要做到心中有数。在幼儿集体离开教室、回到教室、午睡以及教师交接工作时都要清点人数。在幼儿参加室外活动或者校外活动的过程中，教师要保证所有的幼儿都处在自己的视野范围之内，防止幼儿离群单独活动，必要时应随时清点人数。

• 上学期间，带班教师要把好教室的门，防止幼儿擅自离开教室后躲在幼儿园的某个角落，再借机走出幼儿园的大门。幼儿园的门卫要看好大门，随时锁好门锁，对于没有家长带领的幼儿，不得允许其走出校门，要注意防范幼儿趁人多混杂之际擅自离园，或者趁人不注意，自己打开校门后擅自离园。对于中途来园接送孩子的人，门卫应当核实其身份，并请带班教师进行把关。

• 每学年开学之初，幼儿园应当对刚入园的孩子给予特别的关照和保护。带班教师要时刻关注新入园孩子的行动，采取有效措施缓解、消除其紧张心理和焦虑情绪，防范其擅自走出教室。门卫要认真把好最后一关，特别要防范幼儿在家长不知情的情况下尾随其离开校园。

• 幼儿园平时应当对幼儿开展防走失、防拐骗的安全教育与演练，通过演习、做游戏、讲故事等多种方式，增强孩子的自我保护意识，提高其自我保护能力。要让孩子记住自己所在幼儿园的名称、家长的电话、家庭住址，教育其不要自己单独外出，不要跟陌生人走，遇到紧急情况要向警察或者其他可靠的人员求助。

练习与思考

【案例】 以下是某地教育局对该区一所幼儿园发生的幼儿走失事件的情况通报的部分内容：12月27日中午12时25分左右，本区××幼儿园中（1）班三名幼儿趁上厕所之机，打开幼儿园大门出走，而幼儿园的老师和值班人员没有发现，导致这三名幼儿在校外无人监管自行玩耍近四小时之久。事发后该幼儿园没有及时向上级领导部门汇报情况。鉴于该幼儿园无视政府和教育行政部门对安全工作的要求，漠视在园幼儿的生命安全，幼儿园管理混乱，有关人员严重失职，情节特别严重。经研究，决定对××幼儿园作出如下处理：（1）责令该园园长作出深刻检讨；（2）辞退玩忽职守的相关教师、保安等人员；（3）给予该园"安全隐患单位"黄牌警告；（4）学生安全等级由B类降为C类；（5）全区通报。

【思考】 引发该起幼儿走失事件的主要原因是什么？

第10条　校车及其司机应当具备怎样的资质条件

---------------- 情景再现 ----------------

2011年11月16日9时15分，甘肃省庆阳市正宁县榆林子小博士幼儿园一辆号牌为甘MA4975的运送幼儿的校车（核载9人、实载64人），由西向东行驶至正宁县正（宁）周（家）公路榆林子镇下沟村一组砖厂门前路段时，与由东向西行驶的号牌为陕D72231的重型自卸货车发生正面相撞，造成21人死亡（其中幼儿19人）、43人受伤。据初步调查分析，事故原因是甘MA4975小客车严重超员，在大雾天气下逆向超速行驶，导致车辆相撞。该事故暴露出一些地区存在车辆严重超载、非法擅自改装车辆以及有关部门在校车安全管理方面责任不落实、措施不到位、监管有漏洞等突出问题。事故发生后，正宁县分管副县长及教育局长、交警队队长被停职进行调查。11月19日，甘肃省正宁县人民检察院依法对"11·16"重大交通事故犯罪嫌疑人李军刚以涉嫌交通肇事罪批准逮捕。检察院认为，李军刚作为榆林子"小博士"幼儿园董事长、幼儿园校车的所有人，违反交通运输管理法规，私自改装车辆，指示他人严重超载驾驶，造成正宁"11·16"重大交通事故，其行为已触犯《中华人民共和国刑法》第一百三十三条之规定，决定以涉嫌交通肇事罪批准逮捕。同日，小博士幼儿园被取消办学资质。庆阳市委、市政府决定停止2012年公车更新计划，将预算资金全部用于购置标准化校车。

---------------- 问题分析 ----------------

校车，是指依照法律规定获得使用许可，用于接送幼儿或者接受义务教育的学生上下学的7座以上的载客汽车。由于事关幼儿及未成年学生群体的人身安危，国家建立了校车及其驾驶人员的准入制度。2012年4月10日，

国务院颁发了《校车安全管理条例》（以下简称《条例》），正式将校车安全问题纳入法制轨道。按照《条例》规定，取得校车使用许可应当符合下列条件：（一）车辆符合校车安全国家标准，取得机动车检验合格证明，并已经在公安机关交通管理部门办理注册登记；（二）有取得校车驾驶资格的驾驶人；（三）有包括行驶线路、开行时间和停靠站点的合理可行的校车运行方案；（四）有健全的安全管理制度；（五）已经投保机动车承运人责任保险。配备校车的学校或者校车服务提供者应当依法申请取得校车使用许可。获得批准的校车由公安机关交通管理部门发给校车标牌，配备统一的校车标志灯和停车指示标志。为了保证校车在使用中的安全，《条例》还规定，校车应当每半年进行一次机动车安全技术检验，并按照国家规定做好安全维护工作，建立安全维护档案，保证校车处于良好技术状态。校车应当配备逃生锤、干粉灭火器、急救箱等安全设备，并按规定配备具有行驶记录功能的卫星定位装置。

关于校车驾驶人的资格条件，《条例》规定，申请取得校车驾驶资格，应当符合下列条件：（一）取得相应准驾车型驾驶证并具有 3 年以上驾驶经历，年龄在 25 周岁以上、不超过 60 周岁；（二）最近连续 3 个记分周期内没有被记满分记录；（三）无致人死亡或者重伤的交通事故责任记录；（四）无饮酒后驾驶或者醉酒驾驶机动车记录，最近 1 年内无驾驶客运车辆超员、超速等严重交通违法行为记录；（五）无犯罪记录；（六）身心健康，无传染性疾病，无癫痫、精神病等可能危及行车安全的疾病病史，无酗酒、吸毒行为记录。按照规定，机动车驾驶人未取得校车驾驶资格驾驶校车的，由公安机关交通管理部门处 1000 元以上 3000 元以下的罚款，情节严重的，可以并处吊销机动车驾驶证。使用未取得校车标牌的车辆提供校车服务，或者使用未取得校车驾驶资格的人员驾驶校车的，由公安机关交通管理部门扣留该机动车，处 1 万元以上 2 万元以下的罚款，有违法所得的予以没收。

《条例》还对校车的驾驶行为规范作了严格规定。按规定，校车驾驶人驾驶校车上道路行驶前，应当对校车的制动、转向、外部照明、轮胎、安全门、座椅、安全带等车况是否符合安全技术要求进行检查，不得驾驶存在安全隐患的校车上道路行驶。校车驾驶人还应当严格按照机动车道路通行规则和驾驶操作规范安全驾驶、文明驾驶。校车不得以任何理由超员，学校和校车服务提供者不得要求校车驾驶人超员、超速驾驶校车。载有学生的校车在高速公路上行驶的最高时速不得超过80公里，在其他道路上行驶的最高时速不得超过60公里，在急弯、陡坡、窄路、窄桥以及冰雪、泥泞的道路上行驶，或者遇有雾、雨、雪、沙尘、冰雹等低能见度气象条件时，最高时速不得超过20公里。校车还应当按照经审核确定的线路行驶，上、下学生时，应当在校车停靠站点停靠，未设校车停靠站点的路段可以在公共交通站台停靠。

在正宁县"11·16"重大交通事故中，发生事故的车辆系擅自改装的车辆，完全不符合校车安全国家标准，也没有按照规定获得校车的资质，且在行驶过程中存在着超载、超速的严重违规行为，以致酿成惨剧，给学生及其家庭带来了无尽的伤痛，使用违规校车的幼儿园及有关责任人员也受到了应有的处罚。

应对之策

• 入园幼儿应当由监护人或者其委托的成年人接送。确因特殊情况不能由监护人或者其委托的成年人接送，需要使用车辆集中接送的，应当使用按照专用校车国家标准设计和制造的幼儿专用校车。不得使用拼装、擅自改装或者达到报废标准的机动车接送幼儿上下学，不得将未取得校车标牌的车辆作为校车使用。

• 配备校车的幼儿园，应当建立健全校车安全管理制度，加强对校车的安全维护，定期对校车驾驶人进行安全教育，组织校车驾驶人学习道路交通安全法律法规、安全防范和急救知识，加强对校车驾驶人员的监督和管理。

• 校车经过的线路应当尽量避开急弯、陡坡、临崖、临水的危险路段，要特别防范冬季大雾、降雪及路面结冰对幼儿上下学交通安全的不利影响。必要时，幼儿园可采取停运接送幼儿上下学车辆或调整入园时间等安全措施。

• 由校车服务提供者提供校车服务的，幼儿园应当与该校车服务提供者签订校车安全管理责任书，明确各自的安全管理责任，落实校车运营安全管理措施。

• 平时，幼儿园应当督促家长提高自身的安全意识和监护人责任意识，提醒家长千万不要使用或租用不符合安全规定的车辆接送孩子，不要让孩子乘坐拼装车、报废车、农用车、货运车等非法运营车辆上下学。

练习与思考

【案例】 2010年12月27日7时30分左右，湖南省衡阳市衡南县松江镇东塘村村民陈宁西驾驶三轮摩托车，载着20名学生冒着大雾从所在的东塘村驶向邻村的因果小学。车辆将要驶向因果桥（5米长，2.5米宽）时，陈宁西减挡后加油门，准备拐弯驶过稍有坡度的因果桥。然而，三轮摩托车刚一拐弯便发生前轮上翘，陈宁西控制不住，整个车子坠入桥下河中。事故造成9名学生当场死亡；另有1名学生失踪，后在当天中午12时左右被从水中打捞出，确定已死亡；10名学生被紧急送往医院接受抢救和治疗，其中有4人因抢救无效而死亡，死亡人数共计14人。次日，衡南县决定免去县教育局局长于某、松江镇分管交通工作的主任科员阳某某的职务，同时责成县教育局党委、县交通局党委、县交警大队党组分别免去松江镇中心学校校长陈某某、因果小学校长陈某、车江中心交管站副站长罗某某、县交警大队车江中队中队长周某的职务。随后，肇事司机陈宁西被检察机关以涉嫌交通肇事罪批捕。12月29日，教育部办公厅发出《关于加强学生上下学交通安全工作的紧急通知》，要求各地教育部门要迅速将此次事故通报到本行政区域内所有学校和全体师生，使每所中小学和每位学生从这次事故中吸取教训，以引起高度重视，防止类似事故再次发生。

【思考】 本起重大交通事故留给我们哪些教训？如何避免此类事故的发生？

第 11 条　建立校车接送幼儿过程中的专人跟车管理制度

情景再现

据《南方日报》报道，2010 年 7 月 19 日早晨 8 时许，年仅 3 岁的廖浩然乘坐幼儿园的校车回园。8 时 45 分左右，校车回到幼儿园正门口停车，但司机黄某和跟车老师李某在幼儿下车后没有认真检查车内情况，且李某没有认真履行幼儿交接登记确认手续，没能将幼儿正常交接给廖浩然的班主任李老师。李老师在没有接到廖浩然的情况下，也没有给其家长打电话询问相关情况。当日下午 4 时 5 分左右，跟车的李某组织幼儿上车准备回家。当她打开车门时，发现廖浩然躺卧在车厢离车门大概一步远的地方，已不能动弹。幼儿园教师随即将廖浩然送往江门市中心医院急救，但医生证实孩子已死亡，后法医初步鉴定其为窒息而死。案发后，相关责任人已被警方控制。

问题分析

对于用校车接送幼儿上下学的幼儿园，保证幼儿在乘车过程中的安全是其法定职责。为此，幼儿园应当采取各种谨慎的安全管理措施，消除幼儿乘车过程中的各种安全隐患。在前述案例中，跟车教师在没有确认所有乘车幼儿均已下车的情况下即离开车辆，而后也没有清点下车的幼儿人数，校车司机在尚未确认乘车的幼儿已全部下车的情况下即锁上车门离去，显然，幼儿园在乘车安全管理上存在重大疏忽，应当对事故的发生承担全部责任。

幼儿大多活泼好动，自制能力较弱，安全意识较差，为此，配备校车的幼儿园、校车服务提供者应当建立专人跟车管理制度，在每一辆校车上配备一至两名随车照管人员，负责随校车全程照管乘车幼儿。随车照管人员的主要职责如下。其一，检查、督促校车司机安全驾驶。随车照管人员应当提醒校车司机在开车前要注意检查车况，确保车辆处于可正常行驶的安全状态；要按照校车核定的人数运送幼儿，严禁超载；在行驶过程中要严格遵守道路交通规则和驾驶操作规范，特别是严禁超速。其二，维持乘车秩序。在车辆行驶过程中，随车照管人员应提醒幼儿在座位上坐好，不要站立或走动，严禁打闹。对幼儿做出的危险性行为，随车照管人员应及时有效地予以制止。其三，指挥幼儿安全上下车。幼儿上下车时，随车照管人员应站在车门旁，指挥幼儿有序上下车，并提醒司机要等到幼儿安全上下车后方可启动车辆。在幼儿下车之后，随车照管人员还应当认真查看车内座位及座位底下是否有人，并清点人数，防止有幼儿因睡着了或俯身捡东西而未能及时下车，进而导致发生意外。

应对之策

- 幼儿园应当指派照管人员随校车全程照管乘车幼儿，并定期对随车照管人员进行安全教育，组织随车照管人员学习道路交通安全法律法规、应急处置和应急救援知识。
- 幼儿上下车时，照管人员在车下引导、指挥，维护上下车秩序；幼儿下车后需要横穿道路的，照管人员应带领幼儿安全通过。
- 发现驾驶人无校车驾驶资格，饮酒、醉酒后驾驶，或者身体严重不适以及校车超员等明显妨碍行车安全情形的，照管人员应制止校车开行并立即向学校负责人报告。
- 行车前，照管人员要清点乘车幼儿人数，确保乘车幼儿安全落座，确认车门关闭后方可示意驾驶人启动校车。
- 照管人员应制止幼儿在校车行驶过程中打闹、离开座位等危险行为。
- 到达目的地后，照管人员要核实幼儿下车人数，要在确认乘车幼儿已经全部离车后本人方可离车，并与幼儿所在班级的老师一起做好幼儿的交接工作，防止把幼儿遗忘在车内而发生意外。
- 幼儿上下学，照管人员应当与幼儿的接送人在校车停靠站点交接孩子。在校车停靠站点接送幼儿的家长，不要在马路的对面或者远处呼唤孩子的名字，以免孩子因兴奋而发生意外，交接孩子时要特别注意周围的交通安全。

- 校车的副驾驶座位不得安排幼儿乘坐。校车运载幼儿过程中，禁止除驾驶人、随车照管人员以外的人员乘坐。
- 校车驾驶人不得在载有幼儿时给车辆加油，不得在校车发动机引擎熄灭前离开驾驶座位。
- 一旦校车发生交通事故，驾驶人、随车照管人员应当立即报警，设置警示标志。乘车幼儿继续留在校车内有危险的，随车照管人员应当将幼儿撤离到安全区域，并及时与幼儿园、校车服务提供者、幼儿的监护人联系处理后续事宜。
- 教师平时应当对在园幼儿开展乘车安全教育，教育孩子在乘坐校车时，一定要听从随车照管老师的指挥。在车辆没有停稳之前，不要上下车。在车辆行驶过程中，不要站起来或离开座位，不要与其他同学打闹，不要在车上睡觉。车辆到达目的地后，要按照老师的要求离开车辆，不要私自滞留在车上。一旦发现自己被锁在车里，不要惊慌，而要想办法弄出大的响动，以引起外界的注意。比如，可以脱下鞋敲打车上结实的部位等。

练习与思考

【案例】 据《潇湘晨报》报道，3岁的波波（化名）抑制不住放学的兴奋，欢欢喜喜地准备从校车下来，他的爷爷就站在马路对面，看到送孙儿的校车到了，赶紧走过去接孙子。然而，令人意想不到的事情发生了，波波刚跳下车还没站稳，车门随即就关上了，他的小书包被卡在车门里，校车继续向前行驶，波波被卷入车轮下拖行了12米，等人们将他从车轮下救出时已经太晚了，刚上两个月幼儿园的波波再也没有醒来。

【思考】 本案中，相关责任人要承担什么样的法律责任？

第 12 条　如何防范幼儿园的建筑、场地发生安全事故

情景再现

【案例一】河南省巩义市居民李某通过跟她的亲戚杨某商量，想用杨某家的房子开办幼儿园。经同意后，李某在没有办理任何手续的情况下，就私自开办了蒲公英幼儿园。后来，教育部门曾责令其停办，但李某置之不理。在明明知道幼儿园周围建筑设施陈旧，长期无人管理、居住的情况下，李某也没有采取必要的安全防护措施。一日上午 9 时许，幼儿园南墙突然倒塌，把正在上课的幼儿及教师砸倒在地。事故导致 7 人死亡，4 人受伤。随后，李某被依法逮捕。法院经审理认为，被告人李某明知教育设施存在安全隐患，而不采取防护措施，致使发生重大伤亡事故，其行为已构成教育设施重大安全事故罪，依法判处被告人李某有期徒刑 4 年。

【案例二】一日上午，老师组织中班的小朋友参加户外活动。5 岁的元元在和同学做游戏的过程中不慎摔倒，磕断了一颗门牙。元元的家长了解到，事故发生时该幼儿园的室外游戏场地有一处不平整，元元在跑动中踩到了浅坑处，导致重心不稳而摔倒。随后，元元的家长以幼儿园的活动场地存在安全隐患，安全管理不到位为由，代理元元将幼儿园诉至法庭，要求园方赔偿医疗费等损失共计 6000 元。法院经过开庭审理后判决支持了元元的全部诉讼请求。

问题分析

幼儿园的建筑、场地主要包括生活用房（包括幼儿活动室、寝室、卫生间、音体活动室等）、服务用房（包括保健室、隔离室、晨检室、教职工办公室、会议室等）、供应用房（包括厨房、消毒室、烧水间、洗衣房、库房

等）、校园围墙、风雨操场、室外游戏场地等。根据法律规定，幼儿园的举办者应当保证幼儿园的围墙、校舍、场地等办学条件符合国家安全质量标准，不得在危及未成年人人身安全、健康的校舍和其他设施、场所中进行教育教学活动，由于幼儿园的校舍、场地等设施不符合国家规定的标准或者有明显不安全因素而造成幼儿伤害事故的，幼儿园应当承担相应的法律责任。

在案例一中，幼儿园的校舍、墙体存在明显的不安全因素，园方在没有采取任何安全防范措施的情况下，仍然安排幼儿在危险建筑内进行活动，最终因建筑物倒塌而造成了师生群体性伤亡事故；在案例二中，幼儿园的室外游戏场地不平整，存在安全隐患，园方却没有给予充分重视，导致幼儿在正常游戏中摔倒而受伤，幼儿园也付出了相应的代价。

应对之策

- 幼儿园的举办者在选址时，应当选择在地质自然环境良好、远离污染源、方便家长接送、避免交通干扰的安全区域开办幼儿园，不得在危险区和污染区内设立幼儿园。

- 参与幼儿园校舍工程勘察、设计、施工、监理工作的单位及人员，应当具备国家规定的资质条件。校舍的建设，必须坚持先报批后建设，先勘察、后设计、再施工的程序，严禁搞边勘察、边设计、边施工的"三边"工程，更不允许出现"三无"工程。

- 幼儿园的校舍、场地建设，应当严格遵循《托儿所、幼儿园建筑设计规范》以及其他国家标准和规范中规定的要求。工程完工之后，建设单位要依法组织验收，未经验收或者验收达不到规定要求和标准的，不得投入使用。

- 对于现有的校园危房，有关部门和幼儿园应当严格执行国家关于学校危房改造的相关规定。对D级危房（房屋承重结构承载力已不能满足正常使用要求，房屋整体已出现险情，构成整栋危房）必须立即封闭，停止使用，并按时予以拆除；对C级危房（部分承重结构承载力不能满足正常使用要求，局部出现险情，构成局部危房），必须经过维护加固后方可保留使用，局部险情一时排除不掉的，应封闭不安全的部分校舍并停止使用。

- 幼儿园应当定期对校舍、墙体、场地开展安全检查，在大风、大雨等自然灾害过后，以及大型活动举办之前，幼儿园还应当增加临时性的安全检查。在检查、检验过程中，若发现校舍、场地、设施存在损坏、变形等现象，有可能威胁到在校师生的人身、财产安全，应当及时安排人员进行维护、维修或者更换。在维修或者更换之前，应当暂停使用，并采取相应的防护措施。对于自身无力解决的问题，幼儿园应当及时上报主管部门或其他部门寻求解决。

• 在园内维修、施工过程中，幼儿园应当在存在安全隐患的地方设立警示标志，并采取充分的防护措施防止幼儿接触或使用。

• 幼儿园的游戏场地、操场应当保持平整，地面不得有坑洼、石砾、杂物以及其他影响幼儿正常活动的障碍物。

• 幼儿园不得将场地出租给他人从事易燃、易爆、有毒、有害等危险品的生产、经营活动；不得出租幼儿园内场地停放校外机动车辆；不得利用幼儿园用地建设对社会开放的停车场。

练习与思考

【案例】 一日上午9时，村民苗某私自开办的幼儿班发生房屋坍塌事故，导致39名正在上音乐课的幼儿被掩埋，其中2名幼儿经抢救无效死亡，28名幼儿受伤。据事故调查组初步查明，发生坍塌事故的幼儿班所使用的房屋是村里废弃小学的旧房，设施比较简陋，事故发生的原因跟其使用的危房有关。

【思考】 本案中，幼儿园的开办者苗某应承担何种法律责任？

第13条　如何防范幼儿园的设施、设备引发安全事故

情景再现

【案例一】据《东方今报》报道，2008年7月29日上午8点左右，2岁的涛涛（化名）在郑州市某幼儿园做完早操上楼梯时不慎摔倒，舌头被咬破，经过两次手术才做好缝合。因为孩子受到伤害，涛涛的父母将幼儿园告上法庭，除了指责幼儿园看护不周、处理不及时外，还特别指出，该幼儿园楼梯靠墙一侧没有安装幼儿扶手，不符合幼儿园建筑设计规范，有明显的安全隐患。幼儿园经营者吕某也承认楼梯靠墙一侧无幼儿扶手。郑州市管城区法院查明，根据原城乡建设环境保护部、国家教委1987年颁布的《托儿所、幼儿园建筑设计规范》，"楼梯除设成人扶手外，并应在靠墙一侧设幼儿扶手，其高度不应大于0.60 m"。法院认为，幼儿园未尽管理、保护之责，致使涛涛在园中受伤，应赔偿涛涛护理费、住院伙食补助费、精神损害抚慰金等共计人民币4935.81元。因该幼儿园没有办学许可证，赔偿责任由经营者吕某承担。

【案例二】据《合肥晚报》报道，一所幼儿园的一扇钢化玻璃门砸到了一位小朋友，而后幼儿园和家长围绕赔偿问题发生了争议。在幼儿园门口，情绪激动的孙大妈指着幼儿园内一个舞蹈教室说："半年前我带孙子来练习跳舞，当时他们的大门是钢化大门。我一推门，那个门就突然朝我们倒了下来，那么重的大门一下子砸到我和我孙子身上。我当时爬起来以后，我孙子还被压在下面。我用力抬起钢化门，小孙子在底下哭着不能动弹。我一边喊救命一边抬门，把小孙子救出来。"据孙大妈说，当时把小孙子带到二院治疗，由于锁骨骨折，小孩子又太小，二院并未接收患者，无奈只能将其带到省立医院进行治疗。如今半年已经过去，幼儿园却一直未给伤者家属一个说法。

问题分析

在幼儿园，可能引发安全事故的设施、设备，除了校舍、围墙、场地等建筑设施之外，还包括幼儿园的楼梯、扶手、通道、门、窗户、阳台、地面、床铺、照明设备、电源插座、课桌椅等建筑物的附属设施及设备。针对幼儿园的设施、设备的安全和质量问题，目前我国已制定了一些国家标准和规范，例如，在2016年颁布，2019年新修订的《托儿所、幼儿园建筑设计规范》（JGJ39—2016）中就有如下重要规定。

- 幼儿经常通行和安全疏散的走道不应设有台阶，当有高差时，应设置防滑坡道，其坡度不应大于1∶12。
- 楼梯除设成人扶手外，应在梯段两侧设幼儿扶手，其高度宜为0.60 m。
- 供幼儿使用的楼梯踏步高度宜为0.13 m，宽度宜为0.26 m。
- 幼儿出入的门应符合下列规定：当使用玻璃材料时，应采用安全玻璃；距离地面0.60 m处宜加设幼儿专用拉手；门的双面均应平滑、无棱角；门下不应设门槛；平开门距离楼地面1.2 m以下部分应设防止夹手设施；不应设置旋转门、弹簧门、推拉门，不宜设金属门；门上应设观察窗，观察窗应安装安全玻璃。
- 活动室、寝室、多功能活动室等幼儿使用的房间应做暖性、有弹性的地面，儿童使用的通道地面应采用防滑材料。厕所、盥洗室、淋浴室地面不应设台阶，地面应防滑和易于清洗。
- （幼儿卫生间）大便器宜采用蹲式便器，大便器或小便槽均应设隔板，隔板处应加设幼儿扶手。
- 活动室、多功能活动室的窗台面距地面高度不宜大于0.60 m。当窗台面距楼地面高度低于0.90 m时，应采取防护措施，防护高度应从可踏部位顶面起算，不应低于0.90 m。
- 距离地面高度1.30 m以下，幼儿经常接触的室内外墙面，宜采用光滑易清洁的材料；墙角、窗台、暖气罩、窗口竖边等阳角处应做成圆角。

- 托儿所、幼儿园的房间内应设置插座，且位置和数量根据需要确定，插座应采用安全型，安装高度不应低于 1.8 m。

另一个国标文件《学校课桌椅功能尺寸及技术要求》（GB/T 3976－2014）对幼儿园、托儿所的课桌椅也有如下规定。

- 幼儿园、托儿所不采用钢木结构桌椅，也不采用折叠式或翻板式桌椅。
- 儿童桌椅的外表和内表以及儿童手指可触及的隐蔽处，均不得有锐利的棱角、毛刺以及小五金部件露出的锐利尖端。
- 儿童桌椅的涂层、漆膜、可迁移元素的最大限量应符合 GB 6675.4 的规定。甲醛释放量及试验方法应符合 GB 18584 的要求。色调浅淡，柔和。
- 一把儿童椅的重量，在幼儿园不超过 2.5kg，在托儿所不超过 2.0kg。

保证园内设施、设备的安全，是幼儿园的法定义务。实践中，与幼儿园设施、设备相关的安全事故之所以屡屡发生，原因不外乎有两点：一是幼儿园配备的设施、设备不符合国家的安全标准和规范，存在着先天性的安全缺陷；二是设施、设备在建设、购买时虽然是合格的，但在使用过程中，幼儿园对其疏于检查和维护，缺乏相应的安全管理制度，导致其产生安全隐患，进而诱发安全事故。案例一属于前一种情况，案例二则属于后一种情况。对于此类事故，由于幼儿园存在过错，依法须承担相应的法律责任。

应对之策

- 幼儿园建筑物的附属设施，包括幼儿园的楼梯、扶手、通道、门、窗户、地面等设施，在设计、建设时应当严格遵循《托儿所、幼儿园建筑设计规范》的规定，不得降低安全、质量标准。
- 幼儿园在购买灯具、课桌椅、大型玩具等设施和设备时，应当认真审查生产商、供应商的主体资格，从正规渠道进货，保证所购买的产品符合国家或行业的安全标准，具有合格、安全证明，防止因产品存在质量瑕疵而给幼儿造成伤害。

• 幼儿园要建立设施、设备的安全使用和管理制度，特别是要建立设施、设备的定期检查和隐患整改制度。设施、设备在使用过程中都会存在自然老化、人为损坏等问题，幼儿园应当定期安排人员进行检查、检验，并做好记录。在检查过程中若发现幼儿园的设施、设备存在安全问题，要根据不同的隐患情况，及时采取更换、维修、隔离、停用、设立警示标志、安排专人值班等措施，防止发生安全事故。

• 幼儿园各个班级的教师和保育员，每天早晨到校后和放学离园前，应当对本班的桌椅、灯具、门窗、墙面、地面、风扇、空调、床铺、电源插座、教具、学具等设施和设备进行安全检查，及时消除潜在的安全隐患，或者报告有关负责人予以处理。

• 对于那些相对幼儿而言存在着一定危险性的设施、设备，幼儿园平时要对幼儿开展相应的安全教育，并尽可能以幼儿能够理解的方式在相关设施、设备的旁边设立警示标志，提高幼儿的安全防范意识。

练习与思考

【案例】 据"金羊网"消息，5岁多的小朋友湛湛在广州市某中英文幼儿园入托。一日老师叫他上前交作业簿时，他走得太快，不慎绊倒，头撞在写字台边上，眉间鼻背擦伤。经过治疗，湛湛的伤痛消除了，但两眉间留下了较明显的疤痕。湛湛的父亲代理儿子向幼儿园提出索赔。法院经审理认为，幼儿园对在园入托的孩子负有护理和教育义务。湛湛被写字台边撞伤，说明它在设计上对幼儿有潜在危险，且幼儿园未提供其对湛湛受伤没有过错的证据，因此应负全责。由于原告面部留下伤疤，对其身心造成一定的损害，被告应赔偿适当的精神损失费。据此，法院判决幼儿园向原告湛湛赔偿医疗费等共计920.39元，驳回原告其他诉讼请求，案件受理费双方各负担 半。

【思考】 本案留给我们什么样的经验教训？

第 14 条　如何防范幼儿园的教具、玩具引发安全事故

情景再现

【案例一】据《早期教育》报道，一天，放学时间到了，家长们陆陆续续接回孩子。有的孩子不愿意回家，由家长带着在幼儿园的游乐场玩耍。一位生龙活虎的小男孩爬上了滑梯，满面带笑地滑向正在下面等候着的妈妈。这时，只听一声惨叫，随着孩子滑向地面，血顺着滑梯流成一行。妈妈着急地抱起孩子跑向幼儿园卫生室。校医立即为孩子检查伤口，发现孩子的裤子被划破，臀部、大腿处形成一条整齐的裂口，血不停地流着。大人们赶紧将孩子护送到医院，医生给患儿缝了二十几针。事后，幼儿园的园长用手心在木制的滑梯面上来回抚摸着，发现滑梯面上有一处凸起的生锈铁钉尖露着。事故发生的原因终于找到了，孩子的家长对幼儿园的管理及设备安全意见很大，园长则认为是家长将孩子接手后发生的事故，与幼儿园无关，双方相持不下……

【案例二】据《每日商报》报道，某民办幼儿园9月份开园，为了节省资金，一些结构游戏材料都是从批发市场买的。开学后，孩子们顺利地入园，家长们也对幼儿园的新设备感到满意。谁知两天过后，一些孩子的身上起了很多红疙瘩，又痒又痛。一开始有些家长反馈到幼儿园，老师一看只是个别孩子，没有在意。一位孩子的家长是医生，很快就判断这是过敏。于是他到幼儿园观察，发现活动室里新买的积木有很浓的油漆味，遂得出结论：劣质积木是导致孩子们过敏的罪魁祸首。得知这一情况后，幼儿园赶紧撤换了玩具，并诚恳地向家长道歉。投资方也感叹，省了小钱，坏了大事。

问题分析

《幼儿园工作规程》第三十六条规定，玩教具应当具有教育意义并符合安全、卫生要求。《幼儿园管理条例》第十九条也规定，幼儿园应当建立安全防护制度，严禁使用有毒、有害物质制作教具、玩具。而根据《学生伤害事故处理办法》第九条的规定，因学校提供给学生使用的学具、教育教学和生活设施、设备不符合国家规定的标准，或者有明显不安全因素而造成的学生伤害事故，学校应当依法承担相应的责任。

在实践中，幼儿园的教具、玩具之所以频频引发安全事故，原因主要有以下几个方面：一是幼儿园制作和购买的教具、玩具不符合安全与卫生标准，此类教具、玩具犹如潜伏的定时炸弹，在幼儿使用、玩耍过程中随时可能"引爆"；二是幼儿园没有建立对各类教具、玩具的定期检查及维护制度，导致这些教具、玩具在使用过程中的安全隐患未被及时发现和消除，从而给幼儿造成了伤害；三是在幼儿接触和使用教具、玩具的过程中，保育员、教师对幼儿的活动疏于管理，未事先对幼儿进行必要的安全教育，未及时制止幼儿做出的危险性动作，导致幼儿行为失控而发生安全事故。

应对之策

• 教师在制作教具、玩具时，不要使用有毒、有害、不卫生的原材料。要保证所制作的教具、玩具是卫生且安全的，不会对幼儿的身心健康造成损害。

• 幼儿园在制作、购买玩具时，应从以下几个方面对玩具的安全性进行把关：一是小零件的问题。玩具上的小零件容易被儿童误食而造成窒息。3岁以下儿童使用的玩具不应含有小零件，3岁以上儿童使用的玩具允许含有小零件，但应在玩具的包装或显著部位标有明显的警示标识。二是尖角和锐边的问题。玩具上的尖角和锐边容易划破、割伤幼儿的皮肤，因而幼儿园提供的玩具不能有尖角和锐边。三是绳索的问题。玩具的绳索不能过长，否则有可能缠绕住儿童的脖子而给其造成伤害。四是塑料薄膜的问题。玩具上的塑料薄膜有可能被儿童吸附，从而造成儿童窒息。按照国家标准文件《玩具安全第2部分：机械与物理性能》（GB6675.2—2014）的规定，玩具包装袋薄膜最薄处应不小于0.032毫米，平均厚度应不小于0.038毫米。五是化学原料的问题。玩具上的油漆、涂料、油墨、纸布多含有铅等有毒重金属，它们一旦进入儿童体内，容易造成摄入性金属中毒。幼儿园在购买玩具时，应当注意查看其相关金属含量是否超标，是否符合国家安全标准。此外，对于乘坐类玩具，教师应注意检查其结构是否牢固，重心是否稳定，以防使用中突发故障而伤及幼儿。

• 在购买玩具时，幼儿园要从正规的生产商、经销商那里进货，并索取购买凭证，不得从非正规渠道进货。还要注意查看玩具是否标注了生产厂家名称、厂址、电话、主要材质或成分、使用年龄段、安全警示语等信息，是否有产品合格证，不要购买"三无"产品及假冒伪劣产品。

• 对于大型玩具（如滑梯、攀登架、小城堡、转椅、蹦蹦床等），幼儿园在购买时还要索取保修凭证。此类玩具要由专门的技术人员进行安装、调试，并需要进行定期的检查和维护。

• 教师平时要对孩子们开展关于玩具安全的教育，让幼儿认识玩具中可能存在的危险因素，学会安全、正确地使用玩具，特别要让幼儿掌握滑梯、攀登架、秋千、跷跷板、蹦蹦床等具有危险性的大型玩具的正确玩法。

• 在儿童玩玩具特别是玩大型玩具的过程中，一定要有教师在现场看护，值班教师不得擅离职守，发现儿童做出危险性动作时，要及时、有效地给予制止。

• 幼儿园应当建立玩具的安全使用管理制度，定期对玩具进行消毒和安全检查，发现安全问题后要及时进行维修或更换，在维修之前要采取可靠的措施防止幼儿接触、使用。对于已经过了安全使用期限的玩具，要立即予以淘汰，以防发生意外。

练习与思考

【案例】 据《新商报》报道，一日下午，2岁的洲洲在某幼儿园托保时，头部被另一幼儿军军打出血。"凶器"是幼儿园用于实验课教学的一个玻璃瓶教具。事发后，洲洲家长代理洲洲将幼儿园和军军一起告上了法院。法庭上，幼儿园辩解，园方已经尽到了管理和教育的职责，"给洲洲造成伤害的是教具，教具本身不具有伤害性，是军军的行为造成伤害。军军是未成年人，应该由其父母承担民事责任"。而军军的父母则否认他们负有责任，"没有证据证明是军军用玻璃瓶故意打伤洲洲的。我们把孩子交给幼儿园托保，幼儿园应该承担全部责任"。最后，法庭经审理认为，庭审中没有证据表明洲洲的伤情是军军故意击打导致的，因此，洲洲和幼儿园要求军军及其父母一起承担责任的请求，事实及法律依据不足。据此，法院一审判决幼儿园赔偿洲洲医疗费、营养费、护理费共计 8042.6 元，并承担诉讼费和鉴定费用。

【思考】 法院判决幼儿园承担赔偿责任的依据是什么？

第 15 条 在容易发生危险的地方要设立警示标志

情景再现

星星幼儿园的大型玩具铁索桥由于年久失修，桥上铺设的木板出现裂纹，用来固定的螺丝有几颗已脱落而不知去向。为了防止发生意外，幼儿园将铁索桥两端的入口（出口）处用绳子缠住，以便阻挡幼儿进入。幼儿园还在铁索桥上挂了一个警示牌，上面写着"已坏，禁止玩耍"。一天下午课外活动时，几个大班的小朋友来到了铁索桥旁，不知怎么的，6岁的鹏鹏居然从绳子的缝隙里钻了进去，而后得意地在桥上使劲晃动。突然，鹏鹏的脚被桥上的木板夹住了，他疼得大哭起来。闻讯赶到的老师小心地将鹏鹏的脚丫从木板缝隙间"解放"出来，但他的脚丫已被夹伤。

问题分析

幼儿生活经验欠缺，智力发育不完全，他们对危险的识别能力较差，自控能力也极为有限。有时，越是成人不让玩的地方，他们越感到好奇，越想去探个究竟。鉴于此，《中小学幼儿园安全管理办法》第十八条明确规定，学校应当在校内高地、水池、楼梯等易发生危险的地方设置警示标志或者采取防护设施。违反这一规定，很容易引发安全事故。在前述案例中，虽然幼儿园对铁索桥采取了一定的防护措施，但从幼儿仍然钻进铁索桥内玩耍这一结果上看，园方的防护措施并不周全，谈不上"有效"。虽然也设立了警示牌，但警示牌更像是给老师看的，而幼儿是否认识相关文字、是否理解警示内容的含义不能不让人怀疑，故而，园方的失职是显而易见的。血的教训再次警示我们，对于园内容易发生危险的地方和容易引发危险的设施，幼儿园务必要以孩子能够理解的方式设立安全警示标志，并切实采取有效的安全防范措施防止孩子接触。预防安全事故要从细节、从小处做起。

应对之策

- 每一所幼儿园都有一些场所、设施特别容易引发安全事故，各个幼儿园应当找出本园的"高危区域"，加以重点防范。
- 幼儿园在进行维修、施工作业时，一定要对施工现场和幼儿的活动区域进行有效隔离，并安排专人监督施工的安全，防止幼儿误闯误入而受到伤害。
- 幼儿园内的水池、低洼处、露台、高地等危险场所，要采取封闭措施，并设置幼儿能够理解的安全警示牌，防止幼儿靠近。
- 对于年久失修、存在安全隐患的设施，幼儿园要及时进行维修或更换，不能马上维修或更换的，应立即采取有效的隔离措施，并设立警示标志，防止幼儿接触、使用。
- 幼儿园应当在楼梯、卫生间等容易发生拥挤、摔倒的地方设立安全提示标志，而且此类标志最好以卡通画、符号等便于幼儿理解的形式呈现，以便时刻提醒、引导幼儿采取安全的方式进行活动。
- 平时，教师应当对幼儿开展认识安全标志的教育活动，让幼儿理解各种安全标志的含义，并养成时刻留意自己身边的安全标志的好习惯。如果有可能的话，还可以让幼儿自己动手制作安全标志，找出园内存在危险的地方，并将安全标志张贴在这些地方。

练习与思考

【案例】 某幼儿园为了美化园内环境，决定将室外活动场地靠近角落的一部分改造成花坛，并聘请了一个施工队来园进行施工。在施工初期，工地和幼儿活动场地之间曾有挡板进行隔离，但在工程将近结束时，挡板被工人给撤走了。一日，中班幼儿在上室外活动课时，5岁的晓晓趁老师不注意溜进了施工现场，正在紧张作业的工人谁也没有留意到他的闯入。好奇的晓晓不停地看着、摸着，结果脚底一滑不慎摔进了石灰池里，导致身上多处被烧伤，医疗诊断结论为30%四肢皮肤Ⅱ度烧伤并感染。经司法鉴定，晓晓的伤残程度为八级伤残。事发后，晓晓一家将施工方和幼儿园一并告上了法庭。

【思考】 引发本起安全事故的主要原因是什么？

第16条　幼儿园装修过程中有哪些注意事项

情景再现

据《北京晚报》报道，8月23日下午，一些心急如焚的家长围在某幼儿园门外，不同意他们在该园入托的孩子搬进新教室。据了解，这所幼儿园是新盖的公立园，去年9月份首次开园招生，共有50余名孩子，分小一班和小二班。在今年6月的体检中家长们发现，一半以上孩子血铅值在50微克/升以上，其中90微克/升以上的孩子有5个。对此，家长们怀疑孩子们血铅值普遍偏高，与幼儿园校舍装修有关。家长齐女士说，最近一段时间孩子经常反映，去二楼走廊里玩时感觉熏眼睛，有时还伴有呕吐、恶心的症状，体检结果出来她才发现，孩子的血铅值竟达到了95.4微克/升，"大于100微克/升就是铅中毒，针对这种情况，幼儿园应该暂时停课，不能拿我们孩子的健康当儿戏"。发现问题的严重性后，几十名家长联名写信，要求就孩子们的血铅值偏高问题同园长协商，但两个月过去，园方迟迟不肯答复。8月23日下午3点，20余名家长来到幼儿园门口。"再有10天孩子们就要开学了，今年会有更小的孩子入托，园方要求我们的孩子从原来的一层搬到二层新教室，可是二层刚刚装修过，对孩子肯定没好处。"在家长的一再要求下，园长闫女士同意家长们推选10位代表入园协商。

问题分析

在装修过程中，胶、油漆、板材是造成室内环境污染的三个主要来源。这几种材料中往往存有大量的甲醇、苯、TVOC（即总挥发性有机化合物）等有害气体。其中，甲醛被世界卫生组织确认为一类致癌物，它会损伤人的造血功能，可引发白血病。苯也属于致癌物质，轻度中毒会造成嗜睡、头痛、头晕、恶心、胸部紧束感等，重度中毒会出现视物模糊、呼吸浅而快、心律不齐、抽搐或昏迷等症状。TVOC能引起机体免疫水平失调，影响中枢神经系统功能，还可能影响消化系统，严重时可损伤肝脏和造血系统，出现变态反应等。

为了改善办学环境，一些幼儿园常常利用寒暑假或者十一、五一等长假进行装修，包括粉刷、装饰墙面和地面，维修课桌椅、教具、学具等。在装修过程中，往往需要大量使用油漆、涂料、胶、壁纸、夹板等材料，而这些材料中含有的甲醛、苯等有害物，如果没有采取有效的环保措施，很容易给室内环境造成污染，从而危及在园幼儿的身心健康。随着人们环保意识的不断增强，家长们对幼儿园的环境质量提出了更高的要求，装修过程中园方在环保方面存在着细微的失误，就有可能引发家园之间激烈的矛盾。幼儿园应当正视装修过程中存在的污染问题，防患于未然，为孩子们创造合格的入托环境。

应对之策

• 幼儿园应将园舍装修、改扩建工作纳入本园发展规划，大规模装修、改建要间隔一定的年限（例如北京市教委规定应间隔5年左右），小规模局部装修、改建不宜重复进行。

• 幼儿园拟进行装修、改建前，应按隶属关系报请上级主管部门同意，并按规定报相关部门审批。

• 在拟进行装修、改扩建前幼儿园要及时召开家长会，通报幼儿园装修、改扩建项目的范围和施工日期等，以及装修和改扩建施工过程中加强保育、教育工作的具体安排，以使家长放心。在装修期间，幼儿园可动员家长将幼儿自行接回，或由幼儿园将幼儿异地妥善安排。家长将幼儿接回的，幼儿园不得向家长收取费用，直至幼儿园重新开园。

• 幼儿园装修应当选择有正规资质的装修公司，最好是带有绿色环保标志的装修公司，与其签订装修合同，明确约定各自的权利、义务，特别要对室内环境质量要求作出明确约定。在装修过程中，要使用符合国家环保要求的装修、装饰材料，严格控制人造板类材料的使用，尽量选择水性的内墙涂料和无污染的水性木器漆，按照国家标准选择室内家具，防止家具造成的室内环境污染。

• 装修完成后要确保良好的通风环境，保持室内空气的净化。新装修的房屋要经过一段时间的开窗通风后才可使用。

• 装修结束后，幼儿园应当委托具有资质的专业部门对空气质量进行检测，确保空气质量符合国家有关标准，未经检测或检测不合格的，不能安排幼儿使用或重新开园。

• 新装修的幼儿园重新开园后，教师要密切关注幼儿的身体健康状况，一旦发现幼儿出现身体不适的症状，要立即组织幼儿进行检查和就医。

练习与思考

【案例】 据《新晚报》报道，18岁的杨某原是尚志市某中学学生。一次假期过后，杨某与同学们返校上课时发现，新粉刷的教室里有一股浓浓的刺鼻味道，但老师和学生们都没在意，依旧在表面上看起来"窗明儿净"的教室内读书上课。几天后，学生们相继出现抽搐、胸闷、恶心等症状，而杨某最重，以致全身麻木、四肢无力、呼吸困难。杨某被先后送到尚志市人民医院、省第二医院治疗，确诊为"急性轻度苯中毒"。杨某住院643天，共付医疗费、住院费等近13万元，还耽误了2年学习。她认为是教室粉刷后的严重空气污染导致其身心受伤，于是将油漆厂家及学校告上法院，要求赔偿。法院在调查时发现，尚志市某中学在粉刷教室时，购买使用了某油漆厂和某油漆化工有限公司生产的"油漆"，其中的苯含量均超过了国家标准（即0.5%）；此外，还使用了某涂料厂生产的"稀释剂"清洗刷子和工作服，稀释剂中的苯含量超标25.5%。这些严重超标的"苯"挥发到空气中，致使杨某在校学习时中毒。由于3家厂家都提供不出证据证实自己产品致害原因的比例，因此，法院认为它们应承担共同侵权的连带赔偿责任。而该中学在学校开学和刷油漆这两项工作中处理不当，也应依法承担补充赔偿责任。据此，法院作出一审判决，3家苯超标的厂家连带赔偿杨某的医疗费、补课费、精神损害抚慰金等总计22万余元。该中学则承担补充赔偿责任。判决后，3家厂家不服，提出上诉。市中级法院驳回上诉，维持原判。

【思考】 学校为什么会被判决承担补充赔偿责任？

第17条　危险物品应当如何管理

情景再现

据《西安晚报》报道，9月5日是勉县某幼儿园开学的第一天，孩子们高兴地进了新建的教室里，老师打开了教室里的灯照明。晚上回家后，一些孩子就喊眼睛有点疼，家长问孩子眼睛有没有接触什么东西，孩子称没有接触任何东西，看孩子眼睛没有什么明显症状，家长们也就没有在意。9月6日上午，孩子到幼儿园后不久，家长就接到幼儿园的开会通知，并通报了前一天幼儿园新教室紫外线灯误开的情况，让家长先带有症状的孩子到医院进行检查。勉县医院眼科的医生告诉记者，当天他们医院接诊了这所幼儿园的60多名患者，包括小孩和老师。经诊断，主要是患者眼部受紫外线照射引起了电光性眼炎。一般自然恢复效果很难保证，要用药进行治疗。据幼儿园老师讲述，9月5日开学第一天，勉县普遍降雨，教室内光线较暗，他们就打开了开关，由于不知道教室里装有紫外线灯，且日光灯和紫外线灯在同一灯架上，光源颜色难以分辨，造成了日光灯和紫外线灯同时开启，直到下午放学。

问题分析

幼儿园的日常生活中，涉及不少危险物品的使用。例如，为了消毒的需要，幼儿园大多配置了各种消毒剂（包括含氯消毒剂、过氧乙酸、碘伏等）和紫外线灯，其中前者是化学用品，具有一定的腐蚀性，可刺激、损害皮肤黏膜，腐蚀物品；后者放射的紫外线能量较大，如果没有防护措施，往往会引起被照射的人员结膜、角膜发炎，长期照射可能会导致白内障，重者甚至引发癌变、皮肤肿瘤等。又如，幼儿园里的洗涤剂、灭草剂、灭鼠药、灭蚊蝇用药、电源插座、蚊香、打火机、剪刀、花盆、鱼缸、玻璃制品，乃至扫帚、锄头、铁锹等大型卫生扫除工具，幼儿一旦接触或使用不当，很容易造成意外伤害。在此类事故中，幼儿园若对设施、设备管理不当，对幼儿疏于照管，需要对损害后果承担相应的法律责任。鉴于此，各个幼儿园应当建立健全危险物品的安全管理制度，消除潜在的安全隐患，防止安全事故的发生。

应对之策

• 幼儿园应当将本园现有的危险物品进行分门别类，建立危险物品的安全管理制度，从物品的采购、存放、保管、使用、处理等各个方面进行建章立制，规范安全管理流程。

• 消毒剂应当从正规的途径购买，并保留好购物凭证，要注意查看其有效期限，不要购买、存放或使用过期的消毒剂。在使用时，应当按照规定准确把握消毒液的配制比例，防止浓度过高或过低。

• 消毒剂、清洁剂要存放在专用柜内，放在幼儿够不着的地方，不要装在饮料瓶里（防止被误服），易燃、易爆的消毒剂（如过氧乙酸等）要放在远离儿童活动室和寝室的地方。

• 紫外线消毒灯可以用于室内空气与光滑物体表面的消毒，幼儿园要制定紫外线灯的使用制度，由专人负责使用和管理，并做好使用记录（如开、关灯的具体时间等）。每次使用紫外线灯时，应当在关好门、室内无人的情况下进行密闭式消毒，时间不少于30分钟，一般应当在幼儿离园后进行。每次消毒后应当开窗通风，在驱散残留臭氧后才可允许幼儿进入室内。紫外线消毒灯开关应与普通照明灯开关有明显区分，相隔一定安全距离，并设置警示标志，防止被教师、家长或幼儿误开。

• 幼儿园的灭草、灭虫、灭蚊、灭蝇用药以及大型清扫工具等容易伤及幼儿的器物，应当存放在专门的地方由专人保管，防止幼儿靠近或接触。花盆、鱼缸、玻璃制品应当正确摆放，防止被幼儿碰倒或因坠落而伤及幼儿。

• 对于危险化学品，应当由上级教育装备部门统一采购，或者经相关部门批准后进行采购，未经批准幼儿园不得私自购买。幼儿园应当按照《危险化学品管理条例》的规定，加强对危险化学品的购买、保管、领用、销毁等各个环节的安全管理，防止发生安全事故。

• 平时，教师应当对幼儿开展关于什么是危险品、怎样预防危险品伤害到自己的安全教育，增强幼儿对危险品的防范意识，提高其自我保护能力。

练习与思考

【案例】 据《广州日报》报道，12月8日上午11时左右，南城某幼儿园的小朋友聪聪下课后跑去上厕所，结果不慎碰倒了保育员秦某因疏忽而遗留在地上的莱苏尔溶液瓶子。未经稀释的莱苏尔溶液洒到聪聪的身上，致使其脸部被灼伤，所幸眼睛未受伤。该幼儿园园长表示，聪聪受伤是保育员失误所致，教师易某没有按规定组织幼儿上厕所也负有一定责任，园方对聪聪受伤事件负有不可推卸的责任，园方会迅速赔付治疗所需费用，另外家长提出的营养费、误工费等合理费用，园方正在商讨，尽量满足家长的合理要求。

【思考】 结合这起事故，谈谈如何对幼儿园的危险物品进行管理。

第18条　幼儿伙食费应当全部用于幼儿膳食

情景再现

据"新华网"消息，2011年5月初，珠海市某幼儿园因拖欠教师工资被教师曝光该园克扣幼儿伙食费，该幼儿园原厨师也爆料，孩子们每天吃的饭钱只有1元，根本吃不饱，随后幼儿的家长集体向园方讨要说法。5月10日该园离职会计黄某及部分学生的家长就此事到派出所报案。黄某曾任这家幼儿园的会计，她提供的2010年11月的伙食费实际支出账单表明，当月真实的买菜款仅为8040元，比虚假的账单少了48 826元。据此推算，每个孩子日均花费不到1元钱。即使加上煤气费、油米钱和厨师费，每月实际支出远低于每个孩子每月交的210元。随着警方的深入调查，该幼儿园原园长即实际投资人莫某被当地检察机关批准逮捕。2012年1月17日，克扣孩子伙食费的"黑心"园长在珠海市香洲区法院受审，检方以职务侵占罪和诈骗罪对莫某提起公诉。莫某涉嫌以使用虚假采购单证夸大伙食支出的方式侵占孩子伙食费90万元，骗取学生保费6万元。业内人士称，幼儿园园长因克扣孩子伙食费而被提起公诉的事情在国内尚无先例。

问题分析

幼儿园的伙食费收支问题，直接关系到在园幼儿的膳食营养平衡和身心健康，关系到千万个幼儿家庭的切身利益，家长乃至社会公众对其报以高度关注是不难理解的。近年来幼儿园克扣、挪用幼儿伙食费的事件在各地时有发生。对于幼儿园的伙食费该如何收取、管理和支出的问题，国家及各级政府相关部门制定的关于幼儿园收费管理的办法中都有原则性的规定，一些地方甚至还制定了关于学校、幼儿园伙食费管理的专门规定。幼儿园的管理者及相关人员倘若不了解这些规定而违规操作，或者虽然了解但抱着侥幸的心理去触碰"红线"，轻者会遭到有关部门的行政制裁、家长的抗议及舆论的谴责，重者甚至有可能被追究刑事责任。

幼儿园向幼儿收取的伙食费属于代收费，国家发改委、教育部、财政部三部委制定的《幼儿园收费管理暂行办法》中明确规定，幼儿园为在园幼儿教育、生活提供方便而代收代管的费用，应遵循"家长自愿，据实收取，及时结算，定期公布"的原则，不得与保教费一并收取。各个幼儿园应当严格遵循这一规定，依法管理本园的幼儿伙食费。

应对之策

- 幼儿园的伙食费管理应当坚持"非营利性"的原则，要根据幼儿膳食的实际需要并按照家长自愿的原则收取伙食费。公办幼儿园的伙食费应当遵守政府指导价；民办幼儿园在收费之前应当将收费标准报有关部门备案、审查，备案后原则上一学年之内不得变动。
- 幼儿园的伙食费收取应当实行公示制度，将收费项目、收费标准等信息列入招生简章，或者通过设立公告栏、公示牌等形式向家长和社会公开。
- 伙食费应当按月收取，可在每月月初预收，但不得强制跨月预收。
- 伙食费应当独立核算，按实际成本向幼儿收取，并应当专款专用，只能用于幼儿的膳食，不得与教职工的膳食费用混同，不得将教职工福利、幼儿园招待费等支出计入幼儿的伙食成本。
- 幼儿园的伙食费一般应当在月末按幼儿实际就餐天数结算，幼儿请假不来园的，不得向其收取就餐费；也可采取滚动使用、期末结算的办法，幼儿在缴纳费用后因故请假的，从请假的第二天开始伙食费可滚动到下个月使用，在下个月缴费时相应扣减伙食费，期末时应当将伙食费结余部分全部退还给幼儿的家长。
- 幼儿园应当每个月向家长公布伙食费收支情况，接受家长的监督和质询。
- 幼儿园伙食的账簿、单据、凭证及其他材料应按会计制度要求妥善保存，在有关部门进行检查监督时，不得拒绝提供所需资料或者提供虚假资料。

• 有条件的幼儿园，应当成立由幼儿园管理者、教师、保健人员、财务人员、食堂工作人员、幼儿家长代表等成员组成的伙食管理委员会，共同做好幼儿的膳食工作。

练习与思考

【案例】 据《北京晚报》报道，北京某双语幼儿园是一所民办幼儿园，每个孩子的月收费为 4300 元学杂费、500 元伙食费。可是，让家长们迷惑不解的是，总有孩子在幼儿园吃过晚饭后回家喊饿，而在体检中，还有些孩子营养不良。前几日，家长高女士在幼儿园的卫生间里意外捡到今年 5 月至 8 月的食堂账本。经过仔细核对，家长们终于解开了心头的疑惑：原来，每月的伙食费有一半未用在孩子们身上，而老师们出游时喝的啤酒、二锅头，吃的干果，竟然都含在孩子的伙食费中。得知真相的家长们愤怒了，他们将此事反映给相关部门，该幼儿园园长李某被撤职。

【思考】 该幼儿园的做法有何违规之处？

第19条　怎样防范幼儿园食物中毒事件的发生

情景再现

据河南周口市新闻办通报，6月19日中午，周口市某幼儿园768名儿童在园内就餐，食谱为蒸面条、稀饭，加餐为袋装伊利酸奶。14时40分，3名幼儿先后出现发热、呕吐、腹泻等症状，教师当即通知家长带孩子去医院检查。15时15分，保健医生又发现10名儿童有发热现象，立即报告园领导，园长、副园长和保健医生分头到班中巡查，发现有新增病例，迅速组织患儿到医院就诊，并让各班教师通知患儿家长。17时以后孩子们陆续离开幼儿园。园方获悉幼儿为生物性食物中毒后，通过"校迅通"向家长发布信息。截至6月21日15时，住院病人21人（市中心医院），留观病人40人，累计接受咨询就诊706人次。经流行病学调查，专家初步认定有食物中毒症状的214人，无危重病例。事发后，当地政府及有关部门迅速采取有效措施控制了事态。6月28日，河南省卫生厅正式对外通报，该幼儿园中毒事件是由于幼儿园食物制作室在操作环节被细菌污染而引起的食物中毒，致病菌为福氏志贺氏菌4C型痢疾杆菌。

问题分析

学校、幼儿园的食物中毒主要可以分为三类：细菌性食物中毒、有毒的动植物中毒、化学性食物中毒。其中，细菌性食物中毒是指由于进食被细菌或其细菌素所污染的食物而引起的食物中毒，这一类中毒主要是因食物在制作、储存、出售过程中处理不当被细菌污染所引起的，例如生熟交叉感染、食品储存不当而引起变质、食品未烧熟煮透、食品从业人员带菌污染了食品而引发的食物中毒。细菌性食物中毒是校园食物中毒中最常见的、发病率最高的一类食物中毒，多发生在夏秋季节。有毒的动植物中毒，是指误食有毒的动植物，或者食用了因加工烹调的方法不当未除掉有毒成分的动植物食物而引起的中毒，例如因误食毒蘑菇、有毒的河豚而导致的食物中毒，或者因四季豆、扁豆、菜豆等加热温度、时间不够而引发的食物中毒。卫生部的统计数据表明，有毒的动植物中毒是死亡人数最多的一类食物中毒。化学性食物中毒是指误食一些被有毒的金属、非金属及其化合物、农药、亚硝酸盐等化学物质所污染的食物而引起的食物中毒，例如食用农药未洗净的蔬菜、水果，误用盛装化学毒物或被污染的容器盛装食品或饮料，误将化学毒物当作调味剂或食品添加剂而引发的食物中毒。

一般而言，判断食物中毒的主要标准包括：在短期内出现大量症状相同的病人，中毒病人在相近的时间内均食用过某种共同的食品，未食用者不发病，发病者均是食用者，停止食用该种中毒食品后，发病很快停止，等等。食物中毒后患者的主要症状包括上腹部疼痛、恶心、剧烈的呕吐和腹泻等，有的还出现发热、视力模糊、呼吸困难等症状。幼儿园教师应当根据这些常识，尽早发现幼儿集体食物中毒的情况，以便在第一时间内对发病幼儿进行救治。更重要的是，幼儿园平时应当建立健全食品卫生安全管理制度，有效防范幼儿食物中毒事件的发生。

应对之策

- 幼儿园应当按照国家规定，建立食品卫生园长负责制。办有食堂的幼儿园，应当设立专职的食品卫生管理员，承担本单位的日常性食品生产经营活动的卫生监督、管理职责。

- 幼儿园的食堂应当取得审批部门颁发的《食品经营许可证》，未取得《食品经营许可证》的幼儿园不得开办食堂。

- 幼儿园的食堂原则上不应对外承包经营，特别是不能由个人承包经营，有条件的可委托有资质的大型连锁餐饮企业托管，并把食品卫生安全作为承包（托管）合同的重要指标，督促承包方（托管方）加强食品卫生安全管理，防止发生食品安全事故。

- 幼儿园要严格食堂的安全管理，对食品的采购、加工、供应、贮存等各个环节和各个方面建章立制，落实岗位责任制。需要建立、落实的制度包括：原材料采购索证登记制度，库房卫生管理制度，粗加工及切配卫生制度，烹调加工卫生制度，餐用具清洗消毒制度，食堂、餐厅清洁卫生制度，食品留样制度（留样食品应当由专柜冷藏保存 48 小时以上），从业人员健康体检制度及卫生知识培训制度等。

- 幼儿园应当对食堂采取严格的安全保卫措施，严禁非食堂工作人员随意进入食堂的食品加工操作间及食品原料存放间，还要管理好幼儿就餐场所，杜绝无关人员接触幼儿食品，防止投毒事件的发生。

- 为了增强幼儿园处置突发的师生集体食物中毒事件的应急能力，幼儿园应当根据国家有关规定并结合本园的实际情况，制定食物中毒应急处理预案。一旦在园幼儿出现食物中毒症状或食源性疾病症状，幼儿园应当立即停止向幼儿供餐，在第一时间上报上级教育行政部门及卫生部门，立即将受害者送往医疗机构救治，并及时通知幼儿的家长，同时要保留好可疑食品及其原料、工具、设备，配合相关部门进行事故调查，做好后续整改工作。

练习与思考

【案例】 据《南方都市报》报道，方某因其子在东莞市厚街镇某幼儿园被同学打伤，便认为幼儿园老师没照顾好其子而对该幼儿园怀恨在心。一日早上，方某送其子到幼儿园，见教室没人，即从身上拿出粉状老鼠药"毒鼠强"放入教室的粥桶内，之后谎称其子有病，向老师请假后携子离开幼儿园。老师准备为幼儿分粥时，见粥的表面有白色粉末，便将粉末舀出倒掉，再将粥分给幼儿进食。不久，班上幼儿陆续出现呕吐、腹痛、抽搐等症状，共有 36 名幼儿中毒入院，其中重伤 3 人，轻伤 2 人，轻微伤 29 人。不久后，法院依法判处被告人方某死刑，剥夺政治权利终身。

【思考】 幼儿园如何防范投毒事件的发生？

第20条　怎样防范幼儿就餐过程中发生安全事故

情景再现

据《兰州晚报》报道，一日上午9时许，兰州市刘家滩某幼儿园内，厨师将做好的小米稀饭、花卷和馒头送到教室，之后孩子们开始吃。班主任老师突然发现坐在中间的强强（化名）嘴里塞满了东西，脸色发白，呼吸困难。老师立即使劲拍打强强的背部，试图让孩子把食物吐出来，但没有效果。随后，老师和园长立即将强强送往附近医院抢救，并打电话告知家长。据医院护理部张主任介绍，孩子送来时面部发紫，已经停止呼吸，瞳孔放大，心跳也没了。医院立即组织急诊科、儿科、麻醉科、五官科等的医生，对患儿采取急救措施，但已无力回天，孩子终因气管堵塞时间过长而身亡。幼儿园园长介绍，自办园以来没有发生任何意外，碰到强强这一起意外也不知所措，孩子平时很听话，都是自己吃饭的。

问题分析

幼儿在园进餐时，由于就餐人数较多，教师忙乱，加之幼儿活泼、好动、动作协调性较差，导致就餐过程中的安全事故时有发生。这些事故主要表现为：幼儿因食物堵住气管而窒息，幼儿被热菜、热汤烫伤，幼儿因嬉戏、打闹而摔伤或被就餐器具弄伤，等等。此类事故多源于幼儿园对在园幼儿安全教育不足，对就餐秩序缺乏有效管理，相关安全制度不健全。一旦发生事故，幼儿园往往因对幼儿疏于管理而被认定"存在过错"，需承担相应的法律责任。

应对之策

- 幼儿园教师平时应当通过讲故事、做游戏、角色扮演等方式，让幼儿了解在就餐过程中存在哪些危险情形，应当如何防范，增强幼儿的安全防范意识。

- 幼儿园对食堂的操作间、开水间、锅炉房应进行严格管理，不得让幼儿入内。教师不要让幼儿去做抬饭桶、送开水等力不能及而又危险的事情。

- 菜、汤、粥、水在温度低于60℃（夏天50℃）之前不要送入幼儿活动室，40℃以下的食物才能让幼儿食用。

- 食堂工作人员、教师、保育员在送饭菜时要避开幼儿，防止幼儿突然撞过来而被烫伤。菜、汤、粥不要从幼儿的头顶举过，而应从幼儿的面前递过来。给幼儿的汤不要盛得太满；教育幼儿汤碗在桌上合适的位置放好后，不要再去挪动它的位置，特别是不要用一只手单独去推汤碗。

- 在幼儿就餐过程中，教师、保育员要做好分工、各司其职，要有人认真观察幼儿的就餐动作和表现，发现幼儿做出危险行为要及时予以纠正和制止。

- 幼儿就餐不要比速度，教师不要催促幼儿快吃，应告诉幼儿每一口饭菜的量要适当，不要把嘴塞得太满；提醒幼儿吃饭时最好不要说话，如果一定要说，那就应当先把嘴里的饭菜咽下去后再说。还要告诫幼儿在就餐过程中不能打闹，不要去触碰其他人，防止碰翻食品或餐具后发生意外。

- 一旦发生食物不慎进入幼儿气管的事件，教师应采取急救措施，用海姆立克腹部冲击法，从背后环抱幼儿，突然向其上腹部施压，迫使上腹下陷，腹腔内容物上移，将异物从气管内冲出。还可以使用催吐办法，让孩子将食物吐出来。一旦这些措施没有奏效，或者出现紧急情况，教师要立即将幼儿送往医院救治。

- 一旦幼儿被烫伤，要立即让幼儿脱离热源，用流动的凉水冲洗创面，降低创面温度。注意，不要急于脱掉幼儿贴身单薄的汗衫、丝袜等衣物，而应先用凉水冲洗，然后再边洗边脱。面部等不能冲洗或浸浴的部位可用冷敷，用冷湿的毛巾覆盖在局部，然后每隔1到2分钟更换一次毛巾。大面积或者严重的烫伤在紧急处理后应立即送往医院就诊。

练习与思考

【案例】 据《西安晚报》报道，从 5 月 15 日开始，张女士两岁零三个月的女儿童童（化名）入托到家门口的一所双语幼儿园。6 月 21 日下午，张女士去接女儿时，却被老师告知"孩子在早上吃饭时被烫伤了"。紧接着，张女士见到了女儿，只见孩子身上缠着纱布，右腿、右胳膊都被烫伤。幼儿园老师向张女士讲述了事发经过：早上 8 时许，老师给孩子们盛饭时，童童自己把一个盛好饭的碗往跟前拉，结果碗翻了下去，饭洒到了身上。看到孩子被烫，老师随即带她去省人民医院做了处理，"属二度烧伤，烧伤面积 1.5%，需要隔天换药"。事发后，家长与幼儿园因患儿营养费的问题而发生纠纷。某律师事务所的高律师认为，幼儿园因保教不力使孩子受伤，应承担赔偿责任，而且除医疗费外，家长可适当要求赔偿营养费、交通费、误工费等。

【思考】 本起事故中，幼儿园的过错主要表现在什么地方？

第 21 条　药品的安全管理不可忽视

情景再现

据《华商晨报》报道，小雨的母亲陈女士告诉记者，12月6日中午11时许，小雨在幼儿园里淘气，趁着保育员阿姨上厕所的时候，拉开了阿姨的抽屉，把里面存放的30多片降压药当糖给吃了。"当时幼儿园的阿姨发现后，马上抱着孩子跑来找我，把我们都吓坏了。"陈女士和保育员阿姨赶紧将小雨送到医院。医生立即对小雨进行洗胃，随后小雨被送进了重症监护病房。虽然第二天小雨就出院了，但家长仍然害怕孩子的病情今后会有反复。一名医生告诉记者，如果孩子误服的是一般性药物且剂量较小（如普通中成药或维生素等），可让孩子多饮凉开水，使药物稀释并及时从尿中排出。如果吃下的药物剂量大且有毒性，或副作用大（如误服安眠药等），则应及时送往医院治疗。如果12到24小时后没有出现中毒现象，则表明其对孩子的影响不大。

问题分析

"是药三分毒"，一般的药都会有些毒副作用，一旦服用方法不正确，或者是误服与所患疾病无关的药物，就会对人体产生或大或小的危害。在幼儿园里，由于孩子们辨别能力较差，又活泼好动，对新鲜的事物感到好奇，一旦药品放置、管理和使用不当，很容易引发幼儿涉药安全事故。而在这类事故中，幼儿园或因晨检工作存在漏洞，或因药品存放、管理和使用不当，或因教师对幼儿疏于看护，往往需要承担一定的法律责任。实践证明，只有幼儿园与幼儿的家长密切配合，建立严格的药品安全管理制度，才能有效防范在园幼儿涉药事故的发生。

应对之策

- 幼儿园平时应当对幼儿开展关于药品使用的安全教育,让幼儿了解药的作用以及不当使用药物可能造成的危害后果,告诫幼儿在没有家长的安排及医生、保健人员指导的情况下不要服用任何药物,不要吞食不明物品,以避免误服药物而受到伤害。

- 每天早晨负责晨检工作的教职工一定要认真检查幼儿携带物品的情况,一旦发现幼儿私自携带药品,要当场予以收缴,并与其家长取得联系,妥善进行处理。

- 幼儿园的保健室不得开展诊疗活动,不可以看病或开药。

- 幼儿园的卫生室应当到正规的医药公司采购药品,买药时要严格执行"三查"(即查药品批号、查药品有效期、查药品是否变质),杜绝假冒伪劣药品进入幼儿园。卫生室应当妥善管理药品,防止霉变和过期失效,严禁使用过期及变质药品。

- 需要在幼儿园服药的幼儿,应当由家长亲自把药品交给幼儿园的保健人员,幼儿园不得接收幼儿自己带来的药品。保健人员在接收药品前,应当让幼儿的家长填写《喂药委托书》,写明需要喂药的幼儿的姓名、班级、服药原因、服药剂量、服药时间,由家长签署姓名及委托日期,并尽可能将病历一同交给保健人员核查。保健人员应当核实接收的药品和家长填写的药品名称是否一致。

- 在幼儿家长未同意或未填写《喂药委托书》的情况下,教职工不得私自给幼儿喂药。预防性用药、成人药物以及保健品一律不得让幼儿在幼儿园内服用。

- 幼儿园接收的代为喂服的药品,以及教职工携带的私人药品,均应当存放到幼儿接触不到的地方,防止被幼儿拿到后误服。

- 给幼儿喂药原则上应当由保健人员进行,在喂药前,保健人员应当再次核对幼儿的姓名,以及药品的名称、用途、剂量,防止幼儿吃错药而造成伤害。

- 给幼儿喂完药后,保健人员应当保管好剩余药品或空药瓶,并在当天放学时交给幼儿的家长带回。

• 幼儿服完药后，保健人员、保育员和教师要留心幼儿的身体情况，一旦发现幼儿出现异常状况，应立即通知其家长，并及时将幼儿送往医院救治。

• 教师应当提醒家长，平时要妥善保管家中的药物，防止幼儿拿到药品后误服，每天上学前，家长应当认真检查孩子的口袋及书包，防止幼儿私自携带药品入园。

练习与思考

【案例】 据河北电视台《今日资讯》报道，3岁的圆圆在某幼儿园上小班。一天中午，圆圆的家长突然接到幼儿园电话，说圆圆突发抽搐，正在赶往医院抢救。圆圆的母亲赶到医院时，孩子已经不行了。医生初步诊断为急性肺水肿以及中枢神经系统感染所致，具体死因则需要进一步尸检才能得出。当地公安部门在前期调查情况时，幼儿园老师曾说当天给孩子喂过药之后孩子才发病。而圆圆的家人则表示，根本没让孩子带药。幼儿园老师说，孩子当天从家里拿了一包药，说让班主任饭后给孩子吃，班主任挺负责，当时就喂给孩子吃了。而圆圆的父亲说他们家族没有相关病史，孩子也没病，不会带药的。据了解，在这家幼儿园，孩子带药上学的情况很普遍，每次都是由孩子交给老师，让老师代喂。不过仅仅凭借3岁儿童的口述，老师就把一种不明成分的粉末状药品喂给孩子吃，这样的做法的确存在着疏忽。事件发生后，当地公安、教育部门已介入调查，幼儿园也被责令停课整顿。

【思考】 幼儿园给孩子喂药的做法有何不妥？

第 22 条　传染病防治，幼儿园该怎么做

情景再现

据《楚天金报》报道，乐某在未获得办学许可证的情况下，租赁场地开办乐乐幼儿园，并设有小班、中班、大班、学前班、一年级、二年级，共招收幼儿 212 名，成为该镇规模最大的一所私立幼儿园。然而，乐乐幼儿园的园舍环境长期存在脏、乱、差等问题，教室和寝室紧邻猪圈和鸡舍，为该园提供早、中两餐饭的厨房距离简易厕所不足 10 米，不符合国家卫生标准。10 月 16 日，乐乐幼儿园发生群体性传染病，84 名在该园入学的幼儿相继感染细菌性痢疾，引起强烈的社会反响。

问题分析

我国的《传染病防治法》将传染病分为甲类、乙类、丙类三类，其中甲类包括鼠疫、霍乱；乙类包括新型冠状病毒肺炎、传染性非典型肺炎、艾滋病、病毒性肝炎、脊髓灰质炎、人感染高致病性禽流感、麻疹、流行性出血热、狂犬病、流行性乙型脑炎等二十几种；丙类包括流行性感冒、流行性腮腺炎、风疹、急性出血性结膜炎（红眼病）、麻风病、手足口病等十几种。传染性非典型肺炎和人感染高致病性禽流感虽然属于乙类传染病，但分类管理按甲类传染病管理。

婴幼儿是多种传染病的易感染人群，而幼儿园又是一个人员流动频繁的公共场所，因而很容易成为传染病的集散地。传染病一旦在幼儿园暴发和流行，有可能会迅速波及社会，造成严重的突发公共卫生事件，危害极大。幼儿园常见的传染病主要有两类：一类是呼吸道传染病，包括流感、腮腺炎、水痘、麻疹、风疹、肺结核等，多发于冬、春季节；另一类是肠道传染病，

包括痢疾、伤寒和副伤寒、甲肝、手足口病等，多发于夏秋季节。做好幼儿园的传染病预防和控制工作，对于保护幼儿的身心健康和生命安全，维护幼儿园的正常教育教学秩序，维护社会的和谐稳定都有重大意义。

应对之策

- 幼儿园要把传染病防治纳入校园安全管理工作之中，成立传染病防控领导小组，由园长作为总负责人，并指派专人（如校医、保健员）负责具体开展幼儿园传染病防控工作。

- 积极开展爱国卫生运动。首先，幼儿园要定期对园内环境、设施、设备进行消毒，特别是对楼梯扶手、桌椅、玩具、餐具等幼儿经常接触的设施要按时进行消毒，并建立校园食品和饮用水的卫生安全管理制度，保持园所环境的卫生、整洁，清除传染病发生和流行的条件。其次，教师要注意培养幼儿良好的个人卫生习惯，让幼儿做到勤洗手、勤理发、勤剪指甲、勤换衣被、不随地吐痰、多饮开水、多吃清淡食物等。

- 落实晨检制度、因病缺勤病因追查与登记制度。教师每天要统计幼儿的缺勤情况，了解缺勤的原因，发现幼儿请病假的，要追查病因，并做好登记和上报工作。在传染病高发季节，幼儿园要强化晨检制度，一旦发现传染病病人或疑似病人，要立即向教育行政部门和卫生部门报告，组织幼儿及时就医，并采取隔离和消毒措施，防止疫情扩散。

- 开展预防接种活动。疫苗接种是控制传染病暴发的最有效的手段之一，幼儿园要按照《传染病防治法》《疫苗流通和预防接种管理条例》《托儿所幼儿园卫生保健管理办法》的规定，协助防疫部门做好幼儿的预防接种工作，严格查验儿童计划免疫接种证，对无证或未完成国家规定疫苗接种的幼儿，要督促其到接种单位补证或完成接种。

- 加强健康检查。幼儿入园前必须在指定的医疗卫生机构进行全面的健康检查，检查合格者方可入园。患有传染性疾病或者有急性传染病接触史的幼儿应暂缓入园。离园三个月以上的幼儿，须重新体检且结果合格后方可回园。幼儿园教职工上岗前必须取得健康合格证，且每年应当进行一次健康检查。在岗人员患有传染性疾病的，应当立即离岗治疗，治愈后方可上岗工作。精神病患者、有精神病史者不得在幼儿园工作。

• 经常性地对幼儿及其家长开展传染病防治的宣传教育工作。幼儿园要利用活动课、讲座、板报、广播、告家长书、健康教育课等多种渠道，向幼儿及其家长宣传常见传染病的危害及防治知识，提高幼儿的卫生防病意识和自我保护能力。

• 控制传染源。一旦发现师生中出现传染病病例或疑似病例后，幼儿园要立即将患者隔离，按各种传染病的隔离期限责成患者住院或居家进行隔离治疗，同时在第一时间上报教育行政部门和卫生部门，做到早发现、早报告、早隔离、早治疗。幼儿园还应对患者接触过的人员（包括幼儿、老师）进行随访，并配合当地政府或卫生行政部门采取必要的隔离观察措施。幼儿患传染病病愈后，须持医院出具的无传染性的证明及有关化验单，经幼儿园确认后方可回园。

• 切断传播途径。疫情发生后，幼儿园要组织专人对园所环境、相关设施及空气进行消毒，并做好活动室、宿舍、实验室、图书馆、食堂、厕所等人员密集场所的开窗通风工作，保持室内空气流通。此外，还应暂停组织室内场所的大型集体活动（主要针对呼吸道传染），控制或切断可疑水源（主要针对肠道传染病）。

• 保护易感人群。当有疫情发生时，易感人群、密切接触者可在疾病预防控制机构的指导下进行服药或接种疫苗，以提高人群的免疫水平。同时，幼儿园应督促幼儿加强体育锻炼，保证充足的睡眠，以增强自身的抵抗力。

练习与思考

【案例】 据"太原新闻网"报道，5月25日下午4时许，白女士接到××幼儿园的电话，称其在该幼儿园小三班上课的孙女病了，让她赶紧到幼儿园。白女士接完电话后，赶紧就往幼儿园跑，一路忐忑不安。赶到幼儿园后，发现小孙女脸色惨白、四肢发抖，嘴角、手臂、腿部均出现了红色斑点。幼儿园的工作人员告诉白女士，上午孩子还没事，午觉后就出现呕吐和发抖等症状。见此情形，白女士一刻也不敢耽搁，立即将孩子送到省儿童医院。经过医生诊断，孩子得了传染病，3天后又被诊断出脑炎。"据我了解，早在5月24日，万柏林疾控中心已经通知××幼儿园停课，但幼儿园却不理会。"看着3岁大的孙女饱受疾病折磨，白女士心如刀绞，如果幼儿园早点停课，她孙女也许就不会被传染上。

6月14日上午10时许，记者首先来到万柏林区疾病预防控制中心。"现在这个季节正是各种传染病的高发期，5月初我们从疾病防控网上看到，××幼儿园发现2个传染病病例，我们便于5月24日以书面形式建议××幼儿园发现病例的小三班停课。"疾控中心的刘副主任说，最早的一个病例是在5月12日发现的，5月25日发现了2例。目前，该幼儿园总共发现4个病例，其中有3例发生在小三班。记者看到，这份建议书总共有8条，其中不但建议避免聚集性群体活动，而且建议对教学设施进行消毒。在这8条中，最重要的是建议发现病情的小三班停课10天。对于该幼儿园并没按照建议停课的情况，刘副主任表示，疾控中心不是行政部门，没有执法权，只能提出建议。事情发生后，他们已经通知了万柏林区教育局。万柏林区教育局幼教科的工作人员说，他们已经接到反映，并通知了万柏林区疾控中心。当记者问到××幼儿园没有按照疾控中心的建议停课，教育局会不会对其进行处罚时，工作人员回答说，他们只能督促幼儿园执行建议，但没有执法权，也不能强制要求对方执行。

【思考】 幼儿园的做法是否有不妥当之处？

第 23 条　怎样建立突发公共卫生事件应急处理机制

情景再现

3月14日起，西北某中学某班学生陆续出现流感样症状病例，并逐步向其他班级扩散。3月17日至20日，流感样病例急剧增多。3月21日，县疾控中心首次接到该村医生电话报告之时，学校累计发病人数已达到347人。截至3月27日结案调查时，学校累计发病449例（全校共有2756名学生，其中住校生2400名），全校35个班级均有病例报告。经调查，该校未按规定设立专（兼）职校医；疫情发生期间，学校未对发热病人采取隔离措施；学校的教室和宿舍都很拥挤，通风条件较差，从而助长了疫情快速传播；学校及村卫生室疫情报告迟缓，也影响了疫情的控制处理。（摘编自教育部体育卫生与艺术教育司原副司长廖文科的讲座稿《校园突发公共卫生事件预防与应急处置》）

问题分析

按照《突发公共卫生事件应急条例》的规定，突发公共卫生事件是指突然发生，造成或者可能造成社会公众健康严重损害的重大传染病疫情、群体性不明原因疾病、重大食物和职业中毒以及其他严重影响公众健康的事件。实践中，幼儿园常见的突发公共卫生事件主要包括：重大食物中毒，传染病暴发流行，群体预防性接种和集体服药异常反应，不明原因引起的群体性异常反应，幼儿集体癔症等。在教育部制定的《教育系统公共卫生类突发事件应急预案》中，按事件的严重程度，校园突发公共卫生事件可分为四级：特别重大突发公共卫生事件（Ⅰ级），重大突发公共卫生事件（Ⅱ级），较大突发公共卫生事件（Ⅲ级）和一般突发公共卫生事件（Ⅳ级）。

为了有效预防、及时控制和妥善处理幼儿园突发公共卫生事件，提高快速反应和应急处置能力，将各类突发公共卫生事件对幼儿园师生员工造成的危害降到最低程度，维护正常的教育教学和生活秩序，维护社会的和谐与稳定，各个幼儿园应当按照规定，制定本园的《突发公共卫生事件应急预案》，建立本园的突发公共卫生事件应急处理机制。

应对之策

- **应急处置工作领导机构的设立及职责**

幼儿园应当成立由主要领导负责的突发公共卫生事件应急处置领导小组，其职责主要包括：制定本园的突发公共卫生事件应急预案；建立健全应对突发公共卫生事件的工作责任制度，将责任分解到部门、落实到人；明确并落实突发公共卫生事件的信息报告人；具体实施突发公共卫生事件的应对与处置工作；及时向上级教育行政部门及卫生等有关部门报告幼儿园突发公共卫生事件的进展与处置情况等。

- **应急保障**

具体包括：（1）信息保障，幼儿园要建立健全并落实突发公共卫生事件信息收集、传递、报送、处理等各环节运行机制。（2）物资保障，幼儿园应建立处置突发公共卫生事件的设施设备（如传染病隔离场所、紫外线灯等）、消毒药品储备，为妥善处置突发公共卫生事件提供物资保障。（3）资金保障，幼儿园应安排必备的应急资金，保证突发公共卫生事件应急处置所需。（4）人员保障，幼儿园应加强卫生队伍建设，安排人员定期参加突发公共卫生事件防控的专业知识培训。（5）培训演练保障，幼儿园应配合卫生部门，组织开展应急演练。

- **预防预警**

幼儿园应当通过建立健全校园日常环境卫生、食品及饮用水卫生安全管理制度，并落实幼儿定期健康体检制度、晨午检制度、因病缺课登记追踪制度，以及儿童入托、入学查验接种证制度，预防突发公共卫生事件的发生。同时，幼儿园应建立与卫生部门信息联动的机制，及时收集所在地区突发公共卫生事件发生信息，对各类可能引发幼儿园突发公共卫生事件（传染病、食物中毒等）的情况及时进行分析并发出预警。

- 信息报告

发生突发公共卫生事件后，幼儿园应在第一时间（2小时内）向当地教育行政部门和卫生部门报告，不得延报。报告信息内容要客观详实，不得主观臆断，不得漏报、瞒报、谎报；发生Ⅰ级（特大）事件，可直接报教育部；事件情况发生变化后，应及时续报。信息报告又分为初次报告、进程报告和结案报告，不同阶段须遵循不同的要求。

- 应急处置措施

一般突发公共卫生事件发生后，现场的教职员工应立即将相关情况通知幼儿园突发公共卫生事件责任报告人及幼儿园领导。幼儿园领导接到报告后，必须立即赶赴现场组织实施应急措施。根据突发公共卫生事件的不同类型，对食物中毒、传染病、预防接种（或服药）造成的不良反应或心因性反应以及其他突发公共卫生事件，应当采取不同的应急措施。其中隔离、停课及复学措施的施行必须遵循国家的相关规定及当地卫生部门和教育行政部门的相关要求。

- 善后与恢复工作

突发公共卫生事件应急处置完成后，工作重点应马上转向善后与恢复行动，争取在最短时间内恢复幼儿园正常秩序。幼儿园应当认真做好或积极协调有关部门做好受到突发公共卫生事件损害的相关人员的善后工作，并配合卫生部门、教育行政部门进行事件调查，根据调查结果追究相关责任人的责任。此外，对突发公共卫生事件反映出的相关问题、存在的卫生隐患问题及有关部门提出的整改意见，幼儿园应认真进行整改。

练习与思考

【案例】 据《佛山日报》报道，近日，网友"MR王子"在论坛发帖称："听有部分（××幼儿园）家长讲，D班有部分小朋友患有手足口病，而且系多人同时发现，但园方既无通报又无电话通知家长。我作为一名家长感到非常不理解和愤怒。"××幼儿园赵园长称，园内确实发生手足口病疫情，并与家长和疾控中心沟通过。5月15日第一起病例确诊，医院上报，当日下午就消毒，并向每个家长反映情况。截至18日，幼儿园共确诊4例，同为小小班的乐乐班。目前，4例中已有3例痊愈，休息一周后可上课，1例仍在医院观察。赵园长表示，15日发现病例后，园方立即启动应急预案，当日下午就开始消毒，晚上使用醋熏和紫外线结合消毒。16日，幼儿园又通知家长发现手足口病，并建议"家长不要送小孩来上学"。此外，还根据晨检和午检情况、家长的反映，对个别出现发热、手脚生痘痘、口腔溃烂等症状的幼儿，先隔离处理。赵园长说，18日下午接到区疾控中心的通知，幼儿园小小班的乐乐班停课10日。其间，园方通知家长并邀请全体家长出席手足口病专题讲座，以指导家长如何防治，如何注意小孩的日常卫生。"前两日，疾控中心人员也到场，检查幼儿园的消毒设备。"目前，幼儿园的老师已经约谈患儿和非患儿的家长，解释此事。

顺德区疾控中心称，疫情发生后，疾控中心在第一时间与大良医院取得联系，由大良医院进行现场调查，中心每日电话追踪疫情进展，并指导防控措施的落实。顺德区疾控中心介绍，××幼儿园出现散发病例为主的一般疫情，病例病情稳定。目前，顺德区已进入手足口病高发季节，疫情仍处于上升阶段，明显高于往年同期发病水平。疾控中心称，手足口病是由肠道病毒引起的幼儿常见传染病，全年均可发生，一般5至7月为发病高峰，托幼机构等易感人群集中的单位可能暴发疫情。

【思考】结合该幼儿园应对手足口病的方法，谈谈制定突发公共卫生事件应急预案的重要性。

第24条　幼儿午睡有哪些风险

情景再现

据《重庆时报》报道，一日上午，小泽的母亲陈女士将孩子送到幼儿园。中午1点过后，幼儿园小朋友都躺在床上准备午休。"老师，我吞了一个长长的东西。"正当老师安抚孩子们入睡时，小泽的话让老师吓了一跳。原来，小泽的伙伴递来一颗从地上捡起的铁钉让他扔掉，小泽却将钉子拿在手里把玩，不料，手一松就掉进嘴里，而没任何防备的小泽将钉子吞了下去。事后，幼儿园老师立刻通知小泽的家人，并将小泽送往当地医院。经过X光片检查，发现一根长约5厘米的铁钉"躺"在小泽的胃里！因当地医院无法处理，老师和陈女士随即将小泽送到重庆医科大学附属儿童医院治疗。儿童医院的刘医生提醒家长和老师，一旦孩子吞入不明物体，千万不要擅自用手抠、用泻药等方法让孩子将东西排出来，更不能随便进食，应直接送往医院。

问题分析

到了中午幼儿午睡的时间，一些老师认为自己终于可以松一口气了，于是有的自己也跟着眯一会儿，有的借机上网、看资料或者埋头写东西，还有的甚至离开幼儿的寝室去干别的事情。殊不知，幼儿虽然午睡了，但在平静的午休中却潜藏着诸多危险。这些危险主要表现为：幼儿在床上偷偷玩弄小物件，导致异物进入口腔、气管、鼻腔、外耳道而引发危险；幼儿互相打闹、嬉戏，导致碰伤、磕伤或摔伤；被子蒙住幼儿的口、鼻，导致幼儿呼吸不畅甚至引起窒息；幼儿因突发高热而引起惊厥，出现肢体痉挛、呼吸困难、两眼上翻、口吐白沫等症状；幼儿在午睡中突发疾病，出现紧急情况，甚至引发猝死；等等。实践表明，一旦教师对幼儿的午睡行为疏于管理，导致幼儿午睡中潜藏的一些安全隐患未能被及时发现、消除，很有可能会引发意想不到的严重后果。

应对之策

• 幼儿园应当建立在园幼儿午睡安全管理制度，明确规定值班的园领导、保健人员、带班教师（包括保育员）等人员在幼儿午休期间的安全职责和行为守则，以制度来保安全。

• 幼儿睡觉之前、起床之后，教师要清点人数，确保参加午睡的幼儿与来园的幼儿人数一致，防止幼儿擅自离开寝室甚至离开幼儿园。

• 在幼儿上床午睡前，值班的教师应当认真检查幼儿的衣物口袋、头颈饰物和小手，防止幼儿将小刀、纽扣、珠子、硬币、豆粒、皮筋、发卡、项链、绳线等物品带到床上，并趁老师不注意时拿出来玩弄、吞食，进而导致异物进入耳、鼻、气管而发生事故。教师还要特别注意检查幼儿的口中是否有未吞咽的食物，防止食物进入气管而发生意外。平时，教师应当告诉幼儿把小物件放进鼻孔、耳朵和口中可能造成的严重后果，增强幼儿的安全防范意识。

• 鉴于高低床（双层床）很容易发生幼儿从上铺摔下的安全事故，幼儿园应当配备儿童单人床，床铺的高度要适中（一般为30—40厘米，不应高于40厘米）。非寄宿制幼儿园若因条件所限确需为大班幼儿配置高低床，床的四周应当有护栏（护栏的高度应当足以防范幼儿从上铺摔下），且高低床应当沿墙体摆放。此外，还应当对幼儿加强安全教育。

• 教师平时应当教育幼儿不得在床上打闹、嬉戏。幼儿上床后，教师应当随时观察幼儿的行为，如果发现幼儿打闹、嬉戏，要及时、有效地予以制止；如果发现幼儿玩弄、吞食物品，要及时制止并将物品拿走。

• 在幼儿午休期间，教师应当在寝室值班巡查，不得借故离开。幼儿园的值班领导应当到各个寝室巡逻，检查教师的在岗情况，协助教师处理突发事件。幼儿园的保健人员应当在岗待命，当带班教师发现幼儿出现身体不适，保健人员应及时进行先期处理。

• 值班教师要随时纠正幼儿不正确的睡姿（如趴着睡、蒙头大睡等），防止幼儿胸部受到挤压或者发生窒息的危险。如果发现幼儿将被子踢到一旁，教师要及时为其盖好被子，防止幼儿受风着凉。

• 对于早晨入园时生病、身体不适的幼儿，以及有癫痫病史的幼儿，在午睡期间教师要给予特别关照，要时不时地走到这些孩子身旁查看其健康情况。若发现幼儿出现面色潮红、呼吸急促、反复咳嗽、精神呆滞等症状，要及时让保健人员进行观察、处理。若发现幼儿突发疾病，要立即予以救助，必要时应立即拨打急救电话或送往医院救治，要注意避免发生幼儿发病时因无人在场或在场的教师麻痹大意而延误病儿救治时机的情况。

• 教师要为幼儿营造良好的午休环境。幼儿上床后，教师要及时将窗帘拉下，还可以为孩子播放一两个睡前小故事或者几首优雅的轻音乐，引导孩子缓缓入睡。对于实在无法入睡的幼儿，教师可降低要求，让其安静地躺在床上即可，而不要对其严厉训斥，更不能对其进行体罚。

• 午休起床时间到后，教师要通过播放音乐、轻轻叫唤等方式，慢慢地将孩子叫醒，并逐一检查床铺（或者清点人数），防止幼儿躺在床上无人看管甚至被单独落在寝室内。幼儿起床不要一味求快，要给孩子充裕的醒觉、穿衣服的时间，并引导孩子有序地上厕所，防止孩子因尚未完全清醒或者因睡醒后过于兴奋而拥挤、打闹以致发生意外。

练习与思考

【案例】据"中国法院网"消息，11月9日中午午休时，2岁半的阳阳一直趴着睡，幼儿园值班老师没有纠正其睡姿。其他幼儿起床后，值班老师也没有按作息时间叫醒阳阳，而将其一人留在屋内继续午睡。当日下午4时许，幼儿园学生吃晚饭时，值班老师才去叫阳阳。这时，老师发现阳阳呼吸已经停止，面色呈现青紫。随后，幼儿园拨打120急救电话并将阳阳送往河南中医学院第二附属医院。但为时已晚，阳阳经抢救无效死亡。案件审理过程中，为确定死亡原因，法院委托司法鉴定机构对阳阳的尸体进行检验，鉴定结论为：排除外伤、机械性窒息、常见毒物中毒、疾病、注射疫苗过敏性休克致死，阳阳平素身体健康，发育、营养良好，却死在睡眠当中，综合分析，阳阳符合婴幼儿猝死综合征死亡。法院认为，幼儿园未对阳阳尽到谨慎注意的义务，致使阳阳在该园午休过程中一直趴着睡，这一影响正常睡眠的情况未得到及时纠正，午休时间过后阳阳也未被及时叫醒，直至晚饭时间才发现阳阳停止呼吸，造成阳阳抢救无效死亡的严重后果。被告擅自开办幼儿园，并疏于管理，应对阳阳的死亡承担主要责任，结合本案案情，法院酌定被告承担 70% 的责任，即赔偿阳阳的父母共计 19.35 万余元损失。

【思考】 结合本案，谈谈幼儿园如何建立幼儿午睡安全管理制度。

第 25 条　幼儿如厕应注意哪些安全问题

情景再现

据"中国法院网"消息，一日上午，5 岁的小东在没有幼儿园老师看护的情况下独自去卫生间，结果不慎摔倒，造成右面部颧骨表面及皮下组织损伤，共计花费医疗费 703.9 元、交通费 1108 元，其右面部颧骨处留下了无法恢复的 2—3 平方厘米的皮下血肿块，根据医生判断不排除今后手术治疗的可能。小东的家长因与幼儿园多次协商赔偿事宜未果，于是诉至法院，要求幼儿园赔偿医疗费、交通费、护理费、精神损害抚慰金等共计 9000 余元，并承担后续治疗费及案件受理费。法院经审理认为，小东在幼儿园托管期间因没有老师看管而不慎摔倒，幼儿园对损害结果的发生具有一定过错，应承担相应的赔偿责任。据此，法院一审判决幼儿园赔偿小东医疗费、交通费、护理费等损失共计人民币 6200 余元。

问题分析

在园幼儿如厕的过程中容易发生事故，原因包括多个方面，例如：婴幼儿的动作协调性差、能力有限；卫生间的建筑设计不合理，如卫生间面积太小（小于 15 平方米），厕所和盥洗池距离太近（容易造成解手和洗手的幼儿挤在一起）；大便器或便槽旁未设幼儿扶手（容易造成幼儿重心不稳时无以依恃）；卫生间设有台阶或者地面湿滑（容易导致幼儿不小心被绊倒或者滑倒）；幼儿上厕所时人多拥挤、秩序混乱（容易导致幼儿推挤、相撞）；等等。从事故责任上看，幼儿如厕过程中发生的各种事故几乎都可归咎于幼儿园的责任，也就是说，这些事故原本是可以避免的，由于教职工对卫生间的安全及幼儿的如厕行为疏于管理，对幼儿看护不周，最终酿成了事故。实践中此类事故发生后，一旦幼儿的家长诉诸法律，幼儿园往往会被法庭判决承担或大或小的赔偿责任。鉴于此，幼儿园的教职工应当摒除麻痹思想，高度重视幼儿的如厕安全问题。

应对之策

• 为了从硬件上保证安全，幼儿园卫生间的建筑设计应当符合《托儿所、幼儿园建筑设计规范》中规定的要求：卫生间应临近活动室或寝室，且开门不宜直对寝室或活动室；盥洗室与厕所之间应有良好的视线贯通；大便器宜采用蹲式便器，大便器或小便槽均应设隔板，隔板处应加设幼儿扶手；厕位的平面尺寸不应小于 0.70 m×0.80 m（宽×深），沟槽式的宽度宜为 0.16 m—0.18 m，坐式便器的高度宜为 0.25 m—0.30 m。此外，每班卫生间的大便器或沟槽、小便槽、盥洗台（水龙头）等卫生设备应不少于规定的数量。

• 为防止幼儿小便后转身时磕碰硬物、尖锐物而受伤，卫生间便槽边的隔墙或者架空隔板不能有尖角，而应向软、向圆看齐。

• 卫生间最好不要设置台阶，以防幼儿抬脚时不小心被绊倒。如果已经设置了台阶，那就应当反复提醒幼儿迈步时要看着脚下的台阶，并在幼儿如厕时做好看护工作。

• 幼儿园卫生间的地面应当使用防滑材料，平时卫生间的地面应当是干的，不能有水或者遗尿。每次幼儿如厕之前，教师（保健员）应当先检查地面是否湿滑，防止幼儿滑倒。

• 幼儿无论是集体还是个别上厕所，教师都应当陪同看护，不要让幼儿在无人陪同的情况下独自进入卫生间如厕。

• 幼儿集体上厕所时，教师要维持好秩序，让幼儿分组进入厕所，保持距离，防止拥挤，防止相撞，进入厕位和解完手准备去盥洗池洗手的幼儿应走不同的路线。

• 幼儿园卫生间要定期消毒，保持整洁、卫生，不得堆放任何物品，防止物件伤人。

• 教师平时应当经常性地教育幼儿，上厕所时要做到安静有序，不推挤，不打闹，前面和后面的同学要保持一定的距离，注意脚下的安全，防止自己的脚不小心踩到或滑到沟槽中（教师可在蹲位旁边用鲜艳的彩色油漆画上如厕时两脚应放的地方，让幼儿严格遵循）。当不小心把尿尿到地面时，要及时告诉老师，以便老师及时将地面擦干。洗手时，水龙头要开小一点儿，防止弄湿衣服或者导致水花溅到地面，要保持卫生间地面干爽，以免滑倒。

练习与思考

【案例】 据《三湘都市报》报道，一日下午，周女士突然接到幼儿园电话："你女儿小鑫出事了！"赶到医院一看，女儿左手肿起老高，痛得不停哭喊。"幼儿园的陈老师说，当天下午4时25分，幼儿园组织小孩分组进入厕所洗手，有2名老师在厕所监护。第一组小孩快洗完时，老师让第二组的小孩进厕所，没想到，第一组的小余转身准备出来时正好与第二组的小鑫相撞，小鑫左手撑地摔倒在地。"周女士说，幼儿园老师赶紧扶起小鑫并将其送往医院，经诊断小鑫左手桡骨骨折，住院治疗一个多月。经过法医鉴定，小鑫的伤情构成九级伤残。随后，周女士要求幼儿园赔偿伤残、后期治疗等费用共计6万元，由于没有得到幼儿园的回复，周女士表示将通过法律途径维护女儿的合法权益。

【思考】 幼儿园对该起事故是否应承担法律责任？

第 26 条　如何进行班级区角活动的安全管理

情景再现

某幼儿园中班的吴老师为了实现教育教学目的，满足幼儿身心发展的需要，在班级活动室设立了美工区、建构区、阅读区、表演区、娃娃家、科学区、棋类区等多个活动区角。周一上午，孩子们在各个区角玩得不亦乐乎。吴老师和同事为了看管、指导孩子们的活动，也是一刻都没闲着，但一个上午发生的几件事情还是让她忧心忡忡。先是乐乐从阅读区出来准备上厕所的时候，与建构区的宁宁撞在了一起，宁宁身子一歪，把桌子上刚搭好的"宝塔"给弄散架了，为此宁宁哭了好几分钟。紧接着，在棋类区，小鹏下错棋后试图悔棋，结果引起同伴的不满，两人从吵架发展到几乎要扭打起来。随后，美工区的安琪在制作京剧"脸谱"的时候，不小心被剪刀划破了手指，虽然经过保健员的处理并无大碍，但园长为此还是狠狠地批评了吴老师及其同事。班级区角活动究竟该如何让孩子既玩得开心、学有所获，又能够保证孩子们不出事呢？吴老师对此感到很困惑。

问题分析

班级区角活动是各个幼儿园普遍采用的一种教育活动形式。由于场地面积有限，活动项目较多，活动材料的质量、安全性能参差不齐，加之幼儿参与热情高、活动量大而自制能力较差，区角活动过程中的突发事件时有发生。保护在园幼儿的安全是幼儿园及其教职工的首要职责。对于班级区角活动，教师应当从环境创设、材料投放、活动管理等各个方面入手，消除潜在的安全隐患，防范意外事故的发生。

应对之策

- 在活动区角的设计过程中，各个区角的空间大小要适宜，防止过度拥挤。区角之间要有明确的界线，避免互相干扰。区角之间的分隔物要安全、牢固，防止倾倒而砸伤幼儿，分隔物不能太高，以不遮挡区角内外的视线为宜，所有的区角都应处在教师的视野范围之内，以便教师随时环顾全局，监管幼儿的行为。

- 各个区角内部、区角之间，以及区角通往卫生间、活动室出口的"交通路线"要畅通，并相对固定，以确保幼儿进出区角、往返于各区角间、如厕、取水等活动的顺利进行，防止在通行过程中发生干扰、拥挤甚至碰撞事件。

- 在区角活动进行过程中，带班教师之间应有明确的分工，保证每一区角的活动都处在教师的监管之下。活动中，教师不应置身事外，而要扮演好活动的参与者、指导者、秩序维护者的角色，及时发现并有效制止幼儿做出的各种危险性行为。

- 区角内投放的活动材料要卫生、无毒、无害。对幼儿携带的废旧材料，在投放前须做清洁、消毒处理。不要使用来历不明的材料，以防造成幼儿皮肤感染、中毒等事件。设施、材料不能有尖锐的棱角，防止割伤幼儿。托班、小班的活动材料不能太小，以防幼儿吞咽而造成意外。投放的材料数量要足够，避免出现幼儿争抢玩具的现象。

- 在活动之前，教师要对幼儿进行安全教育，告知幼儿注意事项。在活动过程中，教师要与幼儿一起制定游戏规则，帮助幼儿养成规则意识，安全、有序地参与活动。

练习与思考

【案例】3月2日上午，龙岗区某幼儿园大班的两位老师在教室里分组组织孩子们进行教学活动时，突然听到男孩陈欢一声痛苦的尖叫。两位老师马上赶过去查看，陈欢哭着说是刘乐用铅笔把他的右眼扎伤了。两位老师立即把陈欢送到深圳市眼科医院进行医治。经过8天的住院治疗，陈欢的右眼后囊被切除，同时植入人工晶体。后又经广州中山大学附属医院诊断，陈欢为右角膜穿透伤及外伤后白内障。陈欢出院后，他的父母带他到广东南天司法鉴定所做了伤情鉴定，鉴定结果为伤残十级。陈欢眼睛受伤后，他的父母向幼儿园提出赔偿请求，因在赔偿数额上双方争议太大，无法达成一致，龙岗区教育局也多次参与调解，但都没有达成协议。无奈之下，陈欢将幼儿园和伤他右眼的同班同学刘乐的父母告上了法庭。12月14日，龙岗区人民法院依法对此案作出一审判决：因幼儿园与规程不相符的班级规模设置，造成教室中幼儿偏多，管理难度增大，幼儿受到伤害的概率增加，这与陈欢受伤有着一定联系，据此认定幼儿园存有过错。根据其过错程度，幼儿园对陈欢的损失承担80%的责任，赔偿陈欢残疾赔偿金、医疗费、伤残鉴定费、护理费、交通费、住院伙食补助费、营养费、精神损害抚慰金共计69 871.6元。刘乐的父母负20%的责任，赔偿陈欢17 967.6元。

【思考】 本起事故中，教师的过错主要表现在什么地方？

第 27 条　室外活动课如何保证幼儿的安全

情景再现

据"新华网北京频道"消息，一日，某幼儿园组织入托的幼儿在园区内的水泥地面上进行玩皮球游戏，在玩耍过程中，6岁的小男孩小奇不慎摔倒受伤。随后，小奇被送往医院治疗，医疗诊断为"右股骨干闭合性螺旋骨折"。经计8天的住院治疗后小奇才出院，共花去医疗费4487元。不久后，小奇的家人代理小奇向法院提起诉讼，要求幼儿园赔偿1.2万余元的损失。关于幼儿园应承担赔偿责任的理由，原告认为，6岁的小奇没有民事行为能力，对游戏的潜在危险程度不可能有预知能力，幼儿园组织活动的老师应当预见到游戏的危险性而没有预见，导致小奇在游戏中受伤。而被告幼儿园则认为，幼儿园组织儿童进行户外游戏是正常的教学活动，并无不当，小奇是在皮球掉了之后去捡皮球时受伤的，这是老师很难预见到的偶发事件，完全属于意外，故学校不应承担任何责任。法院经审理后认为，幼儿园作为教育机构，对在其园内生活、学习的幼儿负有教育、管理和保护的义务，其在组织活动时，应充分考虑到幼儿年龄及认知状况，尤其是在室外活动中，更应积极采取防护措施。本案中，因幼儿园未能尽到注意和保护义务，致使不具备行为能力的小奇在游戏中受伤，幼儿园对此负有过错。据此，法院判定被告幼儿园赔偿原告小奇医疗费等损失共计6400余元。

问题分析

幼儿园的室外活动包括室外游戏、体育课、大型玩具玩耍、自由活动等。室外活动时间是幼儿园意外事故的高发时段，大多数的幼儿伤害事故都是发生在这一期间。由于现行法律对在园幼儿伤害事故的责任归结原则实行的是"过错推定"原则，即一旦发生事故，首先推定幼儿园有过错，须承担责任，除非幼儿园能够证明自己已尽到教育、管理职责，不存在过错的，才可以免责。实践中，幼儿园除了自我陈述外，很难拿出证据证明自己已"尽到教育、管理职责"，因此在绝大多数案件中，幼儿园往往被法院判决承担赔偿责任。

室外活动课的事故主要包括摔伤和碰伤，前者如在平地上摔倒、从高处跌落而受伤，后者如幼儿相撞或碰撞到坚硬物体而受伤。发生事故的原因可以归结为以下几个方面：（1）活动场地不安全，如场地太硬或不平整、有障碍物、有尖锐硬物，场地面积过于狭小等；（2）活动器材、设备存在安全隐患；（3）教师未对幼儿进行安全教育，幼儿未遵守活动规则；（4）幼儿的大肌肉群发育不完善，身体的协调性差，容易摔倒；（5）幼儿穿着不当；（6）教师对活动的组织、管理不力，活动秩序混乱；（7）个别幼儿淘气，突然做出危险性行为；等等。对此，幼儿园应当有针对性地采取充分的安全防范措施，预防伤害事故的发生。

应对之策

• 幼儿园教师在开展活动课之前，应当认真备课（体育课尤其如此），既要备知识，也要备安全，活动中存在的危险因素、可能发生的安全事故以及应当采取的防范措施都要充分地考虑到。

• 在上活动课之前，教师应当检查活动场地的安全。要根据活动的类型选择合适的场地，例如跳跃性的活动应当选择在松软的场地上开展；跑步则要求场地要规则、平整，不能有障碍物，且要足够宽阔。还要检查场地周围是否存在可能会伤及运动中的幼儿的危险物，发现危险物要及时予以消除。

• 检查活动器械、设备的安全。上课前，教师要检查用于活动课教学的器械、设备的质量是否合格，是否存在着损坏或因年久失修而老化的情况，是否固定牢靠，是否适合特定年龄阶段幼儿活动的需要。通过细致的检查，排除潜在的安全隐患。

• 投入的活动器械的种类、数量要适度。在活动场地上投入的器械数量太少，容易引起幼儿争抢；投入的器械种类太多，则教师不好掌控活动的秩序。

• 课前检查幼儿的着装安全。一是检查幼儿身上是否携带别针、小刀、发卡等可能给运动中的幼儿造成伤害的物件。二是检查幼儿的衣裤是否太紧、鞋带是否系好、裤腰是否太松、裤腿是否太长、衣服上是否有线绳，以防幼儿在运动中踩到自己的鞋带、裤腿而摔倒，或者因为衣裤太紧而妨碍肢体运动，或者因为衣服上的线绳被其他幼儿拽住或挂在其他物件上而导致发生意外。

• 在活动前，教师应当对幼儿进行安全教育，向幼儿讲清活动中可能存在哪些危险，需要注意哪些问题，提高幼儿的自我保护意识。

• 向幼儿讲清活动规则，让幼儿准确地掌握动作要领。在活动课上发生的各种事故中，有相当一部分事故是由于幼儿未能理解活动规则，未能掌握运动技巧而引发的。因此，在幼儿活动之前，教师一定要向学生讲解清楚活动规则和动作要领，并亲自或者让做得较好的幼儿进行示范，对于容易引发事故的环节，教师要着重予以演示。

• 在活动课上，一方面教师要尽可能地参与幼儿的活动，引导幼儿遵守活动规则，为幼儿提供帮助和保护，及时纠正幼儿错误的技术动作。另一方面，教师的站位要合理，所处的位置要能够看清所有幼儿的活动情况，要保证任何一名幼儿的活动都在教师的视野范围之内。在此前提下，教师对幼儿作出的危险性行为要及时、有效地予以制止，避免发生意外事故。

• 活动内容不得超纲。带班教师应当严格按照教学大纲的要求组织幼儿活动，所安排的活动的内容、难度、强度不得超出幼儿正常的身心承受能力，否则一旦发生伤害事故，园方往往需要承担相应的法律责任。

• 在活动进行过程中，一旦幼儿出现身体不适或受伤等情形，教师应当立即带其去保健室进行检查和处理。情况严重的，保健人员或教师应当采取紧急救援措施，并及时将幼儿送往医院救治，同时通知幼儿的监护人，避免因延误治疗而导致幼儿的病情加重。

• 对特异体质的幼儿要给予特别关照。特异体质情况包括先天性心脏病、癫痫、肺结核、高血压、胃溃疡、哮喘、肺炎、肾炎、精神病、伤残以及其他严重的疾病。幼儿园应当提醒家长，要将幼儿的特异体质情况及时告知幼儿园，以便幼儿园在日常教育教学活动中对这些幼儿作出特别安排，给予特别照顾。幼儿园应当为有特异体质、不适宜参加剧烈运动的幼儿建立个人档案。带班教师应当掌握幼儿的特异体质情况，对有特异体质或者特定疾病而不宜参加某种活动的幼儿，应给予必要的注意和保护。幼儿身患疾病后，在没有医生诊断证明其身体已完全康复并可以参加体育活动的情况下，教师不得允许其上体育课，亦不得让其参加体育测验、体育竞赛等活动。

练习与思考

【案例】据《北京晚报》报道，12月9日，年仅4岁的宝宝在幼儿园上体育课时，被老师要求与年龄大、身高体胖的同学做相互"背"的游戏，他由于体力不支被同学重压在身下。当日放学时，幼儿园老师告知家长宝宝在幼儿园内摔倒、右脸部受伤的事实，并给其涂外用红花油药水。此后，宝宝因咳嗽、发热、腹痛多次到医院就诊。12月19日，宝宝被诊断为右肋软骨挫伤。当月26日，宝宝被确诊为右肾母细胞瘤，并被切除右肾。宝宝的家长认为，幼儿园的错误管理和疏忽致使宝宝身体受到伤害，且在事发后故意向家长隐瞒实情，导致延误孩子的及时治疗。幼儿园表示，宝宝摔倒属于意外情况，不是疏忽保护，处理受伤部位时并无其他异常，摔倒与右肾母细胞瘤没有关系。经双方同意，法院委托司法鉴定，结论为：不排除宝宝所受外伤与其右肾母细胞瘤的病情进展之间存在间接因果关系，幼儿园负轻微责任。北京市第一中级人民法院经审理认为，考虑到幼儿的通常特征及宝宝确系在活动中受伤的事实，可以确定幼儿园在主观上仍存在一定疏忽，故其应适当承担赔偿责任（10%）。法院最终判决幼儿园赔偿宝宝8000余元。

【思考】本起事故中，教师的过错主要表现在哪些方面？

第 28 条　幼儿园大型活动和集体外出活动如何强化安全管理

情景再现

【案例一】据"中国法院网"消息，6月1日，某幼儿园为庆祝"六一"儿童节，组织全园孩子进行文艺汇演，并请幼儿的家长观看。轮到孩子们表演"快乐天使"节目时，参与节目表演的豆豆踩着台上木板突然滑倒，从台上摔下，造成右肱骨及尾骨骨折，经鉴定其伤情构成两个九级伤残。在家长与园方协商未果的情况下，豆豆的父母以孩子的名义将幼儿园起诉到法院，要求园方赔偿各项损失共计9余万元。幼儿园辩称，园方组织孩子向家长进行汇报演出，展示孩子们在校期间的学习成果，豆豆在表演时从台上摔下致残，园方自始至终没有过错；而组织汇演中幼儿的家长均在场，应当对自己的孩子担负监护责任。豆豆受伤后，幼儿园积极配合其治疗，并先后支付了4000余元的医疗费，因此只能适当承担赔偿责任。法院经审理认为，孩子在幼儿园活动期间，幼儿园负有保护孩子人身安全的义务，尽管豆豆的家长当时在场，但保护责任仍然没有发生转移，其孩子仍然处于园方的管理、教育之下，而幼儿园疏于管理和保护，应承担相应的民事赔偿责任。据此，法院一审判决幼儿园赔偿豆豆各项损失6万元。

【案例二】4月8日上午，某幼儿园组织两个大班的50名幼儿去郊区植物园参观。9点30分左右，车辆到达目的地，当教师领着孩子们准备过马路到植物园入口处时，一辆小客车突然从不远处疾驰而来，孩子们被吓得不知所措，但小客车丝毫没有减速的迹象，直到距离孩子们十来米时才紧急刹车，在孩子们的尖叫声中，一场险些要发生的交通事故得以避免。在参观植物园过程中，上午11时左右，孩子们上完厕所后，教师进行点名，结果发现少了两个孩子。直到几分钟后，工作人员把宽宽和小雨带回来时，老师才松了一口气。原来宽宽和小雨在解完手后趁老师不注意，偷偷跑到厕所附近的池塘边，蹲在地上观赏起了小鱼，幸好被工作人员及时发现，才没有酿成意外。在回幼儿园的路上，几位带班老师回想起这一天的经历，不时感到后怕。

问题分析

幼儿园的大型活动和集体外出活动包括节日庆典、运动会、游园会、艺术节、升旗仪式、早操、集体出游、参观、看电影、远足等规模较大的教育活动。大型活动和集体外出活动的安全管理，难在活动人数众多，活动环境较为开放，活动内容较为复杂，需要幼儿园及其教师关注的"安全点"太多，稍有疏忽便容易出现安全纰漏。特别是在有幼儿家长参与的活动中，家长和幼儿园往往都轻信对方会更多地关注孩子的安全，而不经意地降低自身的安全"敏感度"，导致活动情绪高涨的幼儿更多地暴露在安全隐患之中。实践中，大型集体活动中常见的事故既有幼儿摔伤、磕伤、碰伤等个体伤害事故，也有火灾、拥挤踩踏、活动场地坍塌、交通事故、食物中毒等原因引发的群死群伤事故。由于幼儿园是大型活动和集体外出活动的主办者、组织者，对参与活动的幼儿负有安全管理职责（即便家长在场，也不能免除园方的这一职责），一旦发生事故，幼儿园往往需要承担法律责任。

为保证学童的安全，我国现行法律对中小学和幼儿园的大型集体活动做了一些原则性的规定。例如，《未成年人保护法》第三十五条规定："学校、幼儿园安排未成年人参加文化娱乐、社会实践等集体活动，应当保护未成年人的身心健康，防止发生人身伤害事故。"《中小学幼儿园安全管理办法》第二十九条规定："学校组织学生参加大型集体活动，应当采取下列安全措施：（一）成立临时的安全管理组织机构；（二）有针对性地对学生进行安全教育；（三）安排必要的管理人员，明确所负担的安全职责；（四）制定安全应急预案，配备相应设施。"《中小学幼儿园安全管理办法》第三十条规定："学校组织学生开展体育活动，应当避开主要街道和交通要道；开展大型体育活动以及其他大型学生活动，必须经过主要街道和交通要道的，应当事先与公安机关交通管理部门共同研究并落实安全措施。"《中小学幼儿园安全管理办法》第三十三条规定："学校不得组织学生参加抢险等应当由专业人员或者成人从事的活动，不得组织学生参与制作烟花爆竹、有毒化学品等具有危险性的活动，不得组织学生参加商业性活动。"幼儿园在组织幼儿参加大型集体活动时应当严格遵守国家的规定，将保护幼儿的安全放在首位，防止发生安全事故。

应对之策

• **活动的慎重选择**

幼儿园组织大型活动和集体外出活动，应当有利于幼儿的健康成长，防止发生安全事故，不得组织幼儿参加超出幼儿的承受能力范围、有害于幼儿身心健康的活动，或者与实现教育、教学目的无关的活动（如各种商业性的庆典和演出活动）。

• **活动的报批**

组织园内外大型活动和师生集体外出活动，幼儿园应当提前向上级教育行政部门报批，并按照上级部门的要求采取相应的安全防范措施。开展大型体育活动以及其他大型学生活动，必须经过主要街道和交通要道的，还应当事先与公安机关交通管理部门共同研究并落实安全措施。

• **成立安全工作机构，制定安全工作预案**

在大型活动和集体外出活动中，幼儿园应当按照规定成立临时性的安全工作机构，安排足够的人手负责安全工作，并明确各自的安全职责分工。幼儿园还应事先制定该次活动的安全工作预案，预案应当重点涉及以下几个方面的内容：一是工作目标；二是安全管理组织机构、人员及职责分工；三是具体的安全措施，包括对活动场所、路线及相关设施设备的安全检查措施，安全出行的交通工具的落实，出行途中的安全防范措施，在目的地进行活动时的安全防范措施，安全教育的进行，安全工作的物质保障措施等；四是突发事件应急处理程序，预案应详细说明各种可能的突发事件发生之后，安全管理机构、各安全责任人将如何开展工作，包括对伤员的救助、现场的处理、活动的调整、事故的报告、与幼儿家长的联络等各方面所要采取的处理方案都应当列明。

• **安全宣传和安全教育**

在组织、举办活动之前，幼儿园应当向教师和幼儿家长进行安全宣传和动员。通过向教师进行安全动员，让教师认识到幼儿安全的重大意义，强化其安全责任意识。通过事先告知幼儿家长关于活动的计划安排，提请家长配合幼儿园对孩子进行相应的安全教育，切实履行家长的监护职责。对幼儿进行安全教育，是幼儿园组织、举办大型活动和集体外出活动不可或缺的重要环节。在活动之前，幼儿园应当对幼儿进行纪律和安全教育，教育幼儿在出行途中要排好队列、不得拥挤，遵守乘车秩序和交通规则，遵守活动场所的规章制度，听从管理人员和教师的指挥，不得打闹、推搡，不得脱离团队自行活动，发生紧急情况要立即向老师报告。通过安全教育，增强幼儿自我保护意识，提高其自我保护能力。

• **活动前的安全检查**

在组织大型活动和集体外出活动之前，幼儿园应当事先安排有经验的干部和教师勘察活动场所，对活动场所、行进路线、交通工具、器材设备等情况进行安全检查。发现存在安全问题的，幼儿园要自行或与有关单位协商采取措施予以解决。发现存在无法消除的安全隐患的，幼儿园应当对活动方案进行调整，以保证活动中幼儿的安全。关于活动场所，幼儿园应当重点对场地的适宜性、建筑物的结构及建造和使用年限、出入口、安全通道、照明设施、供电系统、消防设施、应急广播等进行安全检查，考察其是否符合国家的相关安全标准和安全规定。关于行进路线，幼儿园应当考察沿途线路是否存在安全隐患，是否适合人数众多的未成年孩子通行过往。对于必须经过城镇主要街道和交通要道的，幼儿园应当事先与公安交通管理部门协商采取相应的保障措施。关于交通工具，幼儿外出需要乘坐车、船的，幼儿园应当租用公交公司或正规旅游公司的车辆、船只，并与车辆、船只的出租单位订立含有安全保障内容的正式合同，签订安全责任书，明确各自的安全责任。幼儿园不得让幼儿乘坐无证、无照人员或无证、无照单位的车辆，不得借用、租用关系单位、共建单位和私人等无营运资质的车辆。幼儿园还应当检查出租单位提供的车辆、船只的安全状况，检查出车司机的安全驾龄情况。关于器材设备，幼儿园应当检查其安全性能，发现存在安全隐患的，应当在活动组织、举办之前予以维修或更换。

• **活动过程中加强对幼儿的管理、监督和保护**

在活动进行过程中，负责安全工作的教师应当对幼儿的行为加强约束和管理，不得让幼儿脱离团队自行活动，要保证每一名幼儿都处在教师的监管之下。对幼儿作出的危险性行为，教师应当及时给予纠正、制止。上下车、到达目的地及活动过程中，带队教师应当随时清点人数，防止幼儿走失。特别需要注意的是，在队伍的集合、解散过程中，在幼儿上下车、进出场馆、上下楼梯、爬坡的过程中，教师一定要在现场进行疏导，保证幼儿通行舒缓、有序进行，切忌一味求快，以防发生拥挤、踩踏事故。

- **突发事件应急处理**

在大型活动和集体外出活动中，一旦发生突发事件，包括幼儿受伤、中毒、休克、走失，或者发生火灾、交通事故、泥石流、地震等紧急情况，幼儿园应当立即启动应急处理程序。按照程序，现场的教师应当立即对受伤幼儿采取包扎伤口、人工呼吸等紧急救援措施，或者立即将伤者送往医院救治，必要时应当安排专人及时向医疗、公安、交通、消防、卫生等部门紧急求助。如情况危急、活动不宜继续进行的，教师应当立即有序疏散幼儿，将幼儿带到安全地带，并做好安抚工作。发生安全事故后，幼儿园应当按照规定及时向上级教育行政部门和其他相关部门报告，并根据上级的部署采取进一步的处理措施。同时，幼儿园应当将发生的事故及时告知受伤幼儿的家长，通知其到医院陪护。此外，在确保受害幼儿得到及时救护的前提下，幼儿园还应当维护好事故现场，保留相关证据，配合有关部门进行事故调查，并做好善后处理工作。对于重大的安全事故，还必须坚持国家关于"四不放过"的原则（即事故原因未查清不放过，事故责任人未受到处理不放过，事故责任人和周围群众没有受到教育不放过，事故没有制订切实可行的整改措施不放过），妥善处理，全面改进幼儿园的安全管理工作。

练习与思考

【案例】 据《每日新报》报道，10月18日上午，浩浩所在的幼儿园召开亲子运动会，由于幼儿园要求家长也必须参加，所以浩浩的奶奶也来了。运动会期间还组织了家长们拔河，浩浩的奶奶也跟着在一旁观看。浩浩趁大家不注意跑到后面帮忙，由于拔河绳子的一端被某位家长绕在了场地的柱子上，就在对方不断拉绳子时，浩浩的右手被缠进拴在柱子上的绳子里，大拇指当场被绞断，鲜血当时就染红了绳子。"啊……我的手……"浩浩凄惨的哭声惊动了全场，使得热闹的运动场顿时安静了下来，大家见状急忙把他送到了医院，但是，这些努力最终还是没有挽救孩子的手指。由于浩浩的大拇指末端医治无效，最终被截得只剩下一个骨环。事后，浩浩在家长的代理下将幼儿园告上法庭。庭审中，法官在做调解工作时向双方解释：虽然孩子的奶奶当时在场，但是该项活动是幼儿园方面组织的，幼儿园仍然应当对幼儿尽看护管理义务。在事故发生后，幼儿园一直垫付医药费，积极配合家长对孩子进行治疗，并为孩子的治疗提供方便，建议双方本着尽快解决纠纷的原则，集中精力给孩子创造一个良好的恢复和学习的环境。经过调解，幼儿园明确了自己的责任，表示愿意赔偿，同时浩浩的家长也适当降低了赔偿数额，最终双方达成调解协议：幼儿园一次性给付浩浩交通费、家长误工费、伤残赔偿金、精神损害抚慰金、营养费等共计 7.5 万元。

【思考】 针对本案，有人认为，既然是亲子运动会，浩浩的奶奶也在场，出了事故，说明家长没有尽到监护职责，不应由学校承担责任，这种看法是否正确？

第29条　建立防范拥挤踩踏事故的安全制度

情景再现

【案例一】2017年3月22日上午8点半左右，河南省濮阳县第三实验小学当天组织月考，考试前学生集中去厕所，从二楼下到一楼时，学生在楼梯上由于拥堵导致踩踏。事故共造成22名学生受伤，其中1人在送往医院途中死亡，5人重伤。

【案例二】2005年10月25日晚8时许，四川省巴中市通江县广纳镇小学寄宿制学生晚自习结束后，在下楼梯时发生拥挤踩踏事故，造成8名学生死亡，45名学生受伤。《华西都市报》报道了此次事故发生的细节：当晚8时许，小学生上完晚自习走出教室，灯突然熄灭，不知是谁趁机大喊"鬼来了"。听到喊声后，学生们都跟着大喊"鬼来了"。楼道一片漆黑，大家都争着向楼下奔跑，唯恐落在后面。突然前面有同学摔倒了，后面不知就里的同学仍跟着冲下来，并踩在摔倒的同学身上，接着又有同学倒下，现场惨叫声不断，但后面的同学仍不断地向楼下奔跑。现场一片混乱。

问题分析

据统计，从2000年到2010年，除了2001年之外，其他年份国内都发生过校园踩踏事件，其中次数最多的是2005年，全国共发生8起校园踩踏事件。从地点上，校园踩踏事故几乎都是发生在学校教学楼的楼梯上，且大多数发生在一楼和二楼之间。从时机、场合上看，踩踏事故多发生在学生下晚自习、参加升旗仪式、做操、集会、下课、放学或就餐等群体活动的往返途中。从危害后果上看，踩踏事故一经发生，几乎都会造成学生伤亡的结果，且往往是群体性伤亡，危害极大，影响极其恶劣，社会关注度极高。虽然校园拥挤踩踏事故主要发生在中小学校，但幼儿园决不能对其掉以轻心。

　　调查研究表明，引发校园拥挤踩踏事故的原因，主要包括以下几个方面。一是学生在集体通行中的不当行为。此类行为具体包括：（1）在拥挤的人群中逆行；（2）在行进中弯腰系鞋带、捡东西；（3）在通行中搞恶作剧（如故意堵住通道、出口，故意大喊"地震了""鬼来了"等，引起人群恐慌，导致学生因急于离开而相互推挤）；（4）通行速度过快（如天气突然变化后，学生急于回教室、回宿舍，或者上课、上操铃声响后，学生急于回教室或到达操场，因部分学生通行速度快于人群的整体速度而导致推挤）；（5）在集体通行中不慎摔倒；（6）教学楼的楼道、楼梯突然停电后，学生因恐慌、害怕、急于离开现场而相互推挤。二是校园设施、设备存在着安全上的缺陷。这些缺陷包括：（1）多层教学楼上、下行通道少，整栋教学楼只有一座楼梯；（2）楼梯宽度不足（如楼梯宽度小于 1.5 米，在学生放学、上操、集会等集体通行高峰时容易发生拥挤）；（3）楼梯护栏的高度不够，或者护栏年久失修、易于断裂；（4）楼梯照明设备出现故障，没有及时修复，也未配备紧急照明设备等。三是学校管理不当，安全制度不健全。主要表现为：（1）楼层班额设置不合理（如每个班级人数过多，或者教学楼每个楼层安排的班额数过多）；（2）在学生集体通行高峰期，学校未安排教师在楼道、楼梯处疏导通行、维持秩序，或者安排的教师人手不够，不能有效疏导通行；（3）学校未及时消除校园通道中存在的安全隐患（如楼梯扶手坏了，或者楼道、楼梯照明设备发生了故障，学校没有及时进行修理或更换）；（4）未对学生开展避免拥挤、紧急疏散等相关的安全教育和演练。前事不忘，后事之师，幼儿园应当有针对性地采取相应的安全防范措施，预防在园幼儿拥挤踩踏事故的发生。

应对之策

• 新建、改建的幼儿园园舍，应当严格执行《托儿所、幼儿园建筑设计规范》的相关规定，保证教学楼的楼梯、通道、照明等设施设备符合相关安全标准和要求。对于正在使用的园舍，幼儿园应当组织专人进行安全排查，重点检查教学楼（生活用房）的楼梯、通道、照明设施是否符合国家的相关规范和标准。对于不符合要求的，幼儿园应当及时予以改进；幼儿园自身无力解决的，应当上报上级教育行政部门，再由后者报告当地政府，并在政府的统一领导下，会同建设部门提出整改办法。

• 幼儿园应当按照规定，对教学楼（生活用房）的楼梯、扶手及楼梯间照明设施定期进行安全检查，及时清理楼道和楼梯间的堆积物，确保楼道、楼梯通畅。对于已损坏的楼梯扶手，幼儿园要及时予以加固。对于损坏的楼梯间照明设施，幼儿园要及时予以修复或更换，以免影响幼儿的安全通行。在晚间遭遇突然停电的情况下，幼儿园应当立即启用应急照明设备，以保证楼道、楼梯的照明需要。

• 幼儿园在安排教室时，要严格控制每个楼层的班级数，每层一般不宜超过4个班级。同时，要尽可能将大班额、低年级幼儿安排在底楼或较低楼层，以减轻教学楼楼梯、通道的通行压力。在幼儿上操、集会、放学、下课等场合，幼儿园可适当错开幼儿通行的时间，实行分年级、分班级逐次下楼，并形成制度。在孩子们集合时，幼儿园不要一味求快，要给幼儿的通行留出足够的时间，防止因通行速度过快而发生意外。

• 在幼儿下课、上操、集会、放学或集体外出观摩演出时，幼儿园应安排教师在楼道、楼梯或者会堂出入口值班，负责疏导通行、维持秩序。幼儿集体上、下楼或进出会堂时，每个班至少应当有两名带班教师跟随护送。带班教师要提醒幼儿慢走、不要拥挤，要及时制止幼儿做出的打闹、推人等危险性行为，发生危险时要及时、有序地将幼儿疏散到安全地带。

• 平时，幼儿园教师应当通过讲故事、做游戏等各种方式对幼儿开展预防拥挤踩踏事故的安全教育，让幼儿了解发生拥挤踩踏事故的主要原因、严重后果及其防范措施。教师应当教育幼儿上下楼梯要靠右慢行，不拥挤，不打闹，不搞恶作剧，行走期间不突然弯腰拾物或系鞋带，让幼儿养成良好的集体通行习惯。

• 幼儿园还应当向幼儿传授逃生、避险的基本知识和技能。比如，教育幼儿在遭遇拥挤的人流时，一定不要采用体位前倾或者低重心的姿势，即使鞋子被踩掉，也不要贸然弯腰提鞋或系鞋带。当发现自己前面有人突然摔倒了，应当马上停下脚步，同时大声呼救，告知后面的人不要向前靠近。当出现拥挤踩踏时，切忌惊慌失措，要保持镇静，听从现场老师的指挥，有序从现场撤离。若被推倒，要设法靠近墙壁，身体卷成球状，双手在颈后紧扣，以保护身体最脆弱的部位，同时尽量露出口鼻，保持呼吸通畅。

• 为了提高自身处理拥挤踩踏事故的应急能力，幼儿园应当结合国家的有关规定和本园的实际情况，制定幼儿园拥挤踩踏事故应急预案。预案要有针对性和可操作性，并在实践中不断完善。预案的内容应当包括应急处理的领导机构、各个部门的职责安排、信息报告、紧急疏散、伤者救助、联络家长、事故调查、善后处理等事项。预案制定出来后，幼儿园应当组织师生进行演练，尤其是要定期组织师生进行紧急疏散演习，以切实提高师生应对突发事件的能力。

练习与思考

【案例】据"新华网"消息，2004年3月24日10时，湖北省恩施市第二实验小学很多学生下楼前往操场做课间操，而该校三年级的学生则上楼准备上课，结果造成楼道拥挤，部分学生被挤倒在地，有19名学生受伤，其中5人伤势较重。该校教务处朱主任说，由于课间操要求学生"快、齐、静"，楼上的学生往下跑，而三年级的学生要上楼上课，学生在狭窄的楼梯上发生拥挤后，年龄小的就被挤倒在地了。

【思考】分析该起事故的原因，谈谈幼儿园应当如何预防拥挤踩踏事故的发生。

第 30 条 强化消防管理,预防火灾发生

情景再现

【案例一】据《法制日报》报道,2001 年 2 月 12 日,江西广播电视少儿艺术幼儿园小六班因急需一名保育员,经园长刘某同意,无上岗证、未受幼儿保育职业培训的吴某担任了小六班保育员。2001 年 6 月 4 日 21 时许,担任广电幼儿园小六班班主任的杨某下班前在小六班寝室里点燃了蚊香用于驱蚊。临走时,杨某将点蚊香之事告诉了当晚值班的保育员吴某。23 时许,担任当天总值班的广电幼儿园保教主任倪某到小六班巡查,发现小六班寝室点有蚊香,遂就蚊香是否会影响儿童的健康进行了询问,但未对放置在过道上的蚊香作出处理。之后,吴某单独值班至 23 时 30 分许,后离开了寝室,45 分钟内未到寝室查看。在此期间,蚊香将搭落在床沿边的棉被引燃,火势向四周蔓延引发火灾,致使小六班寝室内寄宿的 17 名幼儿中有 13 人在火灾中死亡。2002 年 9 月,南昌市中级人民法院对广电幼儿园"6·5"火灾事故中的责任人作出了终审判决,以失火罪分别判处班主任杨某、保育员吴某有期徒刑三年和五年,以国有企业、事业单位人员失职罪判处保教主任倪某有期徒刑三年,判处园长刘某有期徒刑三年,缓刑三年。

【案例二】2011 年 7 月 7 日午后,在浙江杭州市城区西部的一所幼儿园内,孩子们正在熟睡中。突然,幼儿园的配电室传来一阵爆炸声,紧接着滚滚的浓烟弥漫了活动室的楼梯,并蹿进了孩子们的卧室。消防战士接到火警后迅速赶到现场,经过 30 分钟的救援,成功将火灾扑灭。约有百名教师和小朋友被紧急疏散,所幸没有人员在火灾中伤亡。据了解,园方在变电室内放入的大量杂物,都是火灾隐患,同时,高温用电负荷增加,也可能是引发电路火灾的原因。

问题分析

托儿所、幼儿园属于消防意义上的人员密集场所，加之在园幼儿年龄小，在紧急情况下的应变和逃生能力有限，且园内工作人员多为女性，一旦发生火灾，极有可能造成灾难性的后果。

实践中，各个幼儿园存在的火灾隐患主要表现在以下几个方面。

第一，一些幼儿园的建筑物在建设或者改建、扩建过程中，未严格遵守消防法规和消防技术规范标准，在消防安全布局上考虑较少，存在着先天性的火灾隐患。例如，一些幼儿园的建筑物耐火等级较低，建筑构件、建筑材料，以及室内装修、装饰材料的耐火性能较差，消防通道不畅，防火间距不足，防火分隔设施欠缺。又如，由于相关人员的法律意识和消防安全意识不强，一些幼儿园的建筑物在施工前未将消防设计文件报送公安消防机构审核，在工程竣工后，未经公安消防机构验收或者在验收不合格的情况下即投入使用，从而留下了较大的安全隐患。

第二，消防安全疏散通道不畅。有些幼儿园的多层教学楼、宿舍楼只有一个疏散楼梯，在通行高峰期很容易产生拥挤，也不利于紧急情况下的快速、安全疏散。一些幼儿园出于防盗或学生人身安全方面的考虑，平时往往将建筑物的消防安全出口上锁或封堵，或者在教室、宿舍的门窗上安装防盗门、防护栏，一旦发生火灾，此类场所有可能成为"铁笼子"，不利于师生的逃生。

第三，消防设施、器材配备不足。一些幼儿园的领导消防安全意识不强，在消防投入上能省则省，导致幼儿园基本的消防设施、器材配备不足，不能满足灭火及安全疏散的要求。例如，在一些幼儿园的教学楼、宿舍楼里经常可以看到下列现象：完全见不到灭火器，或者虽然配备有灭火器，但数量不足或者型号不符合该场所的灭火要求（注：每种类型的灭火器只适用于某类火灾的扑救）；没有配备室内消火栓，或者虽有配备，但水压不足或者根本出不了水，一旦发生火灾无法接上水龙带取水灭火；消火栓、灭火器等消防设备、器材由于缺乏维修保养，损害严重或过期失效，不能发挥正常作用；在楼道、楼梯处未设立醒目的安全疏散指示标志，未配备消防应急照明灯等。

第四，危险性的用火、用电频繁。火灾主要是由于不安全的用火、用电行为引起的。一些幼儿园的工作人员在伙房、配电室、实验室、幼儿活动室甚至宿舍违规用火，产生了极大的安全隐患。在用电方面，一些幼儿园的电气线路严重老化，长期缺乏维修和更新；一些工作人员违规在园内使用"热得快"、电吹风、电热毯、电暖器、电饭锅、电磁炉等大功率电器或者劣质电器，导致电路超负荷工作，或者在园内乱拉电线，损伤电路的绝缘层，或者在离开房屋时未及时关闭电器、切断电源。此类危险性的用火、用电行为很容易引发火灾事故。

第五，对师生未进行必要的消防安全教育。不少教师、保育员不会正确使用各种灭火器，甚至在紧急情况下不知道如何组织幼儿疏散，如何自救逃生。

隐患险于明火，防范胜于救火，幼儿园应当严格按照国家的有关规定，建立健全消防安全管理制度，消除火灾隐患，预防火灾的发生。

应对之策

• 在幼儿园建筑和场地的新建、改建、扩建过程中，严格遵守国家的消防规定

幼儿园的消防基础设施条件一旦定型，日后再进行整改往往有一定的难度，付出的代价也将更大。鉴于此，在幼儿园建筑和场地的新建、改建、扩建过程中，一方面，建设、设计、施工、监理单位均应严格遵守《建筑设计防火规范》或《高层民用建筑设计防火规范》的规定，使得幼儿园的整体消防安全布局、幼儿园建筑物内部消防安全设计符合前述两个国标文件的要求，保证建筑物耐火等级、疏散楼梯、安全出口、防火分区、防火间距、防火门、消防车道、消防给水、灭火设施等各方面的消防设计都符合相关指标规定。另一方面，建设单位应当遵守《消防法》中关于消防设计审批及工程竣工后消防验收的规定，建设工程的消防设计未经公安机关消防机构审核或审核不合格的，不得施工；建设工程竣工后未经公安机关消防机构消防验收或者消防验收不合格的，不得投入使用。把好了消防安全的源头关，等于为幼儿园的消防安全工作打下了一个良好的基础。

• 保障疏散通道、安全出口畅通

火灾发生之时，疏散通道、安全出口如同被困人员的"生命通道"，其重要性不言而喻。一切可能影响火灾时人员疏散、逃生的障碍，幼儿园都应当坚决予以排除。为此，幼儿园应当保证多层教学楼、多层宿舍楼至少有两座楼梯，楼道和楼梯不得被占道或堆放杂物，以免影响通行。教室以及居住人数较多的幼儿宿舍，应当有两个门，不得设置门槛或其他障碍物，且在幼儿上课或者住宿休息期间，门应当处于可以开启的状态。楼房的安全出口不得封闭或上锁，应随时处于开启或可以开启状态，且出口处不得设置门槛、台阶。疏散通道上应当安装有应急照明灯，当发生火灾时，在正常照明电源切断的情况下，该应急照明灯应当能够自动切换到使用状态。在疏散门、疏散通道和安全出口的正上方，应当安装、悬挂有安全疏散指示标志。此外，教室或宿舍的窗户上不应当安装可能阻碍火灾时逃生的防护栏和防护网。

- 配备必要的消防设施、器材，加强维护保养

消防设施、器材包括建筑物内的火灾自动报警系统、自动喷水灭火系统、消火栓系统、防烟排烟系统、应急照明和疏散指示标志设施、各类灭火器、消防斧、逃生绳、防毒面具等。当火灾发生时，在专业消防队员施救之前，消防设施、器材是人们灭火、自护和逃生的"武器"，对人们及时发现火情、初期灭火、预防中毒、安全疏散和紧急逃生起着至关重要的作用。幼儿园应当根据本校消防安全的需要，配齐必要的消防设施、器材。更为重要的是，幼儿园平时应当加强对消防设施和器材的管理、维护与保养工作，定期安排专门人员进行检查，发现损坏或过期的，应当及时维修或更换，保证其处于正常效用状态，并防止任何单位和个人损坏、挪用，或者擅自拆除、停用消防设施和器材。

- 加强对用火、用电及易燃易爆危险品的安全管理

鉴于校园火灾主要是由不安全的用火、用电行为引起的，幼儿园应当加强对校园用火、用电行为的管理，建立相应的安全制度，从火灾诱因管理上杜绝相关安全隐患的产生。在用火方面，幼儿园应当严格遵守有关规定，加强对工程用火、食堂用火、实验室用火以及宿舍用火的安全管理，并制止幼儿携带火源、易燃易爆物品入园，特别是要严防火源和易燃易爆物品进入幼儿活动室和卧室。在用电方面，幼儿园应当定期对电源线路进行安全检查，对陈旧老化的线路要及时进行整改、更新和升级，保证其能够满足幼儿园的正常教学、生活需要。此外，幼儿园还应当经常性地向师生开展安全用电知

识教育。对教学用的易燃易爆危险品，幼儿园应当按照规定建立严格的安全管理制度，对其购买、保管、使用、登记、注销等环节实行严格的消防安全管理，防止因保管或使用不当而发生火灾或爆炸事故。

- **落实消防安全责任制，建立幼儿园消防安全常规制度**

根据《机关团体、企业、事业单位消防安全管理规定》，幼儿园的法定代表人是本单位的消防安全责任人，对本单位的消防安全工作负全面责任。幼儿园应当根据本单位的实际情况，落实逐级消防安全责任制和岗位消防安全责任制，明确逐级和岗位消防安全职责，确定各级、各岗位的消防安全责任人。各岗位的安全责任人要做到"五知"（知本岗位的火灾危险性、知本岗位的防火措施和制度、知本单位的防火责任人及消防专干或兼干、知火警电话"119"以及知灭火基本方法措施）、"三会"（会报火警，会使用各种灭火器材以及会组织人员疏散）。为了增强消防工作的专业性和实效性，各个幼儿园可以根据实际需要确定本单位的消防安全管理人，消防安全管理人对本校的消防安全责任人负责，实施和组织落实本校的各项消防安全管理工作。

预防火灾事故的发生，最重要的是幼儿园应当按照国家有关规定并结合本校的特点，建立健全幼儿园各项消防安全制度。这些制度包括：消防安全教育、培训，防火巡查、检查，安全疏散设施管理，消防（控制室）值班，消防设施、器材维护管理，火灾隐患整改，用火、用电安全管理，易燃易爆危险物品和场所防火防爆，幼儿园义务消防队的组织、管理，灭火和应急疏散预案演练，燃气和电气设备的检查和管理（包括防雷、防静电），消防安全工作考评和奖惩等。

关于防火巡查、检查制度，幼儿园每季度至少应当进行一次防火检查，还应当根据本校消防安全需要组织专人进行日常性的防火巡查，并做好检查、巡查记录。其中，安全巡查的内容应当包括：（1）用火、用电有无违章情况；（2）安全出口、疏散通道是否畅通，安全疏散指示标志、应急照明是否完好；（3）消防设施、器材和消防安全标志是否在位、完整；（4）常闭式防火门是否处于关闭状态，防火卷帘下是否堆放物品影响使用；（5）消防安全重点部位的人员在岗情况等。托儿所、幼儿园作为消防重点单位，应当进行每日防火巡查，还应当加强夜间防火巡查。

- **对师生开展防火安全教育和演练**

对师生进行消防安全教育，提高其防火安全意识和逃生自救的能力，是幼儿园义不容辞的责任。对幼儿开展消防安全教育，还可以实现"教育一个学生，带动一个家庭，影响整个社会"的消防目的。幼儿园消防安全教育的内容应当包括：有关消防法规、消防安全制度和保障消防安全的操作规程，本园的火灾危险性和防火措施，有关消防设施的性能、灭火器材的使用方法，报火警、扑救初期火灾以及自救逃生的知识和技能等。为了增强消防教育的实效性，防止"纸上谈兵"效应，幼儿园应当按照规定定期组织师生进行灭火及安全疏散方面的演习，让师生切实掌握灭火及逃生自救的基本技能，从而最大限度地保护自己及他人的人身和财产安全。

练习与思考

【案例】自 2008 年 10 月起，王某在北京市朝阳区东坝乡辛街无照开办、经营"阳光乐园"幼儿园，并自任园长。由于该幼儿园未达到消防安全标准，有关部门曾多次要求其整改，但王某未按要求进行整改。2010 年 1 月 17 日 13 时 50 分左右，"阳光乐园"幼儿园保育员阿姨李某（该幼儿园仅有李某和园长王某两位工作人员）将取暖用电热器放置于床上，而后离开幼儿园去买菜。其间，园内的两名幼儿玩电暖器开关，不慎把电暖器踹倒，引燃了被褥。火灾中，有九名幼儿逃生，一名 2 岁的女童在熟睡中被大火烧死。事后，园长王某和保育员李某被依法逮捕。公诉机关认为，园长王某违反消防管理法规，经消防监督机构通知整改却拒绝执行，造成一名儿童被烧死的严重后果，应当以消防责任事故罪追究其刑事责任；保育员李某安全意识淡薄，由于疏忽大意造成一名儿童被烧死的严重后果，应当以过失致人死亡罪追究其刑事责任。2010 年 9 月 2 日，北京市朝阳区人民法院对此案作出一审判决，王某因犯有消防责任事故罪被判处有期徒刑 2 年，李某因犯有过失致人死亡罪被判处有期徒刑 3 年。

【思考】本案给我们留下什么样的教训？

附：

火场逃生13要诀

天灾人祸确实难以预料，但与其被动地等待外界的支援，或者考验自己随机应变的能力，我们还不如在平常就做好防灾措施工作，确立面对灾难时的正确处理模式，"火场逃生13要诀"以正确的逃生步骤，使危机出现转机，让我们把握住第一时间，确保自身与全家人的生命和财产安全。

第一要诀：逃生预演，临危不乱

熟悉建筑物内的消防设施，以及自救逃生的方法。这样，在火灾发生时，才不会乱无头绪、走投无路。

第二要诀：熟悉环境，暗记出口

处在陌生的环境时，如入住旅馆、在商场购物或者进入娱乐场所时，一定要留心疏散通道、安全出口及楼梯方位，以便关键时刻能尽快逃离现场。

第三要诀：通道出口，畅通无阻

楼梯、通道、安全出口应保持畅通无阻，绝不可以堆放杂物或上锁，以便紧急时能安全迅速地通过。

第四要诀：扑灭小火，惠及他人

如果能在第一时间扑灭"初期火灾"，就能避免火势蔓延。

第五要诀：保持镇静，明辨方向，迅速撤离

只有沉着镇静，才能想出好办法，千万不要盲目地跟从人群或者相互拥挤、乱冲乱窜。

第六要诀：不入险地，不贪财物

在火场中，人的生命是最重要的，应尽快撤离，不要因顾及贵重物品而浪费宝贵的逃生时间。

第七要诀：简易防护，蒙鼻匍匐

为了防止火场浓烟呛入，可采用毛巾、口罩蒙鼻，匍匐撤离，也可以利用透明塑料袋罩头寻求逃生，但塑料袋一定要够大（长100厘米，宽60厘米以上）。要注意的是，必须以抖动塑料袋来装填空气，而不是对塑料袋吹气，因为吹进去的气体是二氧化碳，结果会适得其反。

第八要诀：善用通道，莫入电梯

在高层建筑中，电梯的供电系统在火灾发生时随时会断电，或因热的作用使电梯变形而导致人被困在电梯内。同时由于电梯井犹如贯通的烟囱，直通各楼层，有毒的烟雾会直接威胁被困人员的生命。

第九要诀：缓降逃生，滑绳自救

在高层、多层公共建筑内，通常都设有高空缓降机或者逃生绳，如果没有这些逃生设施，民众可以迅速利用自家的绳索或床单、窗帘、衣服等材料，用水打湿，自制简易救生绳。

第十要诀：避难场所，固守待援

假如用手摸房门，已感到烫手，此时一旦开门，火焰与浓烟势必迎面扑来，当逃出通道被切断，并且短时间内无人救援时，可用湿布塞堵门缝，或用水浸湿棉被蒙上门窗，然后不停地用水淋透房间，防止烟火渗入。

第十一要诀：缓晃轻抛，寻求援助

在被烟火围困时，应尽量停留在阳台、窗户等处，这样易于被人发现。在白天，可以向窗外晃动鲜艳的衣物或外抛轻型、引人注目的东西。在晚上，可以用手电筒不停地在窗户闪动，或者敲击东西，及时发出有效的求救信号，引起救援者的注意。

第十二要诀：火已上身，切勿惊跑

在火场里的人，如果发现身上着了火，千万不可因惊吓而四处乱跑或用手拍打，这样会加速氧气的补充，火势更旺。正确的做法是应赶紧设法脱掉衣服，或就地打滚压灭火苗。

第十三要诀：跳楼有术，虽伤却生

消防单位一再警告，千万不要跳楼逃生，但若跳楼已是最后一步，就要掌握适当的跳楼技巧。如有可能，要尽量抱些棉被、沙发垫等松软物品，以减缓冲击力。如果徒手跳楼，一定要抓住窗台或阳台，使身体自然下垂，然后跳下，以尽量降低垂直距离；落地前，要双手抱紧头部，身体弯曲，缩成一团，以减少伤害。

（摘编自 2003 年第 11 期《上海消防》，第 55—57 页）

第 31 条　如何做好幼儿园的交通安全工作

情景再现

【案例一】据《上海青年报》报道，一日上午 8 点 45 分左右，上海市静安新城某幼儿园内，一辆准备送老师外出听课的公车忽然失控，在倒车出校门的时候撞到了操场上正在晨练的大班孩子。11 名幼童当场受伤，其中 2 名孩子伤势最重，1 人骨盆骨折、1 人头部颅骨骨折，另 9 名孩子均无大碍。"开车的是一名女保安。"据现场目击者介绍，这辆学校公车是一辆 7 人座的银色面包车，昨天清晨，这辆车进校门后就停在操场东南角，上午 8 点 45 分左右，驾车的保安将车发动后准备倒车出校门，但由于紧贴着围墙，司机就向操场中央"借位"。"当时操场上有许多正在晨练的孩子，司机'借位'过程中不知为什么忽然失控了，车尾就朝着孩子们冲去，车后正中的女孩一下子被车尾顶到了墙上。"

【案例二】一日下午 3 时 30 分，河南省濮阳县八公桥镇小哈佛幼儿园的 15 个孩子，放学后乘坐一辆车牌号为豫 J57022 的金杯面包车回家。在 106 国道濮阳县八公桥镇北进寨村附近，因下雪道路湿滑，孩子们乘坐的面包车与一货车相撞，事故造成 4 人重伤，6 人轻微伤。

问题分析

在我国，交通事故是造成儿童伤亡的主要原因之一。据统计，每年有超过 35 000 名 0 至 14 岁儿童因道路交通事故而受伤甚至死亡。未成年人儿童交通安全意识薄弱是事故频发的主要原因，而家长监护不到位则是事故发生的重要"推手"，教育、公安交通部门安全教育不足及监管不力也是事故诱因之一。常见的涉及幼儿的交通事故包括：幼儿接送车在接送幼儿途中发生的交通事故，幼儿在马路上违章穿行而引发的交通事故，幼儿园门前交通秩序混乱而引发的交通事故，车辆在幼儿园内违章停靠、行驶而引发的交通事故等。保护幼儿免受交通事故的伤害，是家庭、幼儿园、公安交通部门乃至社会各界刻不容缓的责任，其中幼儿园作为保教机构，肩负的责任尤其重大。

应对之策

- 幼儿园应当严格遵守国家关于校车的有关规定，配备校车的幼儿园，应当使用按照专用校车国家标准设计和制造的幼儿专用校车，并按规定申请校车使用许可，获得校车标牌。校车驾驶人必须符合规定的资格条件，并严格按照机动车道路通行规则和驾驶操作规范安全驾驶、文明驾驶。在校车接送幼儿的过程中，幼儿园应当按照规定建立专人跟车管理制度，指派照管人员随校车全程照管乘车幼儿。

- 幼儿园应当专门针对幼儿的家长开展交通安全教育，提醒家长提高安全意识和监护人责任意识，不要让孩子乘坐拼装车、报废车、农用车、低速载货汽车、三轮汽车、拖拉机等非法营运车辆上下学，不让孩子乘坐超员、超速、酒后驾驶、驾证不符等违法校车。平时，幼儿园应当逐一对本园幼儿上下学乘坐车辆的情况进行全面了解，并根据上级教育行政部门及公安交通管理部门的要求，做好相关情况的信息统计和上报工作，如果发现有家长租用社会非法营运车辆接送幼儿上下学，要立即予以劝阻，并尽快通报相关部门，积极配合有关部门做好幼儿上下学接送车辆的监管工作，确保幼儿上下学交通安全。

- 为了防范车辆在幼儿园内违规停靠、行驶而造成安全事故，幼儿园应当建立校内道路交通及车辆安全管理制度。应当采取的管理措施主要包括以下几个方面。其一，限入。幼儿园应当严格控制机动车辆进入校园。在幼儿上学期间，外来车辆原则上一律不得入内。本园的车辆及教职工的个人车辆需进入校园的，幼儿园应当统一进行登记和管理，并加强对教职工的安全行车教育，要求其按照固定的安全路线行驶，并将车统一停放在指定的位置，确保不会对在园幼儿的安全构成威胁。其二，限行、限停。幼儿园应当禁止各类机动车辆（包括外部车辆、本园车辆及教职工的个人车辆）进入校园的教学区和生活区。外来车辆因情况特殊确需进入校园的，应当事先取得幼儿园管理人员的同意，并按照指定的路线行驶，远离幼儿的生活和活动区域，限速为 5 公里/小时，并禁鸣喇叭。严禁各类机动车辆停放在教学楼、操场、食堂、宿舍等幼儿生活和活动的主要区域。其三，禁办对外停车业务。幼儿园不得出租校园内场地停放校外机动车辆，不得利用幼儿园用地建设对社会开放的停车场。

• 幼儿园不得组织幼儿在主要街道和交通要道开展体育活动或其他群体性活动。开展大型体育活动以及其他大型幼儿活动，必须经过主要街道和交通要道的，幼儿园应当事先征得公安交通管理部门的同意和支持，并采取必要的安全防护措施。

• 凡是校门口交通安全形势比较复杂的幼儿园，应当主动提请有关部门根据《道路交通安全法》的规定，在幼儿园门前的道路设置行人过街设施，或者施画人行横道线，设置提示标志。对于校门口紧邻主要街道或交通主要干道、交通环境较为复杂的幼儿园，应当提请有关部门设立"护学岗"，在幼儿上下学的高峰期安排民警到幼儿园门前路段维持交通秩序。在幼儿上下学时间，幼儿园应当安排有经验的教师到校门口值班，负责疏导通行秩序，保护幼儿的安全。

• 交通事故之所以成为儿童安全的主要"杀手"，与儿童交通安全意识淡薄密切相关。幼儿园应当通过讲故事、做游戏、编童谣等幼儿易于接受的各种方式，经常性地对幼儿开展交通安全教育。通过教育，让幼儿理解交通规则的重要意义，认识常见的交通标志，养成自觉遵守交通规则的好习惯。

练习与思考

【案例】 据《重庆商报》报道，5 月 5 日，黄某驾驶南坪实验幼儿园一辆牌照为渝 BH3203 的校车，开始在南岸沿途接在该幼儿园上学的孩子们。当天上午 7 点 50 分，校车开到幼儿园门口，在老师的带领下，孩子们依次下车。随后，黄某启动校车欲离开，不过就在校车起步时，车的左前侧挂倒了队伍最后面的小妹贝。孩子倒地后，校车左侧前轮和后轮，接连压过孩子头部，最终造成孩子因重型颅脑损伤，当场死亡。案发后，黄某主动报警并在现场等候，民警赶到现场将其控制。由于黄某认罪，南岸区法院启用了简易程序。法院审理后认为，黄某在此事故中负全部责任，其行为已构成交通肇事罪。鉴于他主动投案自首，并且他与所在的单位赔偿了受害人家属全部经济损失，依法酌情从轻处罚。最后，法院判处黄某有期徒刑 8 个月，缓刑 1 年。

【思考】 本起事故中，校车司机的过错表现在什么地方？

附：

儿童交通安全小常识

1. 行走安全：行人须在人行道内行走，没有人行道靠右边行走；穿越马路须走人行横道；通过有交通信号灯控制的人行道，须遵守信号灯的规定；通过没有交通信号灯控制的人行道，要左顾右盼，注意来往车辆，不准追逐、奔跑；没有人行横道的，须直行通过，不准在车辆临近时突然横穿；有人行过街天桥或地道的，须走人行过街天桥或地道；不准爬越马路边和路中的护栏、隔离栏，不准在道路上扒车、追车、强行拦车或抛物击车。

2. 骑自行车（电动车、摩托车）安全：12 岁以下的儿童不准在道路上骑自行车，不满 16 周岁不能在道路上骑电动车、摩托车；不打伞骑车；不脱手骑车；不骑车带人；不骑"病"车；不骑快车；不与机动车抢道；不平行骑车；不在恶劣天气骑车。

3. 乘车安全：乘公共汽车要停稳后上下车，在车上要抓好扶手，头、手等身体部位不能伸出窗外，管好身边物品，防止扒窃；乘高速汽车要系安全带；不乘超载车；不乘坐拼装车、报废车、农用车等非法营运车辆上下学。儿童乘坐小汽车，不要坐在副驾驶座上，更不能由大人抱着坐在副驾驶座上，而应当选择后排座位，并系好安全带，最好的选择是乘坐配备专门安全装置的汽车。

第 32 条　幼儿园暴力伤害案件该如何预防与处理

情景再现

　　2010年3月至5月不到两个月的时间内，全国各地先后发生6起针对学童的暴力伤害案件。3月23日7时20分左右，正逢孩子上学的时间，在福建省南平实验小学门口，42岁的原社区医生郑民生丧心病狂地连续砍杀正在等候进校门的小学生，造成8名孩子死亡，5名孩子受伤，惨案举国震惊。4月12日，广西北海市合浦县，一个精神病人在西场镇西镇小学门前约400米处，追砍放学的小学生，造成2死5伤。4月28日上午，广东省雷州市某小学病休教师陈康炳携带长约40厘米的钢刀进入该市雷城第一小学第四庭院北侧的教学楼，在六楼和五楼的教室持钢刀砍杀师生，致1名教师、16名学生共计17人头部等处受伤。案件发生后，学校领导、教师迅速报警，并将陈康炳围堵在教学楼六楼教室外的过道处，闻讯赶来的民警将陈康炳抓获。4月29日上午，无业男子徐玉元携带单刃尖刀闯进江苏泰兴某幼儿园，对幼儿和教职员工大肆残杀，致29名幼儿、3名教工和群众共计32人受伤，其中重伤4人、轻伤25人、轻微伤3人，后凶手被闻讯赶到的警察和群众当场抓获。4月30日上午，山东省潍坊市坊子区九龙街道尚庄村村民王永来强行闯入尚庄小学，用铁锤打伤5名学前班学生，随后将汽油浇在自己身上，并抱住2名学生点燃。学校老师奋力将学生救出，王永来则被当场烧死。5月12日上午8时左右，48岁的陕西省南郑县圣水镇林场村村民吴焕明持菜刀闯入该村幼儿园行凶，致使7名儿童和2名成年人死亡，另有11名学生受伤，其中2名儿童伤势严重。凶手返回家中后畏罪自杀。

问题分析

幼儿园暴力伤害案件，是指发生在幼儿园内或校门口的，以在园幼儿为施害目标，以暴力行凶为作案特征的各种杀人、伤人、绑架案件。幼儿园暴力伤害案件的行凶者既可能来自校园内部，如本园教职工或临聘人员；也可能来自校外，如与幼儿园或其领导、职工、幼儿发生纠纷的校外人员；甚至还包括与幼儿园及其师生没有任何纠纷，仅仅是为了报复社会、发泄不满而将目标对准反抗能力较弱的无辜儿童，并试图借助犯罪活动实现制造轰动、扩大影响之目的的社会失意者。由于在园幼儿自卫、自护能力弱，且幼儿园的教职工主要以女性为主，不法分子一旦将暴力侵害目标锁定为幼儿园，其可能造成的后果将会令人不寒而栗。

孩子是家庭的希望、祖国的未来，也是社会的重点保护对象。孩子的安全关系到千万个家庭的幸福，也关系着社会的和谐与稳定。当前我国的社会正在经历着深刻的变革，在制度变更、利益调整过程中，一些社会矛盾凸显，一旦处理不当极有可能成为各类违法犯罪尤其是暴力性犯罪的诱发因素。一些极端的个体出于制造影响、引发关注、发泄仇恨、报复社会等目的，把施暴的目标对准了反抗和自护能力欠缺的学童，媒体不适当的过度报道又在一定程度上引发了更多极端个体的模仿效应。此类带有恐怖性质的泄愤性的暴力犯罪，后果严重却较难防范，极易造成家长和民众的恐慌心理，直接危害社会的和谐与稳定。校园安全面临着新形势、新挑战。对安全问题的忽视和懈怠将有可能造成灾难性的后果。在特定时期，保护学童安全成了国家和社会的一项重要政治任务。幼儿园应当本着对国家、对社会、对孩子负责的态度，树立"安全重于泰山""稳定是第一责任""防范胜于救险"的工作理念，从思想上、行动上高度重视涉校、涉生暴力伤害案件的防范工作，要建立安全工作园长负责制、岗位责任制，明确每一名教职员工的防范职责，全员参与、群策群力保护在园幼儿的安全。

应对之策

- **强化幼儿园安保力量，提高幼儿园自护能力**

以往，不少幼儿园的安保力量非常薄弱，作为校园第一道防线的门卫多由年纪较大、安全防范能力不强的人员担任。由于普通教师欠缺应对突发暴力伤害案件的技能，一旦不法分子蓄意在校园实施犯罪，幼儿园的自护能力往往表现得极为孱弱。经验教训表明，预防、遏制校园暴力犯罪最直接、最有效的手段是增强校园的安全保卫力量。各个幼儿园应当设置治安保卫机构，配备专职的安全保卫人员。首先，幼儿园应设立由园长作为第一责任人，由公安、幼儿园、家长、社区等各方代表组成的校园安全工作领导机构，全面领导、综合部署校园安保工作。其次，幼儿园的门卫应当由专职保安担任。门卫在上岗前应当接受校园安全防范的相关培训，应具有很强的安全防范意识和责任意识，掌握一定的技能，具备一定的防范犯罪、制止犯罪、应对校园恶性案件的能力。再次，要充分发挥教职员工在安全防范工作中的作用，成立由年富力强、有一定防范能力的教师参与的巡逻队，负责校园日常安全巡查工作。有条件的地方，还可组织由社区工作人员、志愿者、家长参加的护校队，轮流在幼儿园门口执勤，协助维持校门口及周边的治安秩序。幼儿园安保力量加强了，可以对不法分子起到威慑作用，甚至打消其犯罪念头。而一旦发生暴力伤害案件，幼儿园亦可在第一时间进行有效处置，减少伤害的发生。

- **建立严格的校园门卫制度和值班巡逻制度**

门卫是幼儿园的第一道防线。搞好幼儿园安保工作，首先从看好校园大门做起。幼儿园应当建立健全门卫管理制度。门卫要严格执行出入校门管理制度，对来访的校外人员做好盘问、检查、验证、登记工作，准确了解其入校的事由，严防精神病患者、无关人员、不明身份人员进入幼儿园。对进入校园的车辆和物品要进行严格检查、核对，限制车辆入内，严禁将非教学用途的危险化学品、管制刀具等危险物品带入幼儿园。对在校门口长时间停留的可疑人员要予以劝离，必要时应及时报告公安部门。对于未办理正常入校手续而试图闯入校园的外来者，要立即予以有效制止和驱逐，必要时应及时上报幼儿园领导并报警。一旦幼儿园门口及校内发生针对师生的暴力活动，门卫要挺身而出保护师生安全，在第一时间进行合理处置。其次，在校园内部，幼儿园应当加强治安巡逻，建立健全护校教师值班、巡查制度。幼儿园要建立 24 小时值班制度，由护校教师全天候对校园进行巡查。特别是要加强对幼儿活动室、宿舍、操场、食堂、主要道路等重点部位、重点场所的安全巡查，在上学、放学、课间休息、夜间等重点时段要增加巡查力量和巡查密度。发现安全隐患的，值班巡查人员应及时予以消除或上报；遇突发事件，值班人员应及时处理并向幼儿园领导汇报，情况危急的应及时报警。

- **加强幼儿园物防建设**

保卫校园安全，基本的物防设施必不可少。幼儿园应当加强以下几个方面的物防建设。其一，校门、围墙。幼儿园的大门应当为铁门，且应坚固、牢靠，幼儿在园上学期间应保持关闭状态。幼儿园要有封闭式的围墙，围墙的高度要足以防范不法者的翻越行为，现有围墙偏矮的，要予以加高、加固。可靠的校门和围墙，可以在校园和外界之间起到物理隔离效果，便于防范不法入侵。其二，防暴装备。为提高安保人员处置突发恶性案件的能力，幼儿园应当有选择地为安保人员配备橡胶棍棒（丁字棍或伸缩棍）、警用钢叉、自卫喷雾器（辣椒喷剂）、防割手套、防暴头盔、防刺背心、强光手电筒、防暴抓捕网（保安专用系列）等防暴装备。平时应加强对防暴装备的使用管理，防止丢失和非工作性地使用。其三，通信器材。幼儿园应当为门卫、安保人员配备必要的通信工具，以便在紧急情况下相关人员可以及时向领导报告、报警。此外，有条件的幼儿园，可争取公安部门的支持，依托门卫室设立校园警务室（治安亭），并喷涂醒目的外观，悬挂标识标牌，配备必要的办公设备。

- **加强幼儿园技防建设**

技术防范（技防）是指利用视频监控、周界报警、"110"联网、红外探测等高科技手段，对重点部位、复杂场所、交通出入口等进行全方位、多角度、全时空监控的治安防范措施。面对日益复杂的校园治安形势，加强校园技防建设，可有效扩大校园治安的防控面积和防控点，及时发现治安问题，为案件的早期预防、处理和事后调查提供有力支持，从而较好地弥补"人防"的缺陷（受时间、地点、人的素质和精力等条件限制），减少防控漏洞，增强校园治安防控的有效性。幼儿园应当加强以下几个方面的技防建设。一是安装视频监控系统。在校门口及周围、校内主要通道、食堂、幼儿活动区、宿舍区等重要部位安装视频监控探头，并与公安系统联网，视频监控记录保存应不少于 30 天。二是安装周界报警系统。在幼儿园的围墙围栏、财务室、食堂操作间、实验室及库房等重要部位可安装周界报警系统，以便及时发现、处理非法入侵行为。对于视频监控及周界报警系统，幼儿园应当安排专人负责维护看管和运行监控，监控室应安排人员 24 小时值班，以做好监控信息的浏览、记录及设施的维护修理工作，及时报告、处理异常情况。三是安装紧急报警按钮。在幼儿园门卫室、园长室、教师值班室等场所要安装与 110 报警中心联通的紧急报警按钮，其安装位置应符合隐蔽且便于报警的原则。一些地方的经验表明，在有不法分子入侵时，通过摁动紧急报警按钮的方式报警要比普通的电话报警方式节约两到三分钟时间，从而为警方的尽早介入赢得了宝贵的时间。

- **严把教师入口关，开展校内矛盾纠纷排查调处活动**

在校园暴力伤害案件中，有一小部分案件的施害者是教师。例如，个别教师在工作期间因精神病发作而对学童进行杀戮或殴打，一些教师在执教过程中对学童实施暴力体罚而导致孩子受到伤害等。由于教师身份的特殊性，来自教师的暴力伤害往往让幼儿园和孩子难以防范。鉴于此，一方面，幼儿园应当严格遵守国家关于幼儿园教师和保育员的资格、入职条件的规定，严把教师和保育员入口关，防止有故意犯罪前科、有精神病史的人进入保教队伍。对于现有的保教队伍中不适合在幼儿园工作且有可能危及幼儿安全的人员，要及时予以调离。另一方面，幼儿园应当加强对保教人员的日常教育和管理，增强其法治观念，规范其职务行为，禁止保教人员体罚幼儿或实施其他侵犯幼儿合法权益的行为。此外，在幼儿园人事制度改革、职称评聘、教师管理过程中产生的一些矛盾，如果处理不当，导致矛盾不断积累和叠加，也有可能引发极端个人暴力行为。幼儿园在处理涉及教师个人利益的事项上要保持公平、公正的立场，要主动关心教师的思想动态和工作、生活的实际困难，防止因有关问题处理不公或欠缺有效沟通而产生矛盾，对已有的矛盾要进行疏导和化解，防止矛盾激化。

- **开展防范暴力伤害的安全教育和安全演练**

暴力伤害案件的发生虽然具有不可预测性，但是有针对性的防暴安全教育和安全演练却能够切实提高师生应对、处置突发案件的能力，从而有效避免或减少恶性案件所造成的损失。首先，幼儿园应当通过各种形式对幼儿开展防范暴力伤害的安全教育，有条件的幼儿园可以邀请公安人员（法治副校长、法治辅导员）来园为幼儿开展专题讲座。安全教育的内容要有针对性，要尽可能直观、具体。例如，可教育幼儿掌握以下常识：平时遇到可疑人员，要做到五点，即"不跟着走""不坐可疑的车""放大嗓门""迅速跑开"和"告诉大人"；遇到歹徒持凶器施暴，要迅速转身逃跑，要往周围其他大人的身后跑，特别注意不要迎着歹徒跑；在校园门口碰到歹徒行凶的，要尽可能向幼儿园内的门卫室、教师办公室逃跑，并大声呼叫等。其次，幼儿园应当定期邀请公安人员来园为师生开展防范暴力伤害案件的安全演练（包括安保人员、教师的紧急处置演练，幼儿的安全疏散、自我保护演练），使得纸面上的安全知识切实转化为全体师生都能掌握的安全技能。通过开展上述安全教育和安全演练，增强师生的安全防范意识和自我保护能力，提高幼儿园处理突发恶性案件的应急能力与处置水平。

- **制定校园暴力伤害事件应急处理预案**

为了有效预防、及时控制和妥善处理校园暴力伤害案件，提高快速反应和应急处置能力，最大限度地保护在园师生的生命安全，维护校园的正常教育教学秩序，幼儿园应当根据国家的有关规定并结合本园的实际情况，制定校园暴力伤害事件应急处理预案。预案应当包括工作目标、组织机构、预警预防、应急办法、善后处理等方面的内容。其中应急办法应当尽量周密且具有可操作性，不同的犯罪情形应当有不同的应急办法。例如，当发生不法分子试图闯入幼儿园内实施暴力犯罪的紧急情况时，幼儿园可采取如下应急处理办法：（1）校园门卫、保安中一人立即上前阻止歹徒进入校园，与其周旋并拖延时间等待支援，另一人立即摁动紧急报警按钮，报警并通知幼儿园指挥调度组；（2）指挥调度组立即通过广播或警铃的方式通知全校师生，全面启动应急程序，各个职能小组迅速到位，进入应急状态，各司其职；（3）通信联络组立即向上级教育行政部门报告，与警方进一步联络，并拨打"120"急救电话；（4）防暴行动组（由保安、护校队员、教师等组成）立即领取防暴装备赶到事发现场，把歹徒包围起来，将其控制在局部区域，伺机将其制服，同时门卫将校门封闭，防止歹徒逃跑；（5）疏散引导组（由事发时各个班级的保教人员、园领导等组成）立即将幼儿所在教室的门窗关好、锁好，防止歹徒闯入，如幼儿正在室外活动或歹徒已进入教室，则疏散组应当立即按照既定的疏散线路将幼儿疏散到安全场所；（6）医疗救治组及时赶到师生受伤的地点，对伤员采取紧急救助措施，必要时及时将其送往医院救治，同时通信联络组立即通知受伤幼儿的家长；（7）警方赶到学校后，各职能小组配合警察进行现场处置。

练习与思考

【案例】 据"新华网"消息，2006年5月6日，被告人白宁阳因琐事与本村村民白某、张某发生矛盾，受到家人及村民的指责后，白宁阳认为别人觉得其好欺负，心生怨气，遂决定用汽油焚烧本村幼儿园，制造大案。2006年5月8日上午9时许，白宁阳携带事先准备好的两把菜刀、三壶汽油和打火机等工具，骑自行车到巩义市河洛镇石关村幼儿园，进入二楼一教室内，持菜刀将教师李某某和幼儿白某某、刘某某等20余人威逼至教室后侧，将汽油泼洒到教室地面、课桌及教师和幼儿身上，用打火机点燃后逃离现场，造成12名幼儿被烧死，教师李某某和4名幼儿被烧成重伤。2007年12月，河南省高级人民法院对该案作出终审判决，以放火罪判处被告人白宁阳死刑，剥夺政治权利终身。

【思考】 幼儿园应当如何防范和处置此类暴力伤害事件？

第33条 幼儿园如何预防与应对自然灾害

情景再现

【案例一】据中新社等媒体报道，2005年6月10日12时50分，黑龙江省宁安市沙兰镇及沙兰河上游70平方公里的丘陵岗地突降特大暴雨，暴雨汇集成洪水，沿沙兰河迅速冲往下游，于14时15分到达沙兰镇。洪水暴涨出槽，夹杂着大量泥沙、树枝和杂物，首先冲入沙兰镇中心小学，仅几分钟时间教室水位就高达2.2米。当时正在上课的352名学生和31名教师，全部被困水中，其中105名学生遇难。"我们这里对学校安全工作可以说是非常重视，领导们平常是大会讲、小会也讲。像我们小学，应急预案、抢险队都有，但是这次水来得太快了，根本就用不上。"沙兰镇中心小学刘校长在接受采访时告诉记者，当学校老师们发现水来时，汹涌的山洪已经冲破离学校不足10米的堤岸，不过几分钟，夹杂着大量泥沙的洪水便拍倒了学校的围墙。据洪灾救援指挥部新闻发言人、牡丹江市委秘书长王同堂介绍，降雨强度大，历时短，降雨集中，雨洪成灾快是造成重大伤亡的一个重要原因。另一个原因是沙兰镇小学建在全镇最低洼的地方，并且紧邻沙兰河。洪水到来，这里首当其冲被淹。据事后现场勘查，大部分教室过水上线都在2米左右，已接近屋顶。还有一个不可忽视的原因就是，洪水袭来时，352名学生正在教室上课，面对这样的洪水，孩子的自救显得极其无力，而学校当时只有31位老师，教室里一位老师同时要救三四十名学生，在几分钟内水就涨过头顶的情况下，结果自然可想而知。事后据获救学生讲，在大水涌进教室时，正是老师组织学生攀上窗台，或砸开教室棚顶，将学生举上去，他们才得以生还。

【案例二】据《新京报》报道，2019年6月17日22时55分，四川宜宾长宁县发生6.0级地震。就在地震发生之前，地震预警网提前10秒向宜宾预警，提前61秒向成都预警。四川西昌俊波外国语学校提前60秒收到预警，

4000多名师生顺利疏散到室外。该校政教处主任称,在就寝时听到警报声发出,随后全校师生迅速撤离到安全地点,无人受伤。据成都高新减灾研究所所长介绍,"地震预警就是利用电波比地震波的传播速度快的原理,当地震在震中开始发生的时候,通过地震预警网的监测,实现对地震还没有波及的区域,提前几秒到几十秒发出警报。"

问题分析

我国幅员辽阔,环境条件复杂,是一个自然灾害多发之国,具有灾害种类多、发生频率高、分布范围广、地区差别大、造成的损失严重等特点。按照原国家科委、国家计委、国家经贸委自然灾害综合研究组的分类办法,我国的自然灾害分为气象灾害、海洋灾害、洪水灾害、地质灾害、地震灾害、农作物生物灾害、森林生物灾害和森林火灾。其中气象灾害包括干旱、雨涝、雷击、冰雹、台风、热带风暴、沙尘暴、寒潮、龙卷风等;海洋灾害包括风暴潮、灾害性海浪、海冰、海啸、赤潮等;地质灾害包括崩塌、滑坡、泥石流、地面沉降、地面塌陷、地裂缝等。据统计,我国70%以上的城市、50%以上的人口分布在气象、地震、地质和海洋等自然灾害严重的地区,其中影响范围较大的主要是气象灾害,其次是地质灾害和地震等。洪涝、干旱、雷击、台风、寒潮、滑坡、泥石流、沙尘暴、风暴潮、地震等各种自然灾害在我国境内频频发生,造成的损失极其严重。虽然自然灾害不可能完全消除和避免,但实践证明,有效的防范和应对措施可以减少自然灾害给人类造成的损失。汶川地震中桑枣中学2000多名师生成功脱险的经历便是人们抗灾避险的一个缩影。在园幼儿自救自护能力弱,难以应对各种突发的险情,对幼儿负有教育、管理和保护职责的幼儿园,应当吸取各地学校的经验教训,未雨绸缪,建立健全本园的自然灾害预防与应急处理制度,提高校园的防灾、避险和减灾水平,最大限度地保护师生的生命和财产安全。

应对之策

- **排查安全隐患,提高校舍等基础设施的防灾、抗灾性能**

  幼儿园预防自然灾害,首先要提高校舍等基础设施的防灾、抗灾性能。

为此，幼儿园及其举办者应当注意以下几个方面的问题。其一，幼儿园在选址的时候，应选择阳光充足、空气流通、场地干燥、排水通畅、地势较高、地质条件较好的地段作为校址。新建、改建、扩建校舍的选址要由专业部门进行灾害危险性评估，避免在灾害高危地区新建校舍。其二，在校舍等基础设施的建设过程中，应当严格执行关于防灾、抗灾的国家标准。例如，在抗震上，根据《建筑工程抗震设防分类标准》（GB 50223－2008）及《抗震减灾法》的规定，幼儿园、小学、中学的教学用房以及学生宿舍和食堂，抗震设防类别应不低于重点设防类，且应当按照高于当地房屋建筑的抗震设防要求进行设计和施工，采取有效措施，增强抗震设防能力。在防雷上，根据《建筑物防雷设计规范》（GB 50057－94）的要求，校舍作为人员密集的公共建筑物，应当按照第二类防雷建筑物的标准进行建设，采取防直击雷和防雷电波侵入的措施。其三，对于已经建成的幼儿园，应当开展安全隐患排查工作，重点检查校址自然地质环境、抗震性能、防雷设施及校舍安全等方面的问题。发现所在校址存在着山体滑坡、泥石流、山洪、基础沉陷、地质断层等自然灾害隐患的，应当采取相应的防范措施，增强幼儿园抵御自然灾害的能力，对于存在较大的自然灾害隐患且无法消除的，应当将幼儿园迁移或在灾害易发季节将幼儿转移到安全场所上课。发现幼儿园的校舍未采取抗震设防措施或者抗震设防措施未达到抗震设防要求的，应当按照国家有关规定进行抗震性能鉴定，并采取必要的抗震加固措施。发现幼儿园的建筑物和教育设施设备未采取防雷措施或防雷措施不符合要求的，应当进行整改，直至其达到国家相关标准的要求。发现幼儿园建筑物中存在危房的，对被鉴定为 D 级危房的校舍要立即关闭停用，并按照有关规定予以拆除，对一般危房要及时维修加固，防止"灾后灾"的发生。

- **做好学校自然灾害的预警工作**

当自然灾害即将来袭之时，及时、准确预警成为避免和减小损失的关键。目前，我国气象、水利、海洋以及防汛等部门都非常重视对相关自然灾害的检测、预报和预警工作，并建立了相关预警信息发布制度。在台风、暴雨、大风和洪灾等自然灾害发生之前，这些机构会根据灾害程度和各类应急预案规定，向有关部门、专业技术人员以及社会公众发布不同等级的预警信息。教育行政部门和幼儿园应当加强同气象、水利、海洋等部门的沟通与联系，建立灾害性天气预警信息发布接收制度和监控制度，建立健全联动和协同应对自然灾害机制。幼儿园负责人平时应当认真关注重大灾害性天气预测预报、火险气象等级预报、地质灾害气象等级预报和气候影响评价等信息，并安排专人负责信息的接收和监控。接收、监控到自然灾害预警信息之后，幼儿园一方面应当及时将信息传达给教师、幼儿及其家长，提醒相关人员注意安全；另一方面应当根据灾害的相关情况有针对性地采取预防措施，必要时幼儿园应当根据上级要求或自行采取调整上课时间、停课、将幼儿转移到安全场所上课等方式，落实各项安全措施，确保师生安全。

2007年6月12日，中国气象局公布了《气象灾害预警信号发布与传播办法》，其中将灾害性天气分为台风、暴雨、暴雪、寒潮、大风、沙尘暴、高温、干旱、雷电、冰雹、霜冻、大雾、霾、道路结冰等十四类；预警信号由名称、图标、标准和防御指南组成，总体上分为四级，按照灾害的危害程度、紧急程度和发展态势，颜色依次为蓝色、黄色、橙色和红色，同时配以中英文标识，分别代表一般、较重、严重和特别严重四个等级。我国一些省份还根据当地气象灾害的实际情况制定了本省的《气象灾害预警信号及防御指南》。各个幼儿园平时应当关注气象部门发布的本地突发气象灾害预警信号，根据有关规定结合本园的实际情况采取相应的预防措施。

- **对在园幼儿开展自然灾害防灾、减灾教育与演习**

对幼儿进行自然灾害的防灾、减灾教育意义重大。2006年6月15日，联合国教科文组织发起了"减灾始于学校"运动，目的是促进各国将减灾内容编入普通教育的教学大纲并改善学校安全。我国相关法规也规定了学校应当对在校未成年学生开展自然灾害安全教育和演习，例如《中小学幼儿园安全管理办法》第四十二条规定，"学校可根据当地实际情况，组织师生开展多种形式的事故预防演练。学校应当每学期至少开展一次针对洪水、地震、火灾等灾害事故的紧急疏散演练，使师生掌握避险、逃生、自救的方法。"幼儿园应当通过对幼儿开展自然灾害的安全教育和演练，让幼儿了解本地区和生活环境中可能发生的自然灾害及其危险性，学习躲避自然灾害引发危险的简单方法，初步学会在自然灾害发生时的自我保护、求助以及逃生的简单技能。

- **建立幼儿园突发自然灾害应急处理机制**

为了建立健全幼儿园应对自然灾害的应急处置体系和运行机制，规范应急处置行为，提高应急处置能力，迅速、有序、高效地实施应急处置，最大程度地减少自然灾害中幼儿园师生员工的生命和财产损失，各个幼儿园应当按照规定制定本园的《突发自然灾害应急预案》，建立本园的突发自然灾害应急处理机制。

练习与思考

【案例】 据《华西都市报》报道，2007年5月23日下午3时许，重庆开县境内开始狂风大作，道道闪电撕破厚厚的云层，暴雨铺天盖地袭来。4点30分左右，雷暴袭击了位于义和镇山坡上的兴业村小学。当时该小学四年级和六年级各有一个班正在上课，一声惊天巨响之后，教室里腾起了一团黑烟，烟雾中，两个班共95名学生和上课的老师几乎全部倒在了地上，有的学生全身被烧得黑乎乎的，有的头发竖起，衣服、鞋子和课本碎屑撒了一地。一片狼藉的现场让闻讯赶来的其他老师震惊万分，7个孩子已经死亡，轻、重伤有39人。据介绍，兴业村小学房子属于砖瓦结构，房盖是用木头做的横梁。接到报告后，相关部门立即展开抢救，并迅速转移轻伤学生和没有受伤的学生，避免遭遇二次雷击。是什么原因导致此次雷击事故？有关专家分析认为有以下几种可能：一是该小学位于一个山坡上，位置高而遭遇雷击；二是教室的房屋内部可能有容易导电的电线或者其他金属，引发雷击事故；三是教室比较陈旧，房盖的横梁腐烂，容易产生白蚁，而白蚁是最容易引发雷击的。

【思考】 本地可能发生的自然灾害有哪些？自己所在的幼儿园是否建立了相关自然灾害的应急处理机制？

附：

常见自然灾害防范策略

1. 遇到泥石流如何脱险

（1）沿山谷徒步时，一旦遭遇大雨，要迅速转移到附近安全的高地，离山谷越远越好，不要在谷底过多停留。

（2）注意观察周围环境，特别留意是否听到远处山谷传来打雷般声响，如听到要高度警惕，这很可能是泥石流将至的征兆。

（3）要选择平整的高地作为营地，尽可能避开有滚石和大量堆积物的山坡下面，不要在山谷和河沟底部扎营。

（4）发现泥石流后，要马上与泥石流成垂直方向向两边的山坡上面爬，爬得越高越好、跑得越快越好，绝不能往泥石流的下游走。

2. 洪水到来时的自救

（1）洪水到来时，来不及转移的人员，要就近迅速向山坡、高地、楼房和避洪台等地转移，或者立即爬上屋顶、楼房高层、大树和高墙等较高的地方暂避。

（2）如果洪水继续上涨，暂避的地方已难自保，则要充分利用准备好的救生器材逃生，或者迅速找一些门板、桌椅、木床、大块的泡沫塑料等能漂浮的材料扎成筏逃生。

（3）如果已被洪水包围，要设法尽快与当地政府防汛部门取得联系，报告自己的方位和险情，积极寻求救援。（注意：千万不要游泳逃生，不可攀爬带电的电线杆、铁塔，也不要爬到泥坯房的屋顶。）

（4）如果已被卷入洪水中，一定要尽可能抓住固定的或能漂浮的东西，寻找机会逃生。

（5）发现高压线、铁塔倾斜或者电线断头下垂时，一定要迅速远避，防止直接触电或因地面"跨步电压"触电。

（6）洪水过后，要做好各项卫生防疫工作，预防疫病的流行。

3. 如何避免雷击

（1）远离建筑物的避雷针及其接地引下线。

（2）远离各种天线、电线杆、高塔、烟囱和旗杆等，如果有条件，应进入有防雷设施的建筑物或金属壳的汽车、船只，但帆布的篷车、拖拉机和摩托车等在雷雨发生时是比较危险的，应尽快远离。

（3）尽量离开山丘、海滨、河边和池塘边等，尽量离开孤立的树木和没有防雷装置的孤立建筑物，铁围栏、铁丝网以及金属晒衣绳边也很危险。

（4）外出时应穿塑料材质等不浸水的雨衣，不要骑在牲畜上或自行车上；不要用金属杆的雨伞，不要把铁锹、锄头扛在肩上。

（5）人在遭受雷击前，会突然有头发竖起或皮肤颤动的感觉。这时应立刻躺倒在地，或选择低洼处蹲下，双脚并拢，双臂抱膝，头部下俯，尽量降低自身位势、缩小暴露面。

(6) 关好门窗，防止球形雷窜入室内造成危害；在雷雨天将电视机室外天线与电视机脱离，而与接地线连接；尽量停止使用电器，拔掉电源插头；不要打电话和手机；不要靠近室内金属设备，不要靠近潮湿的墙壁。

4. 地震发生时如何逃生

(1) 如果在平房里时突然发生地震，要迅速钻到床下、桌下，同时用被褥、枕头、脸盆等物护住头部，等地震间隙再尽快离开住房，转移到安全的地方。地震时，如果房屋倒塌，应待在床下或桌下，千万不要移动，要等到地震停止再转移到室外或等待救援。

(2) 如果在楼房中时发生了地震，不要试图跑出楼外，因为时间来不及。最安全、最有效的办法是及时躲到两个承重墙之间最小的房间，如厕所、厨房等。也可以躲在桌、柜等家具下面以及房间内侧的墙角，并且注意保护好头部。千万不要去阳台和窗下躲避。

(3) 如果正在上课时发生了地震，不要惊慌失措，更不能在教室内乱跑或争抢外出。靠近门的同学可以迅速跑到门外，中间以及后排的同学可以尽快躲到课桌下，用书包护住头部；靠墙的同学要紧靠墙根，双手护住头部。

(4) 如果已经离开房间，千万不要地震一停就立即回屋取东西。因为第一次地震后，接着会发生余震，余震对人的威胁更大。

(5) 如果在公共场所时发生地震，不要惊慌乱跑。可以随机应变地躲到近处比较安全的地方，如桌柜下、舞台下和乐池里等。

(6) 如果正在街上时发生地震，绝不能跑进建筑物中避险，也不要在高楼下、广告牌下、狭窄的胡同以及桥头等危险地方停留。

(7) 如果地震后被埋在建筑物中，应先设法清除压在腹部以上的物体；用毛巾、衣服等捂住口鼻，防止烟尘窒息；要注意保存体力、设法找到食品和水，创造生存条件，等待救援。

第 34 条　如何防范在园幼儿遭受性侵害

情景再现

【案例一】据《京华时报》报道，8月24日，马女士一家到圆明园游玩时，女儿小雨突然开始哭泣，并不停地说自己"屁股疼"。马女士将她带到附近的公厕内查看，发现女儿下身红肿，并有黄色的脓水状分泌物流出。当晚，孩子哇哇大哭称自己一尿就疼。马女士感到事情异常，逼问之下，孩子说，最近幼儿园门卫杜某总是摸她下身。由于工作繁忙，马女上每天晚8点以后才能去接孩子，小雨经常在放学后与杜某单独相处，猥亵就发生在这段时间。警方的伤情鉴定报告显示，小雨的伤情已构成轻微伤。8月26日，杜某因涉嫌猥亵儿童被昌平警方抓获。据了解，杜某今年58岁，在该幼儿园当门卫有两年多。小雨父亲认为，幼儿园都有晚接班，不应把孩子交给门卫来看管，并表示将提起诉讼，追究幼儿园的管理责任。

【案例二】据《华商报》报道，2010年7月6日中午1时许，南郑县某幼儿园保育员王某因身体不适，在没有请示幼儿园管理人员的情况下，擅自让其丈夫、年近七旬的陈某顶班。陈某在孩子们午休时对一名4岁的女童进行猥亵。该女童回家后将异常遭遇告诉家长，家长立即报案，并带孩子到南郑县妇幼保健院进行相关检查，结果确定孩子曾受到伤害。7月9日，陈某被南郑警方依法刑事拘留。

问题分析

北京青少年法律援助与研究中心曾对2006—2008年媒体报道的340个未成年人遭受性侵害案件进行专项调查分析，结果发现近些年来校园性侵害案件频繁发生。在340个案件中有50个发生在校园，其中35个案件的作案者为教师或校长。多么令人震惊，发人深省！来自校园的性侵害案件，严重损害着未成年儿童的身心健康，给受害者带来终生挥之不去的心理阴影，也败坏了教师的良好形象，社会影响恶劣，应当引起有关部门及学校的高度重视。在园幼儿属于特别弱势的群体，缺乏明辨是非的能力，自我保护能力差，很容易成为不法分子实施犯罪的目标。虽然幼儿园里的成年人主要以女性教职工为主，但在门卫、食堂伙食、勤杂等事务领域仍有少部分男性员工。此外，在因为接送孩子、来园办事等事由而出入幼儿园的人员中也有相当一部分是成年男性。在个别情况下，成年女性也有可能成为校园性侵害案件的施暴者。幼儿园应当本着对在园幼儿的安全、对教育事业高度负责的精神，重点从把好教职工的入口关、加强对教职工的管理和教育等方面入手，建立起防范校园性侵害案件的安全管理制度。

应对之策

- **对幼儿进行适度的、必要的预防性侵害教育**

幼儿对来自成人的性侵害行为之所以较少进行反抗，除了其敬畏长者、自身力量弱小等原因之外，幼儿关于预防性侵害的知识和技能较为欠缺也是重要原因。幼儿园应当在家长的配合下，对幼儿开展适度的、必要的预防性侵害教育。在教育过程中，教师要让幼儿明白身体是自己的，任何人不得随意触碰；自己的身体可以分为"可触碰区域"和"不可触碰区域"，对于"不可触碰区域"，特别是隐私处，除父母为自己洗澡或医生检查身体等少数情形外，应当拒绝任何触摸；对于让自己感到不舒服、不自在的身体接触，无论对方是谁，都可以对其大声说"不"；如果别人摸了自己并授意甚至恐吓自己要"保守秘密"，那么千万别害怕，一定要告诉父母、自己信赖的老师或其他成年人，否则事情只会变得更糟。

- **严把教师的入口关**

幼儿园教师和保育员应当具备法定的资质条件。在招聘教职工时，幼儿园应当严把品德关、心理关，仔细审查应聘者的档案，不得录用因故意犯罪而受过刑事处罚的人、有精神病史的人或者品行不良者。必要时，幼儿园应当委托专业机构对应聘者进行心理测试，对心理异常者要慎重录用。对于因故意犯罪而受到刑事处罚或患有精神疾病的教职工，以及品行不良、侮辱学生、影响恶劣的教师，幼儿园应当依法予以解聘。特别需要强调的是，根据最高人民检察院、教育部和公安部联合印发的《关于建立教职员工准入查询性侵违法犯罪信息制度的意见》的规定，中小学校、幼儿园在新招录教职员工前，以及教师资格认定机构在授予申请人教师资格前，应当对应聘人员、申请人员进行性侵违法犯罪信息查询，经过查询，发现应聘者、申请者存在性侵违法犯罪信息的，不得予以录用，或者不予认定教师资格；已经录用的在职人员，应当立即停止其工作，按照规定及时解除聘用合同。幼儿园应当遵守这一规定，严格执行教职工入职报告和准入查询制度，把好教职工"入口关"。

- **对教职工的行为加强监督和管理，规范保教行为**

现实中，发生未成年儿童遭受性侵害案件的学校，往往也是管理松散、相关制度不健全的学校。幼儿园应当根据本园的实际情况，制定教师应遵守的职务行为守则，对教职工在履职期间的言行进行必要的规范。例如，规定教师、保育员之外的员工要避免与幼儿发生身体接触，尤其是男性员工与幼儿接触更要避嫌；在午睡期间，男性原则上不得进入幼儿的寝室；对于放学后家长未按时来接送的幼儿，应当交由女性教职工看管，不得由男性员工单独看护等。

- **对教职工加强法治、师德教育**

一些教职工之所以走向犯罪，往往与其法治观念淡薄有关。为此，除了新任教职工上岗前必须接受法治教育外，幼儿园还应当邀请法律专家定期对教职工开展法治讲座，让教职工了解未成年人所享有的合法权益及所受到的专门保护，了解自身的权利、义务和责任，提高其保护在园幼儿安全的自觉性和主动性。在预防性侵害问题上，教职工应了解强奸罪、猥亵儿童罪等与未成年人性侵害案件相关的法律条文内容，认识到保护幼儿免受性侵害的重要性。此外，幼儿园还应当强化师德建设，经常性地对教师开展师德教育，并建立相应的考评机制，确保教师的职业道德水准。

- **正确处理幼儿园性侵害案件**

如果不幸发生了在园幼儿遭受性侵害的案件，幼儿园应当予以高度重视，并本着对孩子、对社会高度负责的态度，及时采取恰当的应对策略。

1. 保护现场，立即向上级教育行政部门和公安机关报告案情

以往，个别学校在发生了学生遭受性侵害案件之后，出于各种考虑（如

怕影响学校名誉、影响学校参评先进、影响管理者个人前途等），学校领导往往不情愿、不积极立即上报案情，而是极力瞒报、缓报，或者消极等待、听之任之，认为是否报案应由受害学生的家长自行决定，与学校无关。个别学校的领导甚至越俎代庖，力促受害学生的家长与施暴教师进行"私了"，力图将案件"内部消化"。这样的做法是非常错误的，须知对未成年学生进行性侵犯已构成违法犯罪，应当由司法机关进行追诉，追究违法犯罪者的法律责任。学校的瞒报、缓报之举，是对施暴者的袒护和纵容，更是对受害者的冷漠和伤害，是严重不负责任的违法行为。不仅如此，这样的做法还有可能让施暴者在违法犯罪的泥潭中越陷越深，从而让受害学生遭到更大的伤害或导致其他学生受到伤害。为此，在对待、处理校园性侵害案件问题上，幼儿园应当抛弃一切私心杂念，把法律的尊严、幼儿的安全放在首位，严格落实侵害未成年人案件强制报告制度。发现本园幼儿遭受或者疑似遭受性侵害后，幼儿园应当立即向公安机关报案或举报，同时向上级教育行政部门报告备案，并积极参与、配合有关部门做好侵害幼儿权利案件的调查处理工作。

2. 保护和帮助受害幼儿

在上报案件的同时，幼儿园还应当做好对受害幼儿的保护工作。鉴于性侵害案件的敏感性，幼儿园知情人员应当特别注意保护受害幼儿的隐私，不得向无关人员泄露受害者的姓名以及相关案情信息，防止幼儿受到多重伤害。此外，由于性侵害案件对受害幼儿的影响不可能在短期内消除，幼儿园还应当通过适当的方式，在维护孩子的隐私与尊严、顾及孩子感受的基础上，在心理上、生活上给予其更多的关怀和支持，鼓励、帮助其尽快走出阴影，恢复正常的生活。

练习与思考

【案例】 据《南方农村报》报道，广州市番禺区某幼儿园一名小男孩的家长在给5岁的儿子洗澡时发现儿子的"小鸡鸡"红肿，包皮处还有一个伤口。家长询问原因，开始小孩不说。在家长的逼问下，小孩说是幼儿园张老师在他午睡的时候弄的，还绘声绘色地描述张老师怎么脱掉他的裤子，怎么摸他"小鸡鸡"。该家长立刻致电幼儿园，但幼儿园表示没有这种事情，要家长别听孩子乱说。这位家长不放心，便询问跟儿子同一班级的其他几名幼儿的家长，家长们为此聚集在一起讨论，发现全班22个孩子大多数都称下体被老师抚摸过。于是，7个家长到南村派出所报了警。随后，张老师因涉嫌猥亵儿童被警方刑事拘留。据了解，28岁的男老师张某从2008年7月起接手事发班级，直至2009年8月事件暴露。11月12日下午，记者从受害儿童家长处获悉，张某被判刑两年零十个月。但家长们认为，这样的量刑不足以惩罚老师，决定申请抗诉。家长们还称，下一步将起诉幼儿园。该幼儿园陈园长在接受采访时称，有幼儿的家长曾向园方提出每个孩子200万元的精神赔偿，幼儿园会按照法院的判决，走司法途径承担相应的责任，绝对不会逃避。

【思考】 什么叫猥亵儿童？幼儿园应当如何防范校园性侵害案件的发生？

第 35 条　健全门卫制度，守住幼儿园的第一道防线

情景再现

据"中国法院网"消息，被告人马闯由于生活所迫，挣钱无途，加之生活中的诸多不如意，遂预谋伺机报复社会。2004年2月27日一大早，马闯对家人谎称去买菜，而后携带凶器，骑三轮车在辛集皮革商业城一带游荡。10点左右到幼儿园，在大厅内见到两名女青年和一个小孩，马闯便问幼儿园上学交多少钱，同时趁机抽出藏在身上的刀子，朝一女青年（蒙太梭幼儿园园长）头部连砍三刀，被害人躲避不及，被砍成轻伤。另一女青年郭钗（园长之妹）见状一边锁好幼儿园教室的门，一边说赶快报警。马闯见状，拿出斧头朝郭钗头上、背上乱砍数刀，郭钗倒在血泊之中。在一旁的杜广明（郭钗之子）嘶哑地呼喊妈妈的时候，已完全丧失理智的马闯也没有放过这个年仅三岁半的孩子。随后辛集市巡逻防暴大队赶到将马闯当场抓获。2004年6月7日上午11时，河北省石家庄市中级人民法院对辛集市蒙太梭幼儿园故意杀人案进行了公开宣判，被告人马闯被判处死刑。

问题分析

幼儿园发生的部分安全事故，特别是来自校外的暴力伤害事故，以及在园幼儿被冒领和走失事件，往往与幼儿园的门卫制度存在漏洞不无关系。校门是联系幼儿园和外部世界的纽带，幼儿园应当建立完善的门卫制度，通过对进出幼儿园的人员和物品进行有效监控和严格管理，最大限度地将来自园外的各种安全隐患阻挡在校门之外，从而构筑起校园安全保卫工作的第一道防线。幼儿园门卫制度不健全，很容易导致各种危险因素乘虚而入，进而危及在园师生的生命和财产安全。保卫幼儿园安全，首先应从守好幼儿园的大

门做起。

应对之策

• 门卫的选任

什么样的人可以担任幼儿园的门卫工作？一些幼儿园陷入了认识误区：有的认为门卫岗位无非是收收信件、接接电话、做做访客登记，随便选一个人就行；有的干脆"一刀切"，只要是保安就行，至于其品行、素质则从不过问。血的教训告诉我们，门卫是一个非常特殊的岗位，虽然不起眼，但关系重大，一旦门卫人员的选任出了差错，后果可能是灾难性的。幼儿园应当充分重视门卫人员的选任问题。合格的校园门卫应当具备两个方面的条件：一是应当受过专门培训，掌握专门的知识和技能。在实践中，门卫一般应由专职保安担任，确因条件所限无法聘请保安的，也应当由"其他能够切实履行职责的人员担任"（《中小学幼儿园安全管理办法》第十七条），这里的"能够切实履行职责"应当从年龄、健康状况、是否受过相关培训并掌握专门知识和技能等方面来把握。二是门卫应当是一个心智健全、心理健康、具有较强的法制意识的人，有精神、心理方面疾病的人，法律意识较差的人，都不应当成为幼儿园门卫的人选。

在招聘门卫时，幼儿园应当对应聘人员进行专门的考核，考核内容包括法律知识的考查、性格的测验、心理及精神健康状况的鉴定等（可委托专业机构进行）。幼儿园还应当审查其档案，甚至要求应聘者提供公安部门出具的无违法犯罪记录的证明，以充分了解其背景，确保所招聘的门卫具有较强的法律意识，心理健康，性格开朗，能够切实履行门岗职责。将不合适的人员安置在门卫岗位上，不啻在幼儿园安放了一颗定时炸弹，一旦发生意外，将造成难以估量的损失，幼儿园也需要为人员选任不当而承担法律责任。

• 门卫的职责之一——来访人员的询问、登记

为了防止无关、可疑人员混入校园制造事端，门卫应当对外来访问人员做好询问、登记等工作。具体措施包括：（1）询问。通过询问了解访客来访的事由、欲访问的对象等信息。（2）检查证件。在询问之后，门卫应当要求访客出示有效证件，了解其身份信息，考查其访问理由是否充分。（3）登记。在考虑可以放行的情况下，门卫应当让访客进行登记。登记内容包括来

访者姓名、工作单位、证件号码、访问对象、访问事由、来访时间以及离校时间等。（4）与被访人员联系。在放行前，门卫还应当与被访对象联系，征求其意见。对于无合理访问事由或无明确访问对象的可疑人员、无关人员以及精神病患者，门卫要坚决制止其进入校园。发现有可疑人员长时间在校门口徘徊的，门卫应当对其予以劝离，必要时应当向幼儿园领导汇报，并通知公安部门。

- **门卫的职责之二——物品出入查验**

门卫应当对来访者随身携带的物品进行必要的盘问和检查。这可能有一定的难度，幼儿园门卫并非法定的具有搜查权的人，对来访者强行进行搜查似乎既不合情又不合法。然而，幼儿园毕竟是自我保护能力弱小的幼儿聚集的场所，为了最大限度地避免意外事件的发生，幼儿园应当要求一般的来访人员将携带的物品寄存在传达室或幼儿园指定的场所，或者开包让门卫检查，不配合者禁止进入校园。条件较好的幼儿园也可配置安检设备，来访的客人入校前一律要通过安检。禁止将与幼儿园教育教学无关的易燃易爆物品、有毒物品、动物及管制器具等危险物品带入校园。对于带出幼儿园的大宗或贵重物品，门卫应请示幼儿园领导，经其同意并查验登记后方可放行。

- **门卫的职责之三——车辆准入放行**

在幼儿园的正常教育教学工作期间，原则上应当禁止机动车辆进入校园。对于确需进入校园的车辆，门卫应当征求幼儿园相关负责人的意见并在获得许可后方可放行，同时要求车辆按指定路线慢速行驶，不得随意进入幼儿活动区、生活区，不得鸣笛，并停放在指定地点，以确保不会对在园师生的安全构成威胁。

- **门卫的职责之四——制止幼儿擅自离园**

幼儿园对在园学习和生活的幼儿负有教育、管理和保护的职责。上学期间，幼儿园应当防止幼儿从园内走失。在制止幼儿擅自离园的问题上，门卫应当把好最后一关。没有带班教师或幼儿园相关负责人的批准，没有幼儿的监护人或由监护人指定的人员接送，门卫不得让任何一名幼儿走出校门。对于来接送幼儿的人员，门卫应当认真核实接送人的身份，以防幼儿被无关人员冒领。

- **门卫的职责之五——危急情况下的应急处理**

这里的危急情况是指将要或正在发生的不法分子非法入侵校园的情形。

可能发生的非法入侵情形包括：醉酒的人员或精神病患者闯入幼儿园闹事；幼儿的家长因为孩子在校被欺负而闯入幼儿园"教训"打人者；犯罪分子在被追捕的过程中为负隅顽抗，闯入幼儿园劫持师生作为人质；对社会心怀不满的人员闯入幼儿园行凶杀人，以追求"轰动效应"或发泄不满情绪等。一旦发生上述危急情形，幼儿园门卫应当坚守岗位，临危不惧，与不法分子周旋，并及时通知幼儿园领导，果断报警，从而为制止不法侵害行为赢得时间、创造条件。

- 对门卫人员的教育和管理

门卫工作责任重大，为了提高门卫人员的政治觉悟，增强其法律意识，提高其业务能力，幼儿园应当积极组织门卫人员参加岗位培训，并对其加强日常教育和管理。平时，幼儿园领导应当主动过问、关心门卫人员的工作和生活，掌握其思想动态，了解其家庭情况和人际交往状况，尽可能帮助其解决实际困难。若原有的门卫人员因故不再适合继续从事门卫工作，幼儿园应及时进行调整。

练习与思考

【案例】 据媒体报道，2005年6月5日，刘某因与林某发生感情纠纷，于是将一把管制刀具藏在随身携带的背包内，随后以给孩子送文具为名，经门卫允许进入林某之子赵某就读的学校，将赵某叫到无人处后朝其身上猛扎数刀，致使赵某当场死亡。

【思考】 本案中，门卫有何失职之处？

第 36 条　建立在园幼儿安全信息通报制度

情景再现

据《玉林晚报》消息，张女士的儿子小豪（化名）今年 3 岁，在玉林城区新民菜市附近的一家幼儿园就读。5 月 30 日下午 4 时左右，她接到幼儿园老师的电话，称小豪因早上参加幼儿园庆祝"六一"的活动摔伤了手臂，同时又被其他小朋友压到，但手臂并无大碍。因生意太忙，张女士便叫自己的妹妹前去接小豪回家。张女士的妹妹到幼儿园后发现小豪的伤势并非像老师描述的那样"无大碍"，而是左手手臂都伸不直，疼得不让人碰。张女士赶到幼儿园将小豪送到骨科医院检查，医生检查发现，小豪左手手臂骨折。6 月 2 日上午，该幼儿园的园长陈女士就此事称，5 月 30 日早上小豪参加活动化妆时从桌子上摔下，当时他没有什么异常反应，直到下午午休起床后，老师才发现小豪的手臂伸不直，她们就马上通知了家长，并不是有意隐瞒家长。

问题分析

在园幼儿安全信息通报，是指幼儿园应当将规定的幼儿上下学时间、幼儿非正常缺席或者擅自离园情况、幼儿在园期间身患疾病或受到人身伤害，以及其他身体和心理的异常状况等关系在园幼儿安全的信息，及时告知幼儿的监护人。安全信息的及时通报，关系到幼儿监护人监护职责的及时履行和家、园之间保护职责的顺利衔接，关系到紧急状况下监护人对涉及孩子安危事项的及时参与与决断，也关系到监护人的知情权的满足与保护。对于关乎在园幼儿人身安全的信息，一旦幼儿园因疏忽而迟延通报、漏报，或者因出于某种目的而故意瞒报，就有可能造成幼儿的监护人无法及时、准确地了解孩子的行踪并施以监护，或者造成监护人无法及时了解孩子的安全、健康信息，从而导致错失寻找、救治、挽救孩子的最佳时机，酿成无法挽回的悲剧。从法律责任上看，对于已经发生的在园幼儿伤害事故，如果幼儿园存在着未及时将幼儿相关安全信息通报给幼儿的监护人之情形，则表明幼儿园未履行法定的义务，构成失职。幼儿园的这一失职行为一旦成为幼儿安全事故的一个诱因，或者成为幼儿病情加重的一个原因，则幼儿园还有可能被幼儿及其监护人告上法庭，并被判决承担相应的民事责任。

应对之策

- **幼儿安全信息通报的范围**

幼儿园应当将哪些在园幼儿安全信息通报给家长呢？根据《中小学幼儿园安全管理办法》《学生伤害事故处理办法》以及其他相关法律、法规、规章的规定，幼儿园应当通报的与在园幼儿人身安全直接相关的信息主要包括以下几个方面。

一是幼儿园规定的幼儿上学、放学时间。一旦幼儿园因某种原因需对在园幼儿到校或放学时间进行临时调整，特别是推迟上学时间或者提前放学，园方应当提前另行通知在园幼儿的家长，以便后者相应地调整接送孩子的时间，或及时掌握孩子的行踪变化信息并采取相应的防范措施。

二是幼儿非正常缺席或者擅自离园的情况。在规定的上学时间内，幼儿未经事先请假而无故缺席或者擅自离园，意味着孩子很有可能已脱离家长的监护以及幼儿园的管理和保护，而处于监管的真空状态。此时家长能否及时跟进采取相应的安全措施，取决于幼儿园是否及时将相关信息通报给家长。一旦幼儿园通报延迟，有可能错过寻找和挽救孩子的最佳时机。

三是在园幼儿身患疾病或受到人身伤害的情况。在幼儿突发疾病或受到人身伤害的情况下，家长在第一时间内获知消息，有利于其及时对孩子的治疗问题作出决断，也有利于尽快稳定患者的情绪和心理。

四是在园幼儿身体和心理的异常状况。例如，出现了在园幼儿精神突然反常，情绪持续不佳（如不停地哭泣），健康水平下降（如视力急剧下降、体检中发现在园幼儿的某一或某些生理机能的指标偏离了正常值）等情形，幼儿园应当及时告知在园幼儿的家长，提醒其对孩子的健康加以关注，防止发生意外。

五是与在园幼儿人身安全有关的其他信息。

- **在园幼儿安全信息通报的方式**

在园幼儿安全信息通报应当以书面通报为主，以口头通报为辅。书面通报的形式包括向每一位家长发放《告家长书》《致家长的一封信》《家长须知》《通知》，在校门口张贴公告，向家长发送手机短信等。其中，向家长发送手机短信应当以幼儿园事先保存有经家长本人确认的手机号码为前提。重要的安全信息应当采用向家长发放《告知书》《通知》的通报形式，并附有回执，回执经家长签字后交回幼儿园妥善保管，以便在发生纠纷的情况下作为证物使用。口头通报的形式包括电话通知和当面通知，主要用于情况紧急、时间急迫的场合，例如幼儿突患疾病、受到意外伤害、旷课或擅自离校等情形。如果采用口头通报，为了避免日后发生纠纷时幼儿园难以证明自身曾履行过通报的义务，事后最好应当补发书面通报并取得回执，或者在进行口头通报时利用音像设备实时将通报的过程录制下来。需要特别注意的是，无论是书面通报还是口头通报，鉴于法定的通报对象是幼儿的监护人，幼儿园应当确保监护人本人可以收到通知的内容，避免出现让幼儿转告而幼儿忘了告诉家长、让幼儿带《通知》回家而幼儿忘了交给家长等情形。

- **在园幼儿安全信息通报的时限要求**

关于通报的时限，重要且急迫的安全信息，幼儿园应当在知悉情况后立即通报幼儿的家长。其他安全信息，幼儿园应当尽可能及时、提前通报幼儿的家长。

练习与思考

【案例】据《新文化报》报道，5月29日，徐某夫妇将年仅3岁的儿子文文送到镇幼儿园。由于第二天幼儿园要进行"六一"演出，作息时间临时打乱，幼儿园11时30分就放学了，老师分别打电话给家长，让家长提前接孩子，但由于农忙，徐某夫妇并未接到电话通知。11时30分许，班车司机崔某把包括文文在内的东城镇太兴村的孩子送到了该村的站点，看到文文同另一个孩子一起走向文文所在的村子后，崔某就开车离开了。当日下午，徐某到站点接儿子，但没有接到，后从崔某口中得知儿子中午就已放学。徐某一路打听，一路寻找，最后在村外的水渠里发现了已溺水死亡的文文。悲痛之余,徐某夫妇将幼儿园、崔某及其所在的运输公司告上法庭。一审法院经开庭审理认为,幼儿园提前放学,应及时通知孩子家长,既然家里无人接听电话,就应采取其他方式通知。而孩子在幼儿园接受教育,已形成教育法律关系,幼儿园就要履行相应的教育、管理、保护等法定义务。本案中,幼儿园的行为已经违反了对未成年人进行管理、保护等法定义务,应当赔偿徐某夫妇丧葬费、死亡补偿金、尸检费、精神抚慰金等各项损失。一审宣判后,幼儿园和徐某夫妇均不服原判决,向延边朝鲜族自治州中级人民法院提起上诉。二审法院经开庭审理,改判幼儿园承担80%的责任,家长和司机各承担10%的责任。

【思考】 该起事故中,幼儿园的做法存在哪些问题?

第37条　建立幼儿园安全事故报告制度

情景再现

【案例一】4月9日下午2点45分，某幼儿园中二班男孩郭某午睡后出走，直到晚上8点45分左右才回到家。在这个过程中，幼儿园未按照"学校发生安全事故，应在2小时内向所在教育行政部门报告"的规定，及时向当地教育局报告情况，直到当天晚上7点才向区教育局教育科报告，致使该幼儿长达6个小时失去监管，造成了不良的社会影响。4月13日，区教育局就这一事件向全区学校（幼儿园）进行了通报。通报指出，该幼儿园幼儿出走是一起严重的管理失职事故，幼儿园教师、门卫在执行管理职责上有严重的失职行为。同时，事故发生时，幼儿园未按有关规定及时上报，事后也未按局领导要求及时递交幼儿走失事故报告和有关处理意见。对此，区教育局党委决定，对该幼儿园幼儿走失一事处理如下：（1）对幼儿园主任杨某给予通报批评，取消2004年年终考核评优资格；（2）取消该幼儿园2004年一切评优资格；（3）责令幼儿园进一步加强安全措施，落实安全责任，杜绝类似事件的再次发生。此外，教育局要求各基层单位要以此为戒，切实加强学校安全工作管理，并严格执行学校事故报告制度，学校发生重大安全事件、事故或案件应第一时间上报区教育局相关职能科室。对学校发生食物中毒、传染病流行、安全事故和师生非正常死亡事件后，隐瞒、缓报或谎报的，必须严肃追究有关领导人和直接责任人的责任；对造成严重后果的，要依法追究有关人员的法律责任。

【案例二】据《大河报》消息，4月28日至5月19日，西安科技大学临潼校区陆续有学生出现腹痛、腹泻症状，累计发病167人。5月19日，西安市卫生监督所接到西安科技大学学生举报。卫生监督人员前往校区调查处理时，在校门口被校方以防非典为由耽误两个多小时方被允许进入校内。卫生监督员对临潼校区的学生食堂检查发现该校学生食堂存在食品储存、加工生熟不分，苍蝇密度大，食品冷藏、通风排气设施不足等现象。5月22日，发病学生已全部治愈。5月25日，西安市临潼区卫生局根据现场调查、流行病学调查及实验室检验结果，将此事件认定为细菌性食物中毒。这所学校自4月28日发生学生食物中毒后的20多天里，未向当地卫生行政部门报告，未采取有效措施，使中毒学生逐渐增多，严重违反了《中华人民共和国食品卫生法》和《食物中毒事故处理办法》的有关规定。5月27日，卫生部通报批评了西安科技大学临潼校区发生食物中毒事件，并建议有关主管部门追究其主管领导的责任。

问题分析

幼儿园安全事故报告，是指在幼儿园实施的教育教学活动或幼儿园组织的校外活动中，或在幼儿园负有管理责任的校舍、场地、其他教育教学设施、生活设施内发生的师生安全事故，包括在园幼儿伤害事故、师生非正常死亡事件、重大治安案件和刑事案件、火灾事故、交通事故、自然灾害事故、食物中毒、传染病疫情以及影响校园和社会稳定的重大事故等，幼儿园应当及时向上级教育主管部门以及有关部门报告，不得瞒报、迟报、漏报、谎报。幼儿园安全事故的及时报告与否，直接关系到上级部门能否及时、准确、全面地掌握事故的相关情况并指导事故的处置工作，关系到与事故对口的有关业务主管部门及其专业人员能否尽早参与事故的处理和防范，也关系到在事故中受到伤害或面临安全危险的师生能否及时获得最大限度的救助和支援。

幼儿园不履行安全事故报告职责，主要表现为瞒报、缓报、谎报和漏报安全事故等行为。这些行为不利于事故的妥善处理，也影响到上级部门对幼儿园的安全工作进行指导、监督和正确评价，不利于幼儿园安全工作的改进。关于幼儿园不履行安全事故报告职责的法律责任，根据《生产安全事故报告和调查处理条例》《中小学幼儿园安全管理办法》和《学校食物中毒事故行政责任追究暂行规定》等法规、规章的规定，幼儿园违反安全事故报告职责的，追究幼儿园负责人和其他直接责任人员的行政责任，情节严重构成犯罪的，依法追究其刑事责任。根据《中华人民共和国刑法修正案（六）》的规定，在安全事故发生后，负有报告职责的人员不报或者谎报事故情况，贻误事故抢救，情节严重的，处三年以下有期徒刑或者拘役；情节特别严重的，处三年以上七年以下有期徒刑。

应对之策

- **幼儿园安全事故报告的原则**

1. 迅速原则。发生安全事故之后，幼儿园应当在第一时间向上级教育行政部门报告，并根据事故的类别以及需要向有关部门（如卫生、公安等部门）报告，不得缓（迟）报、瞒报。

2. 准确原则。报告的信息内容要客观、真实，不得主观臆断，不得谎报。

3. 全面原则。报告的信息内容要全面、翔实，不得漏报。

- **幼儿园安全事故报告的时限**

发生安全事故之后，事故现场人员应当立即向幼儿园负责人报告，幼儿园应当在第一时间向上级教育行政部门报告。那么，如何理解"第一时间"呢？在教育部办公厅于2003年7月11日发布的《教育部办公厅关于加强学校事故报告工作的通知》中规定："学校发生食物中毒、传染病流行、安全事故、师生非正常死亡事件后，应在2小时内向所在地教育行政部门及卫生、公安等相关部门报告。"一些省、市规定的报告时间为1小时，如四川省教育厅制定的《四川省学校安全事故报告规定》提到："事故发生后，事故现场有关人员应当立即向学校负责人报告。学校负责人接到报告后，应当在1小时内向主管教育行政部门报告。"对于特别重大安全事故、重大安全事故，以及情况急迫的刑事案件、自然灾害事故、火灾、食物中毒、群体性伤害事故，学校应当在事发后半小时内迅速上报，以便上级和有关主管部门尽早参与事故的处置工作。例如，在教育部制定的《教育系统自然灾害类突发公共事件应急预案》中要求："事发学校应急领导小组最迟不得超过事发后的0.5小时报告上级教育行政部门领导小组。"据2006年7月20日《辽宁日报》报道，辽宁省已建立学校安全事故报告制度，其中要求："学校发生师生伤亡、国家财产重大损失的重大、特大安全事故，群体性伤害事故，以及危及社会安定、影响青少年身心健康的重要事件，在半小时内通过电话或传真等方式，将简要情况报告教育行政主管部门,并在两小时内报告事故详细情况。"可见,发生安全事故之后,各个幼儿园应当严格按照国家以及地方的有关规定,在第一时间迅速上报事故信息,情况紧急的可先进行口头报告,事后及时补交书面报告。

• 幼儿园安全事故报告的内容

根据事故及其处理所处阶段的不同,幼儿园安全事故报告一般可分为初次报告、过程报告和结案报告。初次报告一般应当包括的内容如下:(1)事故发生单位概况;(2)事故发生的时间、地点以及事故现场情况;(3)事故的简要经过;(4)事故已经造成或者可能造成的伤亡人数(包括下落不明的人数)和初步估计的直接经济损失;(5)已经采取的措施;(6)其他应当报告的情况。过程报告一般应当包括的内容如下:事故发展状态、控制情况、伤情变化、事故原因分析、已经采取的和将要采取的处置措施等。结案报告一般应当包括的内容如下:事故的详细原因和经过、事故的处理结果、责任追究情况以及整改情况等。从发生到结案时间较短的安全事故,以及轻微的安全事故,上述三个阶段的事故报告可合并进行,但报告的内容应当完备、齐全。

• 幼儿园安全事故报告的形式

1. 紧急电话报告。发生安全事故之后,幼儿园可先通过电话、传真等快速通信方式在第一时间内向上级部门进行报告,有条件的应当使用保密电话或加密传真。

2. 书面文件报告。通过紧急电话报告之后,幼儿园应当及时利用书面文件形式正式报告上级部门。

3. 其他可利用的信息报送方式。当电话和书面文件报送渠道因灾害受到破坏时,幼儿园应通过所有可能的安全、稳定的通信方式使事故信息及时、完整、准确地报送到上级部门。

───────────── 练习与思考 ─────────────

【案例】 据《南方日报》报道,南城某幼儿园发生多例手足口病病例却并未停课,涉嫌瞒报疫情,引起了有关部门重视。"大概3月初的时候,我们已经发现幼儿园所在小区有小孩子手上有疱疹,也提醒了家长。到3月底,又发现幼儿园大二班的 4 名孩子的上颚和手上有红色小疱疹，并在第一时间通知了家长，其中有 2 例被人民医院确诊为手足口病，另外 2 例还不确定。"该幼儿园王园长告诉记者，他们本想立刻停课，但清明节之前，疫情并没有进一步蔓延。周一，幼儿园在晨检时，发现 1 名小班孩子有手足口病症状，并且大二班有几名孩子缺课，因此紧急报告了卫生部门，目前正在接受调查中。东莞市疾控中心表示，他们收到了该幼儿园的疫情报告，昨日已经安排疾控中心防疫科的专门人员和南城医院防保科去现场调查，包括实验室检测在内的相关调查结果正在核实，将于今日公布。该中心负责人透露，如果情况属实，学校瞒报了疫情，那么，从本身来说，其违反了学校工作的条例。同时，按照程序，教育部门内部将对其进行处理；另外，负责传染病防治法的卫生监督所也将按照规定作出相应处罚。"当然，现在需要核实的是，这几例病例是否在同一个潜伏期之内发病。如果发病时间相隔很远，就不存在交叉感染的可能，也就称不上疫情。"该负责人说。

【思考】 学校、幼儿园瞒报安全事故将会带来什么样的后果？

第38条　建立幼儿园安全工作责任制和事故责任追究制

情景再现

据《安庆晚报》报道，8月9日，民办育才幼儿园一幼童非正常死亡事故善后处理领导小组召开新闻通气会，在会上，记者了解到，经市公安局法医鉴定，确定幼童的死亡原因为中暑脱水死亡。两名涉案犯罪嫌疑人杨某、江某以涉嫌过失致人死亡罪被依法刑事拘留，提请迎江区检察院批准逮捕。8月2日下午4时50分，安庆市公安局公交分局接到110指令，称该局辖区内育才幼儿园有一名儿童死亡，现已送往宜城医院。接到指令后，该局民警兵分两路：一路民警赶到育才幼儿园，就地控制涉嫌犯罪的两名嫌疑人员杨某、汪某；另一路民警则赶到宜城医院询问参与急救的主治医生，调查抢救的有关情况，并将报警人育才幼儿园园长带至刑警大队调查取证。为了加快破案进度，该局立即成立专案组。经过调查取证，专案组了解到，8月2日上午7时40分，育才幼儿园法人兼驾驶员杨某和随车老师汪某一起驾驶皖HD2752商务车从育才幼儿园出发，一路接幼儿园学生。大约7时50分左右，受害人朱某的母亲在苏岗村将其送上车。8时左右，校车共接到学生16人后返回幼儿园。学生陆续下车时，因一学生哭闹，随车老师汪某将其送到班上，而后先行离开，没有再返回清点学生人数。而随后来车门旁接学生的老师宣某也未对车内进行查看便将车门关上，将朱某遗漏在车内。驾驶员杨某将车停到停车位后，也未对车内进行检查，便将车门锁上。直到下午4时许放学时，上车的学生发现朱某倒在第三排座位的地板上，便立即告诉随车老师汪某，当汪某抱起朱某时，发现朱某毫无反应。之后120急救车赶到现场将朱某送往宜城医院，经抢救无效后，医院宣布其死亡。初步诊断，其死亡原因是当天天气热，朱某在封闭的车内待的时间过长，中暑后缺氧、脱水而导致死亡。

8月4日，经家属同意，市公安局法医对朱某的尸体进行了尸检和法医鉴定，结论是朱某的死亡原因为中暑脱水死亡……目前，该园的一切教育教学活动已被宜秀区教育行政主管部门责令停止，对该园的行政处罚程序已经启动，宜秀区教育行政主管部门将依据相关的法律法规对其进行处罚。

问题分析

在一些幼儿园，教职工往往不清楚自己的岗位安全职责，出了问题后互相埋怨、互相推卸责任。由于安全职责不清，表面上看"人人有责"，实际履行中往往变得"人人无责"，给校园工作留下了无穷的隐患。

搞好幼儿园安全工作重在落实，落实校园安全工作的关键是建立幼儿园安全工作责任制。各个幼儿园应当根据本单位的机构设置和组织层次特点，将校园安全工作进行目标分解，按照"横向到边，纵向到底"的原则，层层落实、责任到人，把安全目标的职责分解到幼儿园每一个部门、每一个岗位、每一个人，实现全员、全方位、全过程、全天候的安全管理，全面落实校园安全工作岗位责任制。相应地，幼儿园还应当建立起事故责任追究制，对于未履行安全职责而导致产生重大安全隐患或发生安全事故的部门和个人，要进行严格的责任追究，从中吸取经验教训，不断改进幼儿园的安全工作。

应对之策

- **幼儿园安全目标的分解**

幼儿园安全管理工作的总目标是建立"平安校园"，避免发生师生安全事故。按照安全所涵盖的各方面的内容，这一总目标可以分解为以下二级安全目标：（1）校门口及周边环境安全；（2）校园治安良好（防止发生凶杀、故意伤害、强奸、盗窃等刑事和治安案件）；（3）校舍、场地、设施、设备安全；（4）教具、学具安全；（5）室内、室外活动安全；（6）劳动和社会实践活动安全；（7）大型活动和集体外出活动安全；（8）消防安全；（9）交通安全；（10）食品安全；（11）常见疾病、传染病的有效预防和控制；（12）水、电、煤（气）使用安全；（13）自然灾害事故的有效防范；（14）各类突发事件、安全事故的有效应对和处理。上述二级安全目标又可以分为更具体的三级安全目标。

· 建立幼儿园安全工作岗位责任制

在对幼儿园的安全目标进行分解的基础上，再把完成安全目标的责任落实到每一个部门、每一名教职员工身上，建立起安全工作的岗位责任制。幼儿园的每一名教职员工，包括行政干部、教师、教辅人员和后勤人员等，都是"一岗双责"，既要做好本岗位的本职业务工作，又要承担与岗位相关联的安全管理工作。因疏忽、懈怠未履行安全职责而导致发生安全事故的，要承担相应的法律责任。

落实安全工作岗位责任制，关键是要定岗、定责、定人。幼儿园应当根据本园的机构设置和职能分工特点，对下列岗位和人员规定明确、具体的安全职责：（1）园长；（2）副园长（包括分管安全的副园长和分管保教、后勤等工作的副园长）；（3）保卫部门及其成员；（4）保教处及其成员；（5）总务处及其成员；（6）年级组长；（7）教师；（8）保育员；（9）值班领导；（10）值周、值日教师；（11）保健人员；（12）食品卫生管理员；（13）食堂从业人员；（14）宿舍管理人员；（15）财务人员；（16）消防安全管理人员；（17）校车司机；（18）跟车管理教师；（19）锅炉工；（20）电工；（21）门卫及保安人员等。每学期，幼儿园应当与上述各个岗位人员签订《安全工作责任状》，明确各自的安全职责范围及违反职责所要承担的责任，督促教职工兢兢业业、恪尽职守，协力保护在园幼儿的安全。

· 幼儿园发生安全事故后可能涉及的法律责任

没有责任追究，校园安全工作的执行力就没有保障，安全工作责任制就无法彻底落实。建立、落实安全事故责任追究制，可以增强教职员工的安全责任意识和做好安全工作的紧迫感，减少校园安全工作中的失职、渎职行为，最大限度地避免安全事故的发生。我国《刑法》《国务院关于特大安全事故行政责任追究的规定》以及《生产安全事故报告和调查处理条例》都对安全事故的责任追究问题作了相关规定，《中小学幼儿园安全管理办法》《学生伤害事故处理办法》和《学校食物中毒事故行政责任追究暂行规定》也规定了对学校安全事故的责任追究措施。根据现行的规定，在校园安全工作中有下列行为之一的，学校负责人和其他直接责任人员将被依法追究法律责任：（1）不履行安全管理和安全教育职责，对重大安全隐患未及时采取措施，经有关主管部门责令其限期改正后，拒不改正的；（2）不履行安全管理和安全教育职责，对重大安全隐患未及时采取措施，导致发生重大安全事故、造成学生和教职员工伤亡的；（3）发生事故后未及时采取适当措施、造成严重后果的；（4）瞒报、谎报或者缓报重大事故的；（5）妨碍事故调查或者提供虚假情况的；（6）拒绝或者不配合有关部门依法实施安全监督管理职责的。

发生安全事故后，幼儿园及其工作人员可能涉及的法律责任包括三个方面。一是刑事责任。未履行安全管理职责，导致发生重大安全事故，情节严重、构成犯罪的，幼儿园负责人或其他直接责任人员将被追究刑事责任。例如，我国《刑法》第一百三十八条规定："明知校舍或者教育教学设施有危险，而不采取措施或者不及时报告，致使发生重大伤亡事故的，对直接责任人员，处三年以下有期徒刑或者拘役；后果特别严重的，处三年以上七年以下有期徒刑。"二是行政责任。违反安全管理职责，情节严重的，教育行政部门应当根据有关规定对幼儿园负责人和其他直接责任人员给予行政处分。三是民事责任。因幼儿园的过错而导致发生安全事故的，园方需对受害者承担民事赔偿责任。赔偿之后，幼儿园可向在履行安全职责过程中存在故意或重大过失行为的教职工进行追偿。

- **严格落实事故责任追究制**

一旦发生校园安全事故，幼儿园应当严格配合政府有关机构或上级教育行政部门依法开展事故调查和责任追究工作，不得推卸责任、包庇有关责任人员或实施其他妨碍事故调查和责任追究的行为，否则将要承担相应的法律责任。此外，幼儿园还应当建立其内部的安全事故责任追究制，严厉问责在校园安全工作中玩忽职守的责任人员，以不断强化教职员工的安全工作责任感和使命感。在处理幼儿园安全事故的过程中，要坚持国家关于"四不放过"的原则，即"事故原因未查清不放过、事故责任人未受到处理不放过、事故责任人和周围群众没有受到教育不放过、事故没有制订切实可行的整改措施不放过"的原则，全面检查、反思和改进幼儿园的安全工作，防范类似事故的发生。

练习与思考

【案例】 据"云信网"消息，9月16日一大早，家住昆明丰宁小区的马女士带着女儿去小区附近的医院接种了麻疹疫苗，随后，她将孩子送到幼儿园。马女士特意叮嘱幼儿园当时的带班老师，自己的孩子已经打过疫苗，无需第二次接种。可她担心的事情还是发生了。当日下午 5 时 30 分许，马女士来到幼儿园接孩子时发现，女儿竟在幼儿园第二次注射了麻疹疫苗。马女士随即就找幼儿园讨要说法，"一天之内两次接种疫苗，对一个孩子是什么概念？在当天早上我不止五次叮嘱老师，我的女儿已经打过了疫苗，但竟然还是被接种了两次疫苗！"幼儿园则表示，9 月 13 日，园方曾向每个学生的家长发了一份麻疹接种登记表，由于马女士在 16 日之前一直没有将登记表交回，所以幼儿园方面就以为马女士默认了孩子需要在幼儿园接种疫苗。9 月 16 日下午 3 时 30 分，马女士的女儿和其他的孩子都在幼儿园接种了麻疹疫苗。由于马女士当天送女儿到学校的时间较迟，错过了接班老师与带班老师的交接班时间，所以就出现了重复接种的事情，这是校方管理的疏忽。

【思考】 试分析幼儿园应当如何处理该起事故的责任承担问题。

第39条　幼儿园安全工作台账如何建设和管理

情景再现

据《楚天都市报》报道，4岁半的男童波波（化名）在幼儿园午休时，被一块积木砸伤头部，家长和幼儿园协调未果后，向园方提出1元钱的赔偿。波波的父亲张先生介绍，儿子在武昌某亲子儿童教育中心读大班。一日中午，他和妻子接到老师打来的电话，称一名老师的衣服打湿了，将衣服脱下来放在桌上用空调烘干，并用一块大的实木积木压住衣服，没想到积木随后滑落，正好砸到睡在桌子旁的波波头上。张先生称，事后，老师陪同家长将孩子送到同济医院缝了两针，一路上老师不停道歉，他和妻子对园方的态度算是满意。三天后孩子拆线，他们提出1000元的误工赔偿，并希望园方书面写出事发经过，被拒绝。"现在，我们只索赔1元钱，但要求园方提供书面经过。此外，事发后儿子没有做CT，不排除诱发外伤性癫痫的可能，希望园方做出承诺，今后有什么事情要负责任。"该幼儿园的刘园长则表示，事发后，园方马上通知了家长，支付了近500元的治疗费，并对当事老师作出了处罚，园方认为合理的赔偿应在300—500元之间，家长对园方的要求超出了范围，建议家长走法律程序。张先生表示将起诉该幼儿园。

问题分析

幼儿园的安全工作千头万绪，如何理出一个头绪，让各项安全工作有条不紊地开展下去？安全工作台账的建立和管理至关重要。

把幼儿园开展的各项安全工作所留下来的资料，包括文字、图片、音频、视频等资料收集起来，分门别类后进行归档，就是一个台账。安全工作台账是幼儿园日常各项安全管理工作的真实、完整记载，全面反映幼儿园的安全管理工作情况。建立幼儿园安全工作台账，有利于确保幼儿园安全管理责任落实到位，统筹整治幼儿园安全隐患，推动幼儿园安全工作的规范化、精细化和科学化，全面提升校园安全管理工作水平。此外，在上级部门进行安全检查的时候，或者在发生了校园安全事故之后，台账还可以成为检查和衡量幼儿园是否履行安全职责的一个重要凭证。在法庭上，台账还可以成为一项重要的证据，对幼儿园和安全管理人员起到保护作用。

应对之策

- **安全工作台账的建立和管理**

幼儿园应当指定专人（如安全管理员）负责安全工作台账的记录、收集和整理工作，并对各类台账的内容进行分类归档、妥善保管。教职工对这一工作应当予以支持和配合，按照要求及时将相关资料交给台账管理人员。园长或主管副园长应当定期检查台账的建设和管理情况，利用台账来监督、落实、推进幼儿园的各项安全管理工作，不断提高幼儿园的安全管理水平。

- **安全工作台账应当包括的内容**

一般而言，幼儿园安全工作台账应当包括下列内容：（1）法规和上级文件，包括有关学校安全工作的法律、法规、规章以及上级部门下发的制度性文件、通知、通报等；（2）幼儿园安全管理的组织机构及职责分工；（3）安全工作责任制，包括责任制的具体方案、年度各类安全工作责任书等；（4）安全工作计划，包括年度、学期、月、周计划等；（5）安全工作会议记录；（6）各类安全管理制度，包括门卫制度、晨检制度、消防管理制度、食品安全管理制度等；（7）开展安全教育和演练活动的文件、资料、图片；（8）安全检查记录，包括校园重点部位的日检查记录、周检查记录、月检查记录，上面有记录人、检查人、责任人的签字；（9）安全隐患排查、整改记录，要求对排查时间、排查鉴定单位、具体的隐患点、整改责任人、整改时间、隐患整改情况等做出详细记录，记录人、排查鉴定人、整改责任人都要签字；（10）各类应急预案；（11）安全事故记录和报告资料，安全事故调查、处理、总结材料；（12）安全工作宣传、教育、培训记录；（13）安全工作报表；（14）安全工作总结；（15）安全工作考核记录；（16）安全经费投入情况；（17）校园平面图，包括物防、技防部位示意图等。上述内容也可以分别建立台账，如安全法规文件台账、安全工作责任制台账、安全工作会议台账、安全教育台账、安全检查台账、安全隐患排查台账和安全隐患整改台账等。

练习与思考

【案例】 据《金陵晚报》报道，11月8日上午11时左右，正值幼儿园课间活动时间，当时，有三四个孩子在秋千旁边玩，包括聪聪。"聪聪是小班学生，身形小，不能一下子坐到秋千上。"老师描述，聪聪在攀爬秋千时不慎摔倒，"摔趴在地上"。一位看护老师马上过去扶，发现聪聪"脸发紫，眼球翻白，浑身抽动"。"幼儿园的秋千距离地面很矮，其他孩子也在那里出现过摔跤的情况，但都没事，聪聪当时的情况把我们吓坏了。"记者观察，秋千位于幼儿园中间草地上，秋千是软座。座位距离地面大约不到半米，秋千下面还有塑料软垫。不过，记者发现秋千上并没有警示标志。幼儿园老师解释，孩子平常课外活动时是一定会有老师看护的。事发大约十几分钟后，救护车赶到。记者随后联系上当时抢救聪聪的高淳县人民医院主任医生黄医生。黄医生告诉记者，聪聪送来时已经没有生命迹象，"心跳和呼吸都没有了"。但是，医院仍然对聪聪进行了抢救。抢救了一个多小时后，宣布抢救无效。黄医生透露，在给聪聪抢救时，发现聪聪胸口有一处因手术留下的刀疤。"孩子的母亲当时告诉我们，孩子还不大时曾因先天性心脏病开过刀。"至于死因，黄医生表示，孩子送来时已经不行了，死因他们无法确定。聪聪的家属一致认为，孩子的死亡与之前曾患的先天性心脏病没有关联："孩子十七个月大时确实因为先天性心脏病开过刀，但医生当时说已经治愈了，不会再复发。"家属认为，孩子突然死亡幼儿园方有不可推卸的责任。双方仍需进一步协商。

【思考】 结合该起事故分析幼儿园应当如何利用安全工作台账来提升本园的安全管理水平。

第 40 条　体罚幼儿会带来哪些后果

情景再现

据《北京青年报》报道，一日上午，某幼儿园孩子在吃加餐时，中一班幼儿张某和寇某发生冲突，张某抓伤寇某，造成其脸部有明显抓痕。教师李某和杨某听取了当班教师对事情经过的陈述，随即把张某和寇某带到睡眠室。对此事进行询问处理时，教师要求张某向寇某赔礼道歉，但张某不认错也不道歉。两名教师情急之下对张某进行了体罚。后来，体罚过程的录像被人传至互联网上，引起舆论的关注。区教委经过调查后认为，在此事件中，两名当事教师处理幼儿矛盾纠纷过程中情绪激动，方法简单粗暴，有明显的体罚和侮辱幼儿行为，对幼儿身心造成了伤害，影响恶劣。两名当事教师的行为虽属于个体行为，但也暴露出该幼儿园在园所管理和教师教育等方面存在的问题，园长、副园长有不可推卸的领导和监管责任。根据《教师法》第三十七条和《未成年人保护法》第六十三条规定，区教委对两名当事教师以及幼儿园相关责任人作出以下处理：责令两名当事教师停职检查，并向受体罚幼儿及其家长赔礼道歉；责令幼儿园依法解除与两名当事教师的教师聘用合同；责令幼儿园干部教师认真总结反思、吸取教训，采取措施，杜绝此类事件再次发生；责令幼儿园向区委教工委、区教委作出书面检查，将事件在全区教育系统通报批评，并对其他相关责任人依据相关法规作相应处理。

问题分析

体罚是指通过对身体的责罚，特别是造成疼痛，来对学生进行惩罚或教育的行为。常见的体罚形式包括：打手心，拧耳朵，打臀部，长时间的罚站、罚跪、半蹲，罚举重物，罚抄课文，罚写作业（后两种为变相体罚）

等。尽管体罚在特定的情况下有一定的作用，但总的来说，体罚有损人格尊严，会给学生造成身体和心理上的伤害，甚至会影响学生的健康成长。体罚是在宣扬暴力，不仅教育效果有限，而且会破坏师生关系，不利于教育目的的实现。

由于体罚具有上述危害，《中华人民共和国未成年人保护法》《中华人民共和国教师法》《幼儿园管理条例》《幼儿园工作规程》都对其予以明令禁止。根据我国现行有关法律的规定，幼儿园教师若体罚幼儿，可能将面临以下几种法律责任。

其一，行政责任，包括教育部门所给的处分、处理和公安部门所给的治安处罚。其中，根据《教师法》和《幼儿园教师违反职业道德行为处理办法》的规定，教师体罚幼儿的，应当由幼儿园或者教育行政部门对其予以处分或者其他处理。实践中，教师体罚幼儿后，如果家长告到幼儿园、教育行政部门，或者体罚事件被媒体曝光，那么幼儿园、教育行政部门在调查核实后，一般会对教师处以警告、记过、降低岗位等级或撤职、开除等处分或其他处理。尤其是在体罚被媒体曝光后，迫于外界压力，幼儿园、教育行政部门往往会选择从重处罚，将教师调离教学岗位或者直接将其开除或解聘，乃至由教育行政部门撤销其教师资格。

如果幼儿的外表伤势比较明显，那么家长还有可能向公安机关报警。根据《中华人民共和国治安管理处罚法》第四十三条的规定，殴打、伤害不满十四周岁的人的，处以十日以上十五日以下拘留，并处五百元以上一千元以下罚款。例如，2012年10月，太原市某幼儿园一名教师狂扇一名女童几十个耳光，被媒体曝光后，警方介入，随后该教师被处以行政拘留十五天的处罚。

其二，民事责任。体罚给幼儿造成身体伤害的，按照民事法律的规定，属于侵害生命权、健康权的侵权行为，侵权人应当赔偿受害者医疗费、营养费、护理费、交通费等损失和支出；造成残疾的，还应当赔偿残疾赔偿金等；造成死亡的，还应当赔偿死亡赔偿金、丧葬费等；造成受害者精神损害且后果严重的，还应当赔偿精神损害抚慰金。

其三，刑事责任。体罚幼儿情节恶劣或者造成严重后果的，有可能构成虐待被看护人罪或者故意伤害罪。其中，根据《刑法》第二百六十条的规定，虐待被看护的未成年人，情节恶劣的，构成虐待被看护人罪，也就是我们平时所说的"虐童罪"。而根据《刑法》第二百三十四条的规定，体罚造成学生轻伤、重伤或者死亡的，教师的行为构成故意伤害罪，须承担相应的刑事责任。

需要指出的是，对在园幼儿实施了体罚的教师，根据违法情节、程度的不同，有可能只是承担以上三种责任中的一种，也有可能是同时承担两种或三种责任。比如，教师对幼儿的体罚造成幼儿重伤的，教师可能会被教育行政部门撤销教师资格，被要求赔偿幼儿的各种损失（由于教师的行为系职务行为，受害幼儿索赔的对象是幼儿园，但幼儿园在赔偿之后，可以向教师追偿），还要承担刑事责任。可见，体罚行为不仅伤害了幼儿，而且教师本人也将为此付出极大的代价。

应对之策

- 幼儿园的教职工在工作中应当树立科学的儿童观，尊重儿童的人格尊严和独立个性，保护儿童的生命健康权。
- 在履行保教职责过程中，教师要保持足够的耐心。对犯错误的幼儿，教师一定要避免采用体罚的教育方式，在情绪冲动时可以先远离幼儿，做到"无冷静，不教育"。
- 为了帮助幼儿改正错误，教师可以依法行使教育惩戒权，但要注意把握好惩戒的时机、场合、方式和强度，防止过度惩戒而构成变相的体罚。

练习与思考

【案例】 据《郑州晚报》报道，5月22日上午9点半左右，为了迎接"六一"儿童节的到来，郑州经济技术开发区格林幼儿园大二班班主任孙老师开始组织学生排练"六一"节目。当排练到一个口语加动作的节目时，6岁男孩小明动作老是不规范。孙老师又单独教了他几遍后，小明动作还是不能让她满意。孙老师嫌小明太笨，情急之下，就朝小明的下体踢了一脚，结果踢在了小明的裆部，导致小明的下体受伤流血，经法医鉴定构成轻伤。随后，孙老师因涉嫌故意伤害罪被公安机关刑事拘留。

【思考】 体罚幼儿可能会产生哪些法律责任问题？

第 41 条　尊重幼儿的人格尊严，不要侮辱孩子

情景再现

【案例一】据《洛阳晚报》报道，朱女士告诉记者，由于生意比较繁忙，她把 6 岁的明明送往市场附近的一个幼儿园上大班，早送晚接。谁知一日 18 时许，她忙完生意回到家中，明明怯生生地告诉她："妈妈，我明天不想去幼儿园了。"在朱女士的再三追问下，明明才说出苦衷。原来，当天下午上课期间，明明借给同桌一张图画纸。此举被正在上课的一名女老师认为是"调皮捣蛋"。老师先让他站到教室后面，接着为了"惩罚"他，老师叫同班的 5 个小朋友一起脱掉他的裤子，让他赤裸裸地站在教室里。明明说，起初，他哭着死死拽着裤子不放，可最后还是被老师和小朋友们脱掉了裤子和上衣。同班的小朋友边用手刮着脸，边冲他喊道："羞，羞，羞，把脸羞。"过了一会儿，老师才让明明重新穿上衣服。朱女士说，第二天上午，明明不愿意再去幼儿园了，在她的多次劝说下，孩子才勉强来到幼儿园。随后，明明的父亲前往幼儿园找到另一位老师反映情况，说出心中的不满。可当晚，明明回家后再次哭着说："我不上幼儿园了！我又被脱光了，谁让你们告状了！"据明明反映，黄先生反映情况后，那名被"投诉"的女老师很生气，再次当着很多小朋友的面，在教室里脱掉了明明的裤子。当询问明明，班上的小朋友是不是时常被老师脱裤子"惩罚"时，明明说："我看到五六个小朋友因为调皮捣蛋被脱过裤子了，还有的被罚做 100 道算术题，或者写 10 张生字。"

【案例二】据《现代快报》报道，魏女士称，一天，其 4 岁的儿子小军回家时情绪低落。"我就问他怎么了，他看看班主任许老师，说没什么。"魏女士说，她就问许老师，小军是不是在学校出了什么事。得到的答复是，当天小军很听话，什么事也没发生。"回家后我慢慢问，他才说，在学校被老师打了，老师拽了他胳膊，用手指戳了他。当时我看孩子身上没什么伤，就没太

在意。"魏女士称。"第二天，他突然说，爸爸不吃屎，他也不吃屎。"魏女士称，自己很惊讶，就仔细询问，孩子说许老师让他和小明吃擦过大便的纸。"孩子说，老师是从厕所垃圾桶里捡擦过大便的纸，在马桶里蘸水后，让他们吃下去的。当时他还说，他吃下去后，都吐了。"魏女士很生气，于是打电话给小明的家长。据小明的家长张女士说，她立即询问了小明。"小明说，老师把他拖到厕所，从垃圾桶里找擦过大便的纸让他吃。"张女士称，她得到这个消息是在元旦假日期间，非常气愤。1月4日幼儿园一开学，她和魏女士就带着孩子去幼儿园讨说法了。据魏女士介绍，幼儿园的说法是，她们拿不出有力的证据来，当事的许老师也否认此事，因此无法证明此事存在。"幼儿园偏袒老师，否认此事也就算了，可他们却说我们两家的小孩有妄想症。"魏女士说，该班的另一个小朋友告诉她，许老师确实让小军和小明吃擦过大便的纸。与幼儿园交涉无果后，三家的孩子都选择了退学。

问题分析

　　人格尊严，是指公民作为一个"人"所应享有的受到社会和他人最起码的尊重的权利。幼儿也有人格尊严，一旦遭受侮辱，幼儿的身心同样会受到巨大打击。有鉴于此，现行法律明令禁止教师实施侮辱幼儿人格尊严的行为。从法律责任上看，教师的侮辱行为如果给幼儿造成了伤害，往往需要承担赔偿损失、赔礼道歉等民事责任，造成严重后果的，行为人还有可能触犯刑律，构成侮辱罪，从而被追究刑事责任。

　　实践中，教师对在园幼儿的侮辱性行为主要表现为行为侮辱和言语侮辱。前者如逼幼儿吃屎、喝尿，逼幼儿吃苍蝇，逼幼儿舔干他自己吐在地上的唾沫，逼幼儿脱裤子，给幼儿剃光头等；后者如骂幼儿"猪狗不如""笨蛋""弱智""简直是个人渣""吃人饭，不干人事""我要是你早不活了"等。此类行为和言辞已不属于正常的批评教育范围，纯粹是教师个人的愤怒和不满情绪的宣泄，这样不但达不到教育效果，反而会给幼儿造成极大的心理打击，使幼儿产生屈辱感和挫败感，甚至令其失去生活的信心和勇气，因而为法律和师德所禁止。

应对之策

- 法律面前人人平等，人格面前也是人人平等，幼儿不是成人的附属物，不是任人捏造的橡皮泥，而是一个有血有肉的独立个体，幼儿园教师应当树立儿童权利观和平等的师生观，尊重幼儿的人格尊严，不得随意惩罚、侮辱、歧视幼儿。
- 幼儿教育是一个慢功夫的活儿，对于淘气、不听话的孩子，教师要有足够的耐心，无论在什么情况下，教师都不得对幼儿进行言语侮辱或者行为侮辱。
- 教师在对幼儿进行批评教育的时候，应当就事论事，不要对幼儿的品行、能力下否定性的结论。批评幼儿不要使用带有侮辱性、诋毁性的措辞，不要实施有辱人格的行为。批评的方式和场合应当考虑幼儿不同的性格、个性特点而有所差异，以不伤害幼儿的自尊心、有利于幼儿改正错误为原则。
- 在对幼儿进行批评教育之后，教师要继续跟进，注意观察幼儿的反应，如发现幼儿的情绪出现异常、行为显露不好的苗头，务必要做好安抚工作，防止意外事故的发生。

练习与思考

【案例】 一日，贵州省湄潭县某小学五年级学生冯某上课时向后张望，结果受到班主任罗某的严厉呵斥。按照罗某在班上宣布的规定，谁上课时转头看后面的同学，就要让后面的同学吐十口唾沫给他吞下。就这样，罗某强令后排的同学向冯某吐口水，吐到第三口时，冯某受不了，还了一口唾沫。罗某见状火了，命令后排的这位同学到厕所弄来一坨粪便给冯某吃，那位同学流着泪按照老师说的去做了，而后痛苦地放声大哭，班上的其他同学也都哭了。罗某居然还威胁冯某说："不许吐出来，一定要吞下去！"遭受此番奇耻大辱后，冯某精神萎靡，目光呆滞，再也不愿意上学了。消息传开后，全县震惊。后来，罗某因涉嫌侮辱罪被公安机关逮捕，随后法院以侮辱罪判处罗某有期徒刑三年。

【思考】 什么是侮辱罪？侮辱罪的行为特征有哪些？

第 42 条　尊重幼儿的个人隐私，不要泄露幼儿的个人信息

情景再现

据《现代金报》报道，江女士向记者反映：她女儿就读的兰溪市区某幼儿园，把班里每个孩子的体检结果公布在教室门口，上面除了身高、体重等项目外，还包括鸡胸、包茎等内容。"学校的这一做法太过分了，这侵犯了未成年人的隐私权！"江女士气愤地说。记者赶到江女士所说的幼儿园，在一个教室门口，看到了这张体检情况表，上面详细列出了 24 名幼儿的体重、身高、血红蛋白等数据，其中有 8 名幼儿的"其他"栏里还写着"鸡胸、包茎、肋外翻"等字样。在现场，送孩子来上学的李先生认为，幼儿园的这一做法不妥。他说，学校在教室门口当众公布体检结果，会对孩子的心理造成一定影响，有侵犯隐私权之嫌。一位不愿透露姓名的家长表示，学校把一些涉及学生个人隐私的内容公之于众，让人难以接受。虽然幼儿还不懂事，不知道"鸡胸、包茎、肋外翻"是什么意思，但这些幼儿的家长会怎么看这件事？从某种角度说，这是对幼儿及其家长的一种人格侮辱！其实，学校可以单独跟家长交流，或把每位幼儿的体检结果打印出来亲手交给家长，这种信息反馈的方式更能体现学校管理的人性化。记者随机采访了几位家长，也有家长认为，学校这样做没什么不对，小孩子也没什么隐私不隐私的，没有必要把这件事情提到法律的高度来评判。针对家长的反映，记者采访了该幼儿园的一位负责人。这位负责人说，由于幼儿园人手有限，单独跟家长交流或把每位幼儿的体检结果打印出来亲手交给家长，工作量比较大，所以，学校通过张贴公布的方式让家长自己了解孩子的健康状况。至于会带来什么影响，是不是涉及未成年人个人隐私，当时没有去想，而且其他学校也有这么做的。不过，这位负责人表示，幼儿园会立即进行整改，撕下这张体检登记表，并对

幼儿及其家长道歉；同时对全体教职员工进行法律法规教育，尊重和保护未成年人的合法权益。

问题分析

所谓隐私，通俗地讲，就是指与社会公共生活、与他人无关的，不愿意被他人知悉或者干扰的个人私事。隐私包括三个范畴：私密信息、私密空间和私密活动。一般而言，隐私权就是指个人信息不被非法获取和传播，个人空间不被非法打扰，个人活动不被非法干涉。法律上的隐私权就是指自然人所享有的个人隐私受法律保护，禁止他人非法侵害的权利。侵犯他人隐私权的，要承担停止侵权、赔礼道歉、赔偿损失（包括物质损失和精神损失）等民事责任，情节恶劣、造成严重后果的，还有可能被追究刑事责任。

在现代社会，保护个人隐私十分必要。隐私被他人侵犯，通常受害者会产生极大的心理压力，甚至会失去生活的信心和勇气。成人如此，未成年人也是如此。例如，江西赣州某中学在校门口张榜公布了初三（2）班学生的学习成绩，并对排名最后的三位学生进行了批评。结果这三名学生受到刺激，感觉在同学面前抬不起头，再也不愿到学校上课。随后他们起诉学校，称学校侵犯了他们的隐私权。又如，湖北武汉某中学贫困生小李学习刻苦，成绩名列年级前茅。 2002 年年底，小李被武汉市青少年基金会确定为"希望之星"候选人，如果正式当选则每学年可以获得 900 元奖学金。孰料，小李却向青基会提出放弃候选人资格，理由是担心他的贫困生身份被公开后，会招来同学的嘲笑和歧视。青基会对小李的选择感到很遗憾，但只能尊重他的选择。在这些事件当中，教师应当从个体的隐私权的角度来理解学生的行为，不能简单地认为学生太敏感，太爱面子。

《未成年人保护法》第四条规定："保护未成年人，应当坚持最有利于未成年人的原则。处理涉及未成年人事项，应当符合下列要求……（三）保护未成年人隐私权和个人信息……"《未成年人学校保护规定》第十条则规定："学校采集学生个人信息，应当告知学生及其家长，并对所获得的学生及其家庭信息负有管理、保密义务，不得毁弃以及非法删除、泄露、公开、买卖。学校在奖励、资助、申请贫困救助等工作中，不得泄露学生个人及其家庭隐私；学生的考试成绩、名次等学业信息，学校应当便利学生本人和家长知晓，但不得公开，不得宣传升学情况；除因法定事由，不得查阅学生的信件、日记、电子邮件或者其他网络通讯内容。"在幼儿园的日常活动中，幼儿及其家庭的隐私保护问题往往容易被教师所忽视。例如，幼儿园公开张贴幼儿的体检信息，公布幼儿的活动竞赛或体育测试排名，教师公开谈论幼儿的个人疾病信息、以往遭受侵害的经历以及幼儿的家庭情况等。这些行为都涉嫌侵犯幼儿的隐私权，然而一些教师对此缺乏清醒的认识，往往在无意中让侵权行为屡屡发生，由此也引发了家长和幼儿园之间不必要的法律纠纷。

应对之策

• 幼儿园及教师在日常工作中应当高度重视在园幼儿的隐私权保护问题，对于在工作中掌握的幼儿的一些个人信息和资料（如幼儿的体检结果、健康状况，过往的不良经历或被害经历，家庭成员的职业、收入、联系方式、婚姻状况以及违法犯罪信息等），教师要予以保密，不向第三人泄露，不公开谈论。

• 对于患有传染病的幼儿，幼儿园及教师可依法采取相应的管理措施，但不要向无关人员泄露幼儿的身份信息；对于幼儿的各种体检结果，幼儿园及教师应当采取个别通知的方式，将相关信息资料直接交给幼儿的监护人，而不要使其为无关人员所查阅、知悉。

• 教师不得截留、查阅幼儿的私人信件；未经幼儿的监护人及幼儿本人的同意，教师不得查阅其日记。

练习与思考

【案例】 4岁的丁丁是一个单亲家庭的孩子。入园时，丁丁的妈妈陈女士把自己的家庭情况向丁丁所在班级的刘老师做了简要介绍，并请老师保守秘密，以免让丁丁受到不必要的伤害。一日午休期间，刘老师在和同事聊天时提到了丁丁的家庭情况，没想到老师的谈话被没有睡着的小朋友听见了。此后几天，班上有几个小朋友管丁丁叫"野孩子""没人要的孩子"。丁丁回家把这一切告诉了妈妈，并哭着表示再也不想上幼儿园了，因为别的孩子老是取笑他。陈女士感到特别生气，她找到刘老师和幼儿园领导大闹了一场，指责老师不该泄露她和丁丁的个人隐私，并表示要追究幼儿园的法律责任。尽管刘老师和幼儿园负责人一再道歉，但陈女士要求园方彻底消除不良后果，否则自己决不罢休。

【思考】 幼儿园老师的行为是否构成侵权？

第43条　规范保教言行，防止侵犯幼儿的名誉权

情景再现

一日，在某幼儿园中班的教室里，芳芳小朋友哭着告诉陈老师，自己的笔盒里少了一支水彩笔。陈老师发动全班孩子在教室里找了一遍，但没有结果。这时，有几个小朋友说肯定是鹏鹏拿了，因为他平时老是乱拿别人的东西。陈老师当着其他孩子的面，问鹏鹏是否看见过芳芳的水彩笔，鹏鹏否认了。见状，陈老师提高了嗓门："大家都说你拿了，你要是不承认，以后就没人跟你玩了。"鹏鹏使劲地摇头，眼泪都快流出来了。陈老师急了，让另一个小朋友上前对鹏鹏进行搜身，但还是没有结果。后来，幼儿园园长得知此事后，认为陈老师的做法明显不妥，遂狠狠地批评了陈老师一顿。

问题分析

名誉是指社会对公民个人的品德、情操、才干、声望、信誉、形象，或者法人的信誉、形象等各方面形成的综合评价。名誉权，是指公民和法人对其应有的社会评价所享有的不受他人侵害的权利，包括名誉保有权和名誉维护权。名誉权强调的是社会对个人的评价，并不是指个人的自我评定。侵犯名誉权的违法行为主要包括：侮辱行为，诽谤行为，新闻报道的严重失实，评论严重不当等。侵犯他人的名誉权，会降低他人的社会评价，从而给受害者造成一定的社会压力。《民法典》第一千零二十四条规定："民事主体享有名誉权。任何组织或者个人不得以侮辱、诽谤等方式侵害他人的名誉权。名誉是对民事主体的品德、声望、才能、信用等的社会评价。"按照规定，公民、法人的名誉权受到侵害的，有权要求停止侵害，消除影响，恢复名誉，赔礼道歉，并可以要求赔偿损失。

老师、同学、亲属、邻居以及其他人员对未成年儿童的人品和才能等会有一个客观的评价，这一客观评价构成了儿童名誉的内涵，也是其正常学习、生活的外部舆论环境。一旦名誉受到损害，儿童学习、生活的外部舆论环境就会恶化，儿童就会产生心理压力，从而影响其身心健康。实践中，教师侵犯儿童名誉权的行为时有发生，其行为主要有：让学生投票选"差生"，公开怀疑学生偷窃，在教室等公开场合用侮辱性、诋毁性的言辞评论学生，公布某一学生不为其他同学所知的不良经历，号召全班学生揭露某一学生的劣迹或对其召开"批判大会"等。在前述鹏鹏被疑偷拿水彩笔的案例中，当事教师的所作所为对幼儿的人格尊严和名誉造成了损害，给幼儿造成了心理压力和精神痛苦，已构成侵权。一旦幼儿的监护人诉诸法律，教师及幼儿园有可能要承担相应的法律责任。

应对之策

- 名誉是个人处世的名片，教师要像爱护自己的眼睛一样爱护幼儿的名誉。
- 在教育教学过程中，尤其是在批评教育幼儿的时候，教师应当特别注意自己的言行，不要使用带有侮辱性、诋毁性的言辞，不要捏造或传播可能会对幼儿的名誉产生损害的事端，不要当众否定幼儿的人格、品性。
- 如果发生了严重违纪行为，教师不要无端猜疑幼儿，更不要自己充当警察去审问幼儿甚至搜查幼儿的身体或物品，而要通过教育感化或者通过家长的配合来让幼儿认识错误、改正错误。
- 对个别幼儿的批评应当尽量不当着众人之面进行，特别是将幼儿拉出来站在众人面前进行"游街批斗式""现眼式"的批评更应该杜绝。

练习与思考

【案例】3岁的小军在某幼儿园小班入托。从入园起，小军就一直没有改掉尿床、尿裤子的毛病。为此没少给带班老师增加工作量。有一天下午午睡起床后，老师发现小军又尿床了。情急之下，老师大喊了一声："尿床大王，你真行！"旁边的小朋友跟着哄笑起来。此后，小军的"尿床大王"的绰号就在班里传开了,甚至连一些同学的家长见到小军也开玩笑地叫他"尿床大王"。小军的家长对此很有意见,多次找老师和园领导要求解决问题。

【思考】 案例中老师的行为有何不妥?

第44条　保护幼儿的肖像权，慎重使用幼儿的照片

情景再现

据《都市晨报》报道，4月1日上午，市民张女士来电反映，幼儿园私自给孩子拍照，并制作成挂历出售给家长。张女士称，最近接孩子时，老师拿出一本本挂历让家长购买，挂历上都是该幼儿园孩子的照片，每本70元。询问女儿得知，照片都是老师拍的。"家长们在看到挂历前根本不知情。"张女士说，虽然孩子的照片很可爱，做成挂历也很有纪念意义，但是这个价格他们无法接受。幼儿园称如果家长不买，照片将被销毁。该幼儿园张老师表示，幼儿园每年都会免费为毕业班的孩子拍照，拍摄前没有和家长说，是觉得没有必要。这些电子相片都存在电脑里，如果家长需要购买的话，可以制作成挂历。如果不需要，也不会强迫，但是底片可能会做删除处理。对于70元的价格是否偏高，张老师认为这个价格合理。江苏金合律师事务所娄培培律师表示，幼儿园的行为属于侵犯孩子的肖像权。我国《民法通则》第一百条规定："公民享有肖像权，未经本人同意，不得以营利为目的使用公民的肖像。"对于幼儿园的这种行为，家长可以选择自行制止，也可以向法院起诉，要求幼儿园停止侵害、排除妨碍、消除影响或赔偿损失等。

问题分析

肖像，是指以一定的物质形式（如照片、雕塑、录像等）再现出来的自然人的外部形象。任何人都希望维护自己良好的肖像形象，排斥他人玷污或非法使用自己的肖像。为此，我国民法规定了肖像权。所谓肖像权，是指公民对自己的肖像享有利益并排斥他人侵害的权利。肖像权的内容包括肖像制作专有权、肖像使用专有权和肖像利益维护权。具体地说，在我国，自然人

对自己的肖像享有以下法律权利：有权自己制作或委托他人制作本人的肖像；有权以合法的方式自己使用或许可他人有偿或无偿地使用自己的肖像；有权禁止他人未经本人同意，以营利为目的使用自己的肖像；有权禁止他人恶意地非法毁损、玷污、丑化自己的肖像；当自己的肖像权遭受他人侵害的时候，有权要求侵权者承担消除影响、停止侵害、赔偿损失等民事责任。例外的是，因公益性的目的使用他人肖像的，属于合理使用，不构成对他人肖像权的侵犯，例如新闻媒体出于报道有新闻价值的事件或公众活动的需要而使用他人肖像，因通缉罪犯或报道已判决的重大案件而使用罪犯的肖像等，均属于合理使用。

  作为公民，在幼儿园入托的幼儿当然也享有肖像权。与成年人不同的是，作为无民事行为能力人，幼儿与肖像权有关的民事活动应由其法定代理人代理。实践中，侵犯幼儿肖像权的行为主要表现为未征得幼儿法定代理人的同意，以营利为目的而使用幼儿的肖像，使用场合包括厂家的装潢、包装，商家的广告促销和商业宣传活动，以及单位或个人出售幼儿照片或其加工物等。此外，一些幼儿园在招生宣传过程中因不当使用幼儿的肖像也引发了不少纠纷。在前述幼儿园私自给孩子拍照，并制作成挂历出售给家长的案例中，幼儿园未经幼儿的监护人的同意，以营利为目的而制作、出售幼儿的照片，侵犯了幼儿的肖像权，幼儿的监护人有权要求园方停止侵权，将所有照片及底片交给本人或者予以销毁，并赔偿幼儿因此而遭受的损失。

应对之策

- 幼儿园在给孩子拍照之前，原则上应当事先通知家长并征得其同意；在使用照片之前，一定要征得家长的许可。
- 幼儿园及其教师不得擅自将幼儿的照片提供给第三人，尤其是不能提供给商家，以防商家擅自将其用于商业目的。
- 幼儿园因自身需要而使用幼儿肖像的，比如因表彰先进事迹或宣传幼儿园正面形象而需要使用幼儿肖像的（如在校园宣传栏上悬挂，在校园网站上呈现等），因其具有公益性的目的，属于合理使用，但为了避免日后发生纠纷，最好还是事先征得幼儿的监护人的同意。
- 如果需要在幼儿园的招生简章上使用个别幼儿的肖像（此类使用是否

属于"公益性的目的"尚有争议），幼儿园务必事先与幼儿的监护人就肖像权使用问题作出详细的书面约定，明确双方的权利和义务，在未获得合法授权的情况下不要使用幼儿的肖像。

练习与思考

【案例】 据《成都晚报》报道，因照片被学校用于招生宣传，学生向某将自己的母校告上了法庭。原告向某的父亲称，去年6月，他在当地一家报纸的广告招生专版上发现了儿子向某的名字和头像。今年5月，他又得知儿子的名字和头像在学校的网站上出现，多次与学校进行交涉无果。向某之父认为学校不经本人和家长同意就擅自用他儿子的形象做宣传，侵犯了他儿子的肖像权，要求学校立即停止侵权行为并赔偿2万元的精神损失费。他还说，儿子只是考入了北大生命科学学院医预科专业，可该校在宣传说明上宣称向某在攻读硕士，这是一种极不负责任的营利行为。被告学校的代理人则认为，学校确实是从档案材料中翻拍制作了向某的头像作为学校的宣传，但这些宣传都是积极向上、健康有益的。更重要的是，向某考上北大，既是个人的荣耀，也是学校的成绩和荣誉，展示学校的荣誉是理所当然的，并不是商业行为，也不是以营利为目的，没有对学生造成伤害，没有侵权。法院审理后认为，不管是否以营利为目的，学校未经学生向某的同意就擅自使用、制作其头像用于宣传，不属于正当使用范畴，而是一种侵犯肖像权的行为，据此，法院判决学校立即停止对向某的侵权行为，并在判决生效后两日内向向某递交书面致歉信，同时向向某支付精神损害抚慰金3000元。

【思考】 本案给我们什么样的启示？

第45条　孩子发生事故后幼儿园该怎么办

情景再现

2岁的小方经过健康体检后，入托于开封市某幼儿园。入托后，小方一直食欲不佳，还出现过呕吐现象。一日上午，小方到幼儿园后不时地啼哭，中午11点左右更是哭个不停。12点半后小方开始出现嗜睡现象（所谓嗜睡是一种病态的、过度的白天睡眠或睡眠发作现象）。13时许，教师发现小方出现抽搐、意识不清等病症。13：25左右，幼儿园将小方送往河南大学附属医院救治，但为时已晚，小方被医院诊断为入院前猝死。经权威鉴定中心鉴定，小方系自发性腹腔内出血，未及时送往医院救治、延误诊治而导致失血性休克死亡。事发后，小方的父母以幼儿园未尽管理职责，在小方出现疾病症状时未及时送医，导致小方错过最佳治疗时间为由，要求幼儿园承担赔偿责任。法院经开庭审理，判决幼儿园向小方的父母赔偿死亡赔偿金、丧葬费、鉴定费、差旅费、交通费、尸体存放费及精神损害抚慰金等共计19万余元的经济损失。

问题分析

在园幼儿遭受意外伤害或者发生疾病，属于突发事故的范畴，事故后老师在第一时间内的所作所为，不但关系到患病幼儿的救治效果，也影响到善后事宜的妥善处理。一旦处理不当，有可能耽误患儿的诊治，激化家园矛盾，甚至严重影响到幼儿园的正常教育教学秩序。鉴于此，各个幼儿园应当规范安全事故的处理流程，让教职工掌握事故发生后的正确应对办法，提高突发事件的应急处置水平，保护幼儿的安全和健康，维护园方的合法权益。

应对之策

- **立即救助受害幼儿**

根据《学生伤害事故处理办法》第九条和第十五条的规定，在园幼儿发生伤害事故后，幼儿园应当立即救助受伤害幼儿，有条件的，应当采取紧急救援等方式救助。幼儿园未根据实际情况及时采取相应措施，导致不良后果加重的，需对加重的后果承担法律责任。

在救助问题上，幼儿园的教师要做到以下两点。一是救助要及时，不能拖延。教师一旦发现幼儿遭受意外伤害或突发疾病，要马上采取相应措施。实践中，对于幼儿的外部伤害，教师易于辨认；对于幼儿的一些不是外露于身体表面的伤害（如心脏疾病等），教师则不易发现。当幼儿反映身体不舒服或者教师发现幼儿身体出现异常时，教师应当带幼儿找医务人员进行检查，而不能掉以轻心。疏忽大意有可能导致幼儿错过最佳的救治时机。因幼儿园延误送医而导致幼儿病情的，园方须对后果承担法律责任。二是救助方式要合理。在某些紧急情况下，往往需要在场人员对患者先行采取急救措施。此时，急救人员所采取的救助措施要符合医学常规，不然很可能会加重患者的伤势。实践中，一线教师并不一定掌握急救常识，因此在救助幼儿时要格外谨慎。一般情况下，教师应让校医（保健人员）进行简单、必要的紧急处理，然后再根据校医的意见及时将幼儿送往正规医院救治。因幼儿园所采取的救助方式不合理、不恰当而导致损害后果加重的，园方也需对加重的后果承担法律责任。

- **及时通知受害幼儿的家长**

除了救助之外，幼儿园还必须履行的另一项义务是及时通知受伤害幼儿的家长。幼儿园应当在救助的同时，立即与幼儿的家长取得联系，让家长在最短的时间内赶到孩子身旁，安抚孩子情绪，参与救治方案的决策，以保证治疗活动的顺利进行。

需要指出的是，幼儿园对幼儿的救助义务以及对幼儿家长的通知义务是不附带任何先决条件的。无论伤害事故本身是否因幼儿园的过错而引起，园方都应当履行救助和通知义务。从危机公关的角度来讲，在园幼儿发生事故后，其家长往往会本能地迁怒于幼儿园，而园方的积极救助态度可以在一定程度上缓解受伤害幼儿家长的对立情绪，从而为事故纠纷的妥善处理创造良好的条件。

- **及时上报**

根据《学生伤害事故处理办法》第十六条的规定，发生学生伤害事故，情形严重的，学校应当及时向主管教育行政部门及有关部门报告。及时上报，有利于上级主管部门及有关部门在第一时间准确地了解事故信息，以便这些部门在必要的情况下能够及时并科学地参与指导、指挥事故的处置工作，尽可能调动各种资源救助受伤害者，控制事态、稳定局面。（关于事故报告的时限、内容和形式要求参见本书第 37 条"建立幼儿园安全事故报告制度"。）

- **查清事实，固定证据**

在积极救助受伤害幼儿的基础上，幼儿园还应当尽快查清事故的基本情况，包括事故发生的原因、经过以及现场人员的救助措施等。对于因有关部门事后可能启动事故调查程序而需加以保护的事故现场和相关物证，幼儿园应当指定专人予以妥善保护，不得破坏现场或损毁相关物证。必要时，幼儿园可以利用技术设备将事故现场及有关物证的声像予以固定下来。对于事故的发生经过及现场人员的施救情况，幼儿园应当及时让在场的师生尽可能写出详细的书面材料，防止因时间太长而被遗忘。尽快查清初步事实、固定证据，可以防止证据灭失或日后因某种原因而导致取证困难，为日后的事故调查和善后处理奠定良好的基础。

练习与思考

【案例】小虎是某农村小学四年级学生。一日上午上课过程中，小虎突然感觉身体不适，出现精神不振、额头出汗等症状。任课教师发现这一情况后，随即派班上的两名学生小刚、小强（当时均为 11 岁）护送小虎回家。到达小虎家门口时，看见大门锁着，小虎本人也没带钥匙，小刚、小强就把小虎放在地上后返回了学校。不久，邻居陶老太太发现小虎躺在家门口，便喊来同村的郭某，让他抱着小虎去本村的诊所看病。由于没有找到医生，郭某便抱着小虎往回走，途中碰见小虎的父亲董某，董某将儿子送到乡医院。乡医院诊断小虎患病毒性脑炎。下午四点左右，小虎被转到市医院，但为时已晚，很快就不治身亡。医院诊断结论为急性食物中毒，并发多脏器功能衰竭而死。事发后，小虎的父母认为，如果学校尽到责任，不延误治疗，事情或许有所转机，于是他们将学校告上了法庭，要求学校赔偿医疗费及死亡赔偿金等共计 13 783 元。

【思考】 对于小虎的死亡，学校是否应承担法律责任？

第46条　如何判断幼儿园对伤害事故是否需要担责

情景再现

据《沈阳日报》报道，邵某与王某均在某幼儿园大班入托。8月10日10时许，在幼儿园教室内，邵某与王某产生矛盾，班主任张某教育两人不要争吵，但邵某仍被王某挠伤面部（左侧面颊两条斜向平行抓痕，约6厘米长，唇上一竖向约1.5厘米抓痕）。老师发现后即送邵某到医务室做消毒处理，但未通知家长。当天晚上邵某家人接孩子时，发现邵某受伤，后邵某住院治疗7天。因赔偿问题协商未果，邵某将王某和幼儿园起诉到法院。邵某家长认为，王某虽然是儿童，但故意伤害其他小朋友，应由其家长承担损害赔偿责任；幼儿园作为教育管理机构，对未成年幼儿负有教育、管理、保护的义务，而其明知两个孩子发生矛盾，却未尽到必要的管理、注意和保护义务，造成邵某的伤害后果，幼儿园与王某应共同承担连带赔偿责任。幼儿园辩称：王某造成邵某损害应由其监护人承担民事赔偿责任，幼儿园不是王某的监护人，不应承担民事赔偿责任。法院经审理认为，邵某在幼儿园内被王某挠伤，因王某系无民事行为能力人，其造成他人损害的，由其监护人承担相应的民事责任。邵某与王某发生争执系在教室，邵某受到伤害，与幼儿园疏于管理和保护存在因果关系，故幼儿园应适当赔偿邵某的合理损失。王某是造成邵某受伤的加害人，但在幼儿园就学期间，其父母的监护职责履行受到限制，对他的管理和教育主要由幼儿园实施，幼儿园未充分履行其对王某法定的安全教育、管理义务，是伤害事故发生的主要原因，因此应由幼儿园承担主要责任，王某监护人承担次要责任。据此，法院判决邵某的合理损失合计人民币1182.83元，由王某的法定代理人王某父亲赔偿40%即473.13元，由幼儿园赔偿60%即709.70元。另外，王某父亲给付邵某精神抚慰金200元，幼儿园给付精神抚慰金300元。

问题分析

幼儿在幼儿园或者幼儿园组织的校外活动中一旦发生了安全事故，幼儿的家长多半会要求幼儿园承担责任，赔偿其损失。那么幼儿园该如何应对家长的索赔要求？正确处理幼儿伤害事故的赔偿事宜，首先得分清事故的责任问题，准确判断幼儿园在事故中是否有过错，是否应承担法律责任。在没有分清责任的情况下进行处理，只能是和稀泥，往往出力不讨好。只有厘清了事故的法律责任问题，幼儿园处理起来才能做到合法、合理、合情，才能在处理纠纷的过程中赢得主动权。推卸责任或者大包大揽都不利于问题的妥善解决。

那么，如何判断幼儿园对已经发生的事故是否应承担法律责任呢？《民法典》第一千一百九十九条规定："无民事行为能力人在幼儿园、学校或者其他教育机构学习、生活期间受到人身损害的，幼儿园、学校或者其他教育机构应当承担侵权责任；但是，能够证明尽到教育、管理职责的，不承担侵权责任。"根据这一规定，幼儿发生伤害事故，首先是推定幼儿园有过错，需要承担责任。但是，如果幼儿园能够拿出证据证明自己已经尽了教育、管理职责，则不承担责任；拿不出证据的，就要承担责任。同时，《民法典》第一千二百零一条规定："无民事行为能力人或者限制民事行为能力人在幼儿园、学校或者其他教育机构学习、生活期间，受到幼儿园、学校或者其他教育机构以外的第三人人身损害的，由第三人承担侵权责任；幼儿园、学校或者其他教育机构未尽到管理职责的，承担相应的补充责任。幼儿园、学校或者其他教育机构承担补充责任后，可以向第三人追偿。"根据这一规定，如果是幼儿园之外的第三人造成的事故，则由肇事者承担责任，但如果在事故发生过程中幼儿园也存在着未尽到管理职责的情形，则幼儿园须承担补充责任。例如，因为幼儿园门卫制度不健全，导致外人轻易混入校园后对幼儿实施伤害的，则对于受害幼儿所遭受的损失，幼儿园应当"承担相应的补充责任"，即在第三人的财产不足以承担其应负的民事责任时，由幼儿园承担与其过错相应的补充赔偿责任。

在实践中，幼儿园该如何判断自身是否尽了"教育、管理职责"呢？目前，幼儿园的"教育、管理职责"主要规定于《教育法》《教师法》《未成年人保护法》《中小学幼儿园安全管理办法》《学生伤害事故处理办法》《幼儿园管理条例》《幼儿园工作规程》《幼儿园教育指导纲要（试行）》《托儿所幼儿园卫生保健管理办法》等法律、法规和规章之中，其中尤以《中小学幼儿园安全管理办法》的规定最为全面。这些"教育、管理职责"可以归纳为以下几个方面：保证校园建筑、场地、设施、设备、器材和药品等符合安全标准；建立健全各个方面的安全管理制度；及时消除校园环境中存在的安全隐患；经常性地对在园幼儿进行安全教育；对在园幼儿的行为加强管理，及时、有效地制止幼儿的危险性行为，及时制止侵犯幼儿合法权益的行为；在幼儿发生意外的情况下及时采取合理措施予以救助；等等。一旦幼儿园违反这些"教育、管理职责"，而导致在园幼儿受到意外伤害或导致其损害后果加重的，即表明幼儿园未尽到"教育、管理职责"，存在过错，需要承担与其过错相应的法律责任。

应对之策

- 在园幼儿发生了伤害事故之后，幼儿园可从调查事故的起因入手，判断幼儿、园方及其他第三方的过错情况。有过错则担责，且承担与过错大小相应的法律责任；无过错则无责任。
- 在判断幼儿园自身过错情况的过程中，要查明幼儿园及其教职员工是否恰当地履行了教育、管理和保护之责，是否尽其可能地采取了相关安全防范措施以避免伤害事故的发生，事故是否是幼儿园自身所无法预见、无法避免的，从而得出幼儿园是否有过错的结论。
- 由于现行的法律在伤害事故的归责原则上，对幼儿园规定的是"过错推定原则"，在举证义务的分配上，采纳的是"举证责任倒置"的方式，因此，发生安全事故后，幼儿园要积极主动地搜集能够证明自身已经履行了"教育、管理职责"的各种证据，以维护自身的合法权益。
- 对于幼儿园有过错的事故，园方要积极主动地承担责任；对幼儿园不存在过错的事故，园方要做好幼儿家长的思想工作，必要时可引导其通过法律途径来维护自己的合法权益。

练习与思考

【案例】 据"龙岩法院网"消息,一日,某幼儿园正上写字课,五名幼儿同坐一张桌子。两位老师一人发作业本,一人发铅笔。铅笔发下来后,小晖与小军兴奋地争抢铅笔。突然,一支铅笔戳进了小晖的左眼。见状,幼儿园教师李某赶紧将小晖抱到办公室滴眼药水,随后便带小晖回教室看电视。当天中午,小晖告诉老师她的眼睛还是很疼,经园长检查后,小晖随即被送去医院治疗。经诊断,患儿为左眼穿通伤,球类异物。由于伤势严重,次日小晖被转至厦门眼科中心治疗,诊断结论为左眼角巩膜穿通伤,外伤性白内障。后经司法鉴定,小晖的伤情构成了十级伤残。小晖先后三次前往医院治疗,共支出医疗费2万余元。事发后,由于就赔偿问题未能达成一致意见,小晖家人代理小晖将幼儿园和小军告上了法庭。小晖家人认为,被告小军将其左眼刺伤,应当承担赔偿责任,但小军无民事行为能力,故应由其监护人承担赔偿责任;被告幼儿园对在园幼儿未尽到教育、管理、保护职责,应当与小军共同承担赔偿责任。

【思考】 幼儿园是否有过错?本案应当如何判决?

第47条　幼儿伤害事故的赔偿项目及费用标准

情景再现

据"河南法院网"消息，8月23日，涵涵的父母在××幼儿园为涵涵报名入学，向该幼儿园交纳了半年的杂费50元、保险费30元、伙食费1500元、学费2280元，共计3860元。9月1日，涵涵开始在该幼儿园上学。11月16日下午4点左右，涵涵及其他小朋友在两位老师看护下进行户外活动。在两位教师未注意的情况下，涵涵爬上大型滑梯，从滑梯上摔下受伤。该幼儿园及时送涵涵去医院做了检查。平顶山市第二人民医院X光检查为：右肱骨髁上骨质断裂，稍有错位，右肱骨髁上骨骨折。经鉴定涵涵的伤残程度为十级。因民事赔偿一事协商无果，涵涵诉至法院。

法院经审理认为，我国侵权责任法规定，公民享有生命权、健康权、身体权；行为人因过错侵害他人民事权益，应当承担侵权责任；无民事行为能力人在幼儿园学习、生活期间受到人身损害的，幼儿园应当承担责任，但能够证明尽到教育、管理职责的，不承担责任。本案中，原告涵涵属无民事行为能力人，在幼儿园户外活动期间受伤。组织幼儿进行户外活动时，被告××幼儿园应尽高度注意义务。诉讼中，被告认为原告涵涵不听老师的话，独自爬上滑梯摔伤，此辩解不能证明其尽到了管理职责。被告××幼儿园对原告涵涵的受伤有明显过错，应当赔偿原告的各项损失，原告受伤后未再入园学习生活，被告应退还部分入学费用，但对原告涵涵主张的30元保险费不予支持。从入学到发生事故时，共计两个半月，被告××幼儿园应退还本学期剩余期间的杂费、伙食周转金、学费，共计1689元。依据本案事实，对原告涵涵的各项损失认定如下：医疗费482元；原告主张的护理费虽无医疗机构证明，但原告因受害生活不便属实，主张的按17 232元/年的标准由一人护理较为合理，但100天的护理周期过长，考虑60天的护理周期较为合理，故其护理费为 17232 元÷365 天×60 天＝2832.66 元；鉴定费 600 元；原告十级伤残，赔偿年限 20 年，赔偿系数为 10％，残疾赔偿金为 15930.26 元/年（2010 年河南省城镇居民人均可支配收入）×10％×20 年＝31860.52 元；根据原告的伤残程度，对其精神损害抚慰金酌定为 5000 元；交通费酌定为 300 元。上述各项损失共计 41 075.18 元。原告主张的营养费无医疗机构证明，法院不予支持。

综上，依照《中华人民共和国侵权责任法》第二条、第六条第一款、第十六条、第三十八条和《最高人民法院关于审理人身损害赔偿案件适用法律若干问题的解释》第十九条、第二十一条第一款、第二十二条、第二十五条第一款以及《中华人民共和国民事诉讼法》第六十四条第一款之规定，法院判决：一、被告××幼儿园于本判决生效后十日内赔偿原告涵涵医疗费、残疾赔偿金、交通费等各项费用共计 41 075.18 元，并退还原告涵涵学费、杂费、伙食费计 1689 元，总计 42 764.18 元。二、驳回原告涵涵其他诉讼请求。

问题分析

在幼儿伤害事故纠纷中，家长起诉幼儿园，基本诉求是要求园方承担赔偿责任。那么，家长可以要求幼儿园赔偿哪些费用？各种费用是如何计算呢？根据《民法典》的规定，侵害他人造成人身损害的，应当赔偿医疗费、护理费、交通费、营养费、住院伙食补助费等为治疗和康复支出的合理费用，以及因误工减少的收入。造成残疾的，还应当赔偿辅助器具费和残疾赔偿金；造成死亡的，还应当赔偿丧葬费和死亡赔偿金。此外，侵害自然人人身权益造成严重精神损害的，被侵权人有权请求精神损害赔偿。

根据法律、司法解释的有关规定，结合幼儿伤害事故的具体情况，相关赔偿项目及费用计算方法如下。

• 医疗费：根据医疗机构出具的医药费、住院费等收款凭证，结合病历和诊断证明等相关证据确定。赔偿义务人对治疗的必要性和合理性有异议的，应当承担相应的举证责任。医疗费的赔偿数额，按照一审法庭辩论终结前实际发生的数额确定。器官功能恢复训练所必需的康复费、适当的整容费以及其他后续治疗费，赔偿权利人可以待实际发生后另行起诉。但根据医疗证明或者鉴定结论确定必然发生的费用，可以与已经发生的医疗费一并予以赔偿。

• 误工费：由于幼儿不具备劳动法上的劳动主体资格，因此不能主张误工费。幼儿的家长因为确需照看幼儿、耽误工作而减少的合法收入，按照护理费的计算方法予以确认。

• 护理费：幼儿受到伤害后，对于护理人员的护理费，赔偿义务人应当予以赔偿。护理费根据护理人员的收入状况和护理人数、护理期限确定。护理人员有收入的，护理费参考护理人员的护理时间和收入状况，按照其实际减少的收入计算。护理人员没有收入或者雇佣护工进行护理的，参照当地护工从事同等级别护理的劳务报酬标准来计算护理费。护理人员原则上为一人，但医疗机构或者鉴定机构有明确意见的，可以参照该意见确定护理人员人数。

• 交通费：根据受害幼儿及其必要的陪护人员因就医或者转院治疗实际发生的费用计算。交通费应当以正式票据为凭；有关凭据应当与就医地点、时间、人数、次数相符合。

住院伙食补助费：受害幼儿的住院伙食补助费可以参照当地国家机关一般工作人员的出差伙食补助标准予以确定。受害幼儿确有必要到外地治疗，因客观原因不能住院，受害幼儿本人及其陪护人员实际发生的住宿费和伙食费，其合理部分应予赔偿。

• 营养费：根据受害幼儿伤残情况参照医疗机构的意见确定。

• 残疾赔偿金：根据受害幼儿伤残等级，按照受诉法院所在地上一年度城镇居民人均可支配收入或者农村居民人均纯收入标准，自定残之日起按二十年计算。

• 残疾辅助器具费：按照普通适用器具的合理费用标准计算。伤情有特殊需要的，可以参照辅助器具配制机构的意见确定相应的合理费用标准。辅助器具的更换周期和赔偿期限参照配制机构的意见确定。

• 丧葬费：按照受诉法院所在地上一年度职工月平均工资标准，以六个月总额计算。

• 死亡赔偿金：受害幼儿死亡的，其死亡赔偿金按照受诉法院所在地上一年度城镇居民人均可支配收入或者农村居民人均纯收入标准，按二十年计算。

• 精神损害抚慰金：受伤的幼儿本人或者死亡的幼儿的近亲属遭受精神

损害的，赔偿权利人有权向人民法院请求赔偿精神损害抚慰金，赔偿数额根据以下因素由法院予以酌情确定：(1) 侵权人的过错程度，法律另有规定的除外；(2) 侵害的手段、场合、行为方式等具体情节；(3) 侵权行为所造成的后果；(4) 侵权人的获利情况；(5) 侵权人承担责任的经济能力；(6) 受诉法院所在地平均生活水平。受害人对损害事实和损害后果的发生有过错的，可以根据其过错程度减轻或者免除侵权人的精神损害赔偿责任。

需要指出的是，赔偿权利人举证证明其住所地或者经常居住地城镇居民人均可支配收入或者农村居民人均纯收入高于受诉法院所在地标准的，残疾赔偿金或者死亡赔偿金可以按照其住所地或者经常居住地的相关标准计算。"城镇居民人均可支配收入""农村居民人均纯收入""城镇居民人均消费性支出""农村居民人均年生活消费支出""职工平均工资"，按照政府统计部门公布的各省、自治区、直辖市以及经济特区和计划单列市上一年度相关统计数据确定。"上一年度"，是指一审法庭辩论终结时的上一统计年度。

应对之策

• 对于已经发生的在园幼儿伤害事故，在解决赔偿问题的时候，幼儿园应当根据法律及司法解释的规定，确定赔偿项目及其具体费用数额。在计算费用的过程中，赔偿权利人应当提供各种合法的凭据来支持其主张，赔偿义务人应当予以仔细核实。

练习与思考

【案例】据《人民法院报》报道，2010年9月15日上午，晓房等幼儿在老师的带领下在操场上上课。晓房及其他4名幼儿应老师要求，协助将活动用的垫子搬回存放处。随后，5名幼儿在没有老师陪同的情况下一起返回操场，途中晓房与同行的幼儿发生碰撞倒地受伤，后住院手术。2011年4月上旬，晓房以原告身份起诉到法院，称幼儿园未尽管理责任，应对自己的伤害事故承担赔偿责任，提出12.6万余元的各类赔偿。在案件诉前调解阶段，经司法鉴定中心认定，晓房损伤的后遗症相当于道路交通事故十级伤残，司法鉴定对损伤的护理期、营养期亦作出了认定。在法庭上，幼儿园对晓房受伤经过无异议,但认为部分诉求的赔偿项目及金额没有法律及事实依据,要求法院依法判决。法院经审理认为,晓房系未满10周岁的未成年人,尚不具备民事行为能力,作为幼儿园应当履行教育、管理职责。其中管理职责即指为保护未满10周岁的儿童安全,依法履行安全保障和保护义务。幼儿园老师在安排晓房等幼儿协助搬运活动用垫子后,让这些幼儿自行返回操场,老师未陪伴在旁边对幼儿的行为进行适当的管束,以致幼儿晓房受伤,园方未尽法定管理职责,有过错,依法应承担相应的赔偿责任。据此,法院一审判决由幼儿园赔偿晓房各项损失10.3万余元。

【思考】 本案中,晓房可以提出的损害赔偿项目包括哪些?

第 48 条　如何处理因伤害事故的赔偿问题而引发的纠纷

情景再现

据"宝安政府在线"消息，3月13日上午，松岗某幼儿园学生王某在老师带领下进行户外活动，在滑滑梯时落地摔伤右臂，后被送至医院救治。医院诊断为右侧肱骨髁间骨折。6月3日，深圳市第二人民医院临床司法鉴定所做出司法鉴定检验报告书，评定王某为九级伤残。鉴定结果出来后，学生家长找到园方负责人协商处理，但双方对赔偿数额有较大分歧。家长认为园方没有诚意解决纠纷，便组织一群中年妇女，到幼儿园门口哭喊，严重影响了幼儿园的教学秩序。松岗司法所得知情况后，立即组织人员到达现场进行调解，所长文伟雄亲自接待，详细了解事情的经过，安抚家长情绪，文所长的工作态度取得了双方当事人的充分信任。在调解过程中，园方表示对第二人民医院做出的伤残评定有异议，要求家长重新鉴定。双方同时提出由司法所指定一家鉴定机构，承诺以该鉴定为最终结果。文伟雄所长立即联系有关部门，最终确定了广东南天司法鉴定所，南天表示会以最快的速度做出鉴定结果。鉴定当天，松岗司法所还专门派2名工作人员陪同双方当事人进行鉴定。通过重新鉴定，幼儿园最终同意一次性赔偿学生家长各项费用共计人民币12万元，双方对这一调解结果表示满意。

问题分析

在园幼儿发生伤害事故之后，围绕着事故的损失赔偿问题，幼儿的家长与幼儿园之间往往会产生纠纷。幼儿园究竟该怎么应对家长的索赔行为？什么样的处理方式可以达到既经济又能有效化解矛盾的目的？这是长期困扰幼儿园教师及管理者的问题。正确处理事故纠纷，首先需要辨明事故的责任主体，在分清责任的基础上，幼儿园才能根据自身责任的有或无、责任的大或小，分别采取不同的应对方式。

对于幼儿园已经履行了教育、管理职责，不存在过错的事故，幼儿园依法无须承担民事责任。此种情况下，园方应耐心地做好解释工作，不能以自身无责为由，简单、粗暴地拒绝与家长对话、沟通。如果是因第三人的原因导致幼儿受到伤害的，园方应当尽量协助幼儿的家长向第三人进行索赔。如果幼儿的家长执意要求园方承担责任，幼儿园应设法引导其通过法律的途径来解决问题。如果幼儿的家长实施了不理智的行为，严重干扰了幼儿园的正常教育教学活动，园方可依据《学生伤害事故处理办法》第三十六条和《中小学幼儿园安全管理办法》第六十三条的规定，提请公安机关依法履行职责，防止事态恶化。

对于幼儿园未尽到教育、管理职责，存在过错的事故，园方应诚恳地向受害幼儿的家长表达歉意，积极主动地联系、安排或者协助家长安排幼儿的救治事宜，并尽可能垫付相关费用（园方应保留好票据）。在处理事故纠纷的途径上，幼儿园可根据实际情况的需要选择下列某一方式。

1. 协商

如果双方对事故的责任都有正确的认识，且在赔偿数额的问题上彼此的意见也比较接近，那么最好选择协商的途径解决纠纷。经过协商，形成了一致的解决方案后，幼儿园务必要与幼儿家长签订书面的事故处理协议书。在损失赔偿问题上，有两种方式可供选择：一是分期赔偿，即已经产生的费用，责任方先赔偿，未产生的费用（如后续治疗费等），待实际费用发生后责任方再据实进行赔偿；二是一次性赔偿（又称买断性赔偿），即责任方将事故已造成的损失及今后可能发生的损失一次性地向受害方进行赔偿，赔偿款全额支付后，受害方不再向责任方主张其他任何权利。需要指出的是，如果双方达成的是一次性的赔偿协议，那么在协议书中一定要写明：幼儿园支付本协议约定的赔偿金额后，幼儿及其监护人放弃其他一切索赔权利，今后不得再行向幼儿园进行索赔。通过协商的方式来处理事故的善后事宜，可以节约解决纠纷的成本，避免矛盾激化，并使双方免受诉累之苦。

2. 调解

如果双方对事故的责任或者赔偿的数额问题难以达成一致，或者双方之间缺乏信任、无法有效沟通，则双方均可提请第三人居中进行调解。在我国，常见的调解包括由人民调解委员会所进行的人民调解和由行政机关所进行的行政调解。其中，行政调解又包括教育行政部门调解和司法所调解。前者熟悉校园有关情况，长于说理和教育；后者深谙法律、政策规定，在立场的中立性及调解方案的合法性上更容易为双方（尤其是幼儿的家长）所认可。当然，调解的前提是双方自愿，都信任调解人，且调解人愿意居中进行调解，否则调解将无法进行。

3. 诉讼

如果经过了一番协商或调解之后，幼儿园和幼儿的家长还是未能达成一致意见，那么诉讼就是不可避免了，幼儿园应当全力做好应诉的准备。

幼儿园该如何应对诉讼活动呢？要做的事情至少有三件。其一，决定是否聘请律师。如果涉案纠纷事实比较清楚，法律关系简单，争议金额也不大，而且幼儿园的员工能胜任诉讼代理工作，那么幼儿园也可以不聘请律师。如果案件争议金额很大（即幼儿的索赔金额很高），或者案件涉及的法律关系比较复杂，或者幼儿园没有能力自行搜集证据，那么园方最好聘请律师作为代理人来参加诉讼活动。诉讼毕竟是一种专业性很强的活动，非专业人士未受过专门训练，不具备娴熟的诉讼技能，不一定能够充分地维护幼儿园的合法权益。其二，自行或协助律师（如果聘请律师的话）搜集证据，了解与案件有关的法律规定。幼儿园千万不要天真地认为自己在理，就一定能赢得官司。在法庭上，"理"是需要用证据事实和法律规定来证明的，否则便得不到法庭的支持。为此，一方面，幼儿园在开庭之前要自行或协助律师进行调查取证，搜集方方面面的证据，以便在法庭上证明自己所主张的案件事实。另一方面，幼儿园在开庭之前还要了解与案件有关的所有法律、法规和规章的规定，并利用这些规定来诠释自身行为的合法性，来支持自己的诉讼主张。其三，了解诉讼程序的基本知识，充分行使自己的诉讼权利。我国现行的审判制度实行的是两审终审制。对于一审判决结果，如果原、被告都表示服从，在法定上诉期限内都未提起上诉，则上诉期限届满后该判决即发生法律效力，双方应当予以履行。但是，如果原、被告中有一方或者双方均不服从一审判决，则可以在上诉期限内提起上诉，案件由此进入二审程序。二审判决一经作出即生效，当事人应当履行。对于生效判决，负有履行义务的一方不履行的，另一方可申请法院予以强制执行。

应对之策

• 对于因在园幼儿伤害事故而引发的纠纷，幼儿园应当在辨明事故的法律责任的基础上，选择妥当的处理方式。对于园方无责的事故，幼儿园要向家长做好解释工作，协助家长向有责任的第三人进行索赔，并在力所能及的范围内对幼儿给予人道主义的帮助。对于园方有责任的事故，幼儿园应当做好幼儿的诊治、探望工作，并根据实际需要选择协商、调解或诉讼的方式妥善解决事故纠纷。

练习与思考

【案例】据"海珠区公众信息网"消息，3月12日，幼儿陈某某在上洗手间时与同学发生推搡，陈某某摔倒在地。幼儿园老师发现情况后立即将陈某某送往医院治疗，陈某某被缝合8针，经公安法医鉴定为轻微伤，幼儿园支付了全部医疗费用，并通知了家长。随后派出所介入调查，认定此事为意外伤害事故。事发后，陈某某的家属向园方提出了较高的经济赔偿，由于双方分歧较大，无法达成一致意见，陈某某的父母甚至两次跑到幼儿园哭闹，拦住其他接送小孩的家长评理，一度影响幼儿园正常的办学秩序，后经警察到场维持秩序才平息。4月14日，南洲街司法所组织双方当事人进行调解。陈某某的家长提出自己的要求：一是孩子被送到幼儿园，幼儿园就是监护人，应负全责；二是孩子是与其他孩子推搡摔倒的，说明老师没教育好孩子，是幼儿园的责任；三是缝了8针就应该算责任事故。为此，家长要求幼儿园支付5万元的赔偿金。接着，园方也提出了自己的看法：一是幼儿园不是在园孩子的监护人，监护权转移之说无法无据，事发全过程证明教师无过失及疏漏，不应承担民事赔偿责任；二是陈某某受伤不是他人故意推搡所致，孩子即便是推人，并不能证明老师没有教育好孩子，因为幼儿园的教育是有效的，但不是万能的；三是陈某某缝8针，幼儿园非常痛心，但幼儿园没有过错，不能仅从事故的损害后果出发来认定幼儿园的责任。故此，幼儿园愿意从营养费补助、家长误工费等方面支付5千元的补偿款。在司法所工作人员的耐心解释和调解之下，双方最终达成了一致意见，由园方一次性支付家属人民币1.5万元作为医疗费、营养费及家长误工费、交通费等,家长不再追究当事人的任何责任。

【思考】 请你为受害幼儿的家长和幼儿园草拟一份事故处理协议书。

第49条　投保校方责任险后应当注意哪些问题

情景再现

据"河南省高级人民法院网"消息，4岁男童在幼儿园下楼梯时摔伤，园方为事故责任方，又因园方为在校生投有校方责任险，由保险公司承担保险责任，故受伤男童将幼儿园和保险公司作为被告起诉到法院，要求被告赔偿损失并承担本案诉讼费用。法院审理查明，2011年11月9日，原告在被告社旗县直属机关幼儿园下楼梯时摔伤，造成右肱骨外髁骨折，经鉴定原告构成伤残十级。原告认为，社旗县直属机关幼儿园安排年仅4岁的原告在二楼上课，明显不妥。事故发生时正值下课，学生下楼时出现拥挤，校方却没有安排值班教师及时疏导，幼儿园在管理上有过错。被告社旗县直属机关幼儿园承认园方在管理上有过错，同时认为，园方已经为在校生投有校方责任保险，由中国人民财产保险股份有限公司社旗支公司承担保险责任，故原告所要求的赔偿应由保险公司承担。被告中国人民财产保险股份有限公司社旗支公司辩称，据保险合同的约定，发生校园责任保险事故时，保险公司承担替代赔偿责任，赔偿项目只有直接损失，不赔偿间接损失。社旗县人民法院经审理认为，被告社旗县直属机关幼儿园在教育教学活动中对在校生负有安全管理责任，应当为学生提供符合安全标准的校舍、场地等教育设施。幼儿园安排年仅4岁的原告在二楼上课，下课后楼道发生拥挤时又没有值班教师及时疏导，在管理上有明显疏漏。对造成的伤害事故，社旗县直属机关幼儿园应当承担赔偿责任。中国人民财产保险股份有限公司社旗支公司接受社旗县教委勤俭办为全县在校生集体投保学校责任险，事故又发生在保险期间，故保险公司应替代幼儿园支付赔偿。据此，法院判决中国人民财产保险股份有限公司社旗支公司替代社旗县直属机关幼儿园赔偿原告各项损失人民币57 070元。

问题分析

校方责任险是为解决学校的对外赔偿难题而设立的一个险种，其含义是指学生在学校活动中或由学校统一组织或安排的校外活动中，因学校的疏忽或过失造成学生的人身伤亡或财产损失的，学校依法应承担的经济赔偿责任转由保险公司进行赔偿。校方责任险与学生平安险（简称"学平险"）不同，后者由学生自愿投保，被保险人是学生，学生出现安全事故后可得到保险公司的赔偿；前者则由学校投保，被保险人是学校，当学校因过失而须对外赔偿时，由保险公司代替学校进行赔偿。假设一名学生投了"学平险"，学校也投了校方责任险，该学生在学校上实验课时因教师操作不当而被化学溶液灼伤。此时，该学生既可以从"学平险"中获得赔偿，又可以从校方责任险中获得赔偿，两者各自独立、互不影响。如果学校没有投保校方责任险，学生在获得"学平险"的保险赔偿后起诉学校要求赔偿，那么学校只能自掏腰包进行赔偿。

目前，校方责任险多由各地教育行政部门统一组织学校进行投保。学校当然也可自行投保，保费标准一般为每年每生 10 元。依法设立的幼儿园、全日制中小学（含特殊教育学校）、各类中等职业学校、高等学校及其他教育机构，均可参加投保并作为被保险人。校方责任险的保险合同中一般都有赔偿限额的约定。比如，有的保险公司约定，每所学校每次事故最高赔偿限额为 600 万元，每名受伤害学生每年累计赔偿限额为 100 万元。超出限额的赔偿款，学校需要自行对学生进行赔偿（这样高赔偿额的事故应当是很少发生的，学校无需过多担心）。发生事故之后，幼儿园应当及时通报保险公司，并根据其要求提供与事故赔偿有关的各种资料和证明材料，以便其定责定损。需要特别指出的是，发生事故后，幼儿园可以与幼儿家长协商索赔事宜，但是未经保险公司的书面同意，不要自行对索赔人作出任何关于赔偿的承诺或约定，若保险公司不同意该赔偿约定，幼儿园将陷于被动。

对于校方责任险，有几个认识上的误区，还需幼儿园加以注意。

误解一："只要投了校方责任险，在园幼儿受到伤害后都可获得赔偿。"校方责任险解决的是学校的责任赔偿，前提是学校对损失的发生负有责任。如果学校不存在责任（例如学生在上学、放学途中受到伤害的，或者学生在校突发疾病，学校履行了及时救助并通知其监护人的义务，仍然发生伤亡后果的），事故所造成的损失就不属于校方责任险的赔偿范围。受害学生如果投了"学平险"，则可获得该险种的赔付。

误解二："只要幼儿园负有赔偿责任，保险公司就会代替幼儿园进行全额赔偿。"实际上，超出保险合同约定的赔偿限额的损失，只能由幼儿园自行负责赔偿。此外，保险公司一般还会在保险合同中约定某些情形之下其免于赔偿（即免赔条款），这些情形可能包括：在签订保险合同时，学校故意告知保险人与保险标的有关的虚假情况或故意隐瞒真实情况；因学校或其教职员工的故意行为而造成的学生伤害事故；学校应当承担的赔偿款中的精神损害赔偿、罚款、罚金及惩罚性赔偿等。出现了前述免赔情形的，保险公司将免于代替学校承担赔偿责任，学校只能自行对受害学生进行赔偿。由此可见，并非有了校方责任险就万事大吉了，幼儿园及其举办者最好还应当通过多种途径筹集款项，设立学生伤害事故赔偿准备金，以备万一。

误解三："有了校方责任险，幼儿园在幼儿安全的问题上就可以放松警惕了。"这样的想法是极其有害的。首先，保护在园幼儿的安全是幼儿园的法定职责，这一职责并不因赔偿款给付义务的转嫁而消失或减轻。幼儿的安全和健康是头等大事，任何不履行法定职责的行为都必将受到法律的否定和道义的谴责。其次，鉴于存在保险公司限额赔偿及免于赔偿的情形，如果发生了校方责任事故，幼儿园仍有可能要自行承担赔偿责任。这也提醒幼儿园，忽视在园幼儿的安全有可能使幼儿园付出巨大的代价。再次，保险只是解决了幼儿园的赔偿款问题，发生幼儿园责任事故之后，相关责任人仍有可能要承担行政责任甚至刑事责任。《学生伤害事故处理办法》第三十二条规定："发生学生伤害事故，学校负有责任且情节严重的，教育行政部门应当根据有关规定，对学校的直接负责的主管人员和其他直接责任人员，分别给予相应的行政处分；有关责任人的行为触犯刑律的，应当移送司法机关依法追究刑事责任。"责任追究制度的施行可以督促全体教职员工时刻关注在园幼儿的安全问题，从而最大限度减小事故发生的可能性。

应对之策

• 幼儿园要积极投保校方责任险，发生了在园幼儿伤害事故之后，要及时通知保险公司，保留好各种证据，并积极主动与保险公司联系，妥善办理理赔事宜。

• 投保校方责任险之后，幼儿园仍要认真地履行教育、管理和保护之责，最大限度地保护在园幼儿的安全。

练习与思考

【案例】 据"北京联合保险经纪有限公司网"消息，4月26日，某民办幼儿园110名幼儿在幼儿园的餐厅用餐后，其中80名幼儿出现呕吐、腹泻的症状，幼儿园发现此情况后立即联系救护车，将80名幼儿送往医院救治，经诊断，确定80名幼儿为感染性腹泻。幼儿园将情况上报给当地教育部门和卫生部门，卫生部门到幼儿园的餐厅对餐具和食品进行检查，得出结论：由于餐具不洁，食品制作时交叉污染造成了幼儿集体腹泻。80名幼儿经过治疗全部康复，共花费医疗费用34 440元。教育部门对这起群体感染性腹泻十分重视，委托教育风险管理方——北京联合保险经纪有限公司协助幼儿园向保险公司进行索赔。根据《校方责任保险》中"特别约定"第一条的内容规定"学校向学生提供的药品、食品、饮用水，以及玩具、文具或者其他物品不符合国家和本市的卫生、安全标准的，导致注册学员的人身伤亡，依法应由被保险人承担的全部或部分直接经济损失赔偿责任，保险公司负责赔偿"，北京联合保险经纪有限公司向保险公司申请全额赔付80名幼儿的医疗费用，最终幼儿园获赔34 440元。

【思考】 什么是校方责任险？幼儿园投保校方责任险有何意义？

第50条　幼儿常见伤病如何紧急处理

情景再现

据《海峡导报》报道，10月13日中午11时45分左右，正值湖里安兜某民办幼儿园孩子们吃午饭时间，两岁的男孩朋朋（化名）突然脸色惨白，捂着脖子说不出话，老师赶忙检查急救，依然无济于事，等孩子被送到医院时，已经没有了呼吸。最后，医生从孩子喉咙里取出了致命物——一小块白面馒头。该幼儿园的余园长告诉记者，中午11点半左右，幼儿园为孩子们提供午饭，11点45分左右，还有几个孩子没吃完，当班老师走到几个孩子跟前，发现朋朋嘴里塞满了东西，脸色发白，也说不出话，老师急忙把他抱到隔壁的检查室。"我当时就在检查室，孩子被抱来后，看到他嘴里塞满了馒头。"余园长和老师们赶忙急救，同时打电话通知孩子的家长和120急救中心。遗憾的是，朋朋最终没能被抢救回来。那么，遇到孩子吃饭被硬物卡噎，导致呼吸困难，应该如何紧急处置？厦门市第一医院耳鼻咽喉头颈外科的骆献阳主任医师分析，孩子进食期间发生卡噎，卡噎物一般是处在声门（气道最窄的地方）或气管中，由于小孩缺氧耐受力较差，卡噎后几分钟内就会发生意外。骆医师认为，发生类似意外时，在现场急救难度较大。"孩子出现卡噎，可尝试将孩子倒立拎起，轻拍其背部，看卡噎物能否掉落。"骆医师同时提醒，一旦失败，要及时送医抢救。

问题分析

在园幼儿突发疾病或遭受意外伤害之后能否及时获得有效救助，直接关系到病情的控制和身体的康复情况。在救护车到达之前，如果幼儿园的教职工掌握一些急救知识，能够对患病幼儿进行急救，往往可以为患儿后来的治疗创造有利条件，防止病情恶化。而一旦幼儿园延误救治时间或者采取的救援方式不恰当，导致患儿病情加重，则需对加重的后果承担法律责任。鉴于此，教职工平时应当尽可能多了解、掌握一些在园幼儿常见疾病的急救知识，以便在紧急情况下能够对幼儿进行必要的救援，最大限度地保护幼儿的生命安全和健康。

应对之策

• 小儿惊厥（抽风、惊风）

小儿惊厥的症状主要表现为四肢、面部肌肉抽动，两侧眼球上翻、凝视或斜视，神志不清，偶尔伴有口吐白沫或嘴角牵动、呼吸暂停、面色青紫等。发作时间多在3—5分钟，有可能反复发作。

处理：（1）发生惊厥时，应当立即将患儿平卧，解开衣领，头偏向一侧，使口腔分泌物易于流出，以免引起窒息，保持呼吸畅通。（2）用缠有纱布的压舌板（或者用毛巾拧成麻花状，或把筷子、小勺裹上毛巾）放入患儿口腔内上、下齿之间，以防舌头被咬破。（3）用大拇指按压患儿的鼻下人中穴（鼻唇沟上1/3与下2/3交界处）、双手虎口部的合谷穴（大拇指与食指指骨分叉处）止惊。（4）保持环境安静，不要大声呼叫或者拍打患儿，尽可能减少对患儿的刺激。（5）对于高热惊厥，还要对患儿进行物理降温，如将毛巾用冷水浸湿后敷于患儿头颈部。（6）迅速将患儿送往医院就医。

• 异物堵塞气管

幼儿误将花生米、豆类、瓜子、糖块、果冻、塑料玩具、玻璃球等物吸入气管后，会出现呛咳、憋气、呼吸困难、气喘等症状，严重者甚至会导致窒息。

处理：（1）将患儿抱在膝上，使其头部向下（头部低于躯干），一手固定住孩子，另一手连续拍打其两肩胛骨之间的背部，使气道内的阻塞物脱离原位而咳出。（2）如果孩子较大，且情况紧急（如出现窒息症状），也可使用"海姆立克腹部冲击法"进行抢救，即大人蹲在或者跪在患儿背后，双手抵在患儿脐部与剑突中间，向其胸腹部上后方用力挤压，借助肺部产生的气流冲击将异物排出。（3）异物取出来后，如果患儿呼吸恢复正常，应安静地观察一段时间，看有无变化。如果患儿病情严重，出现呼吸极度困难，则应立即送医院抢救。

- **眼内异物**

沙子、虫子、玻璃片等物体不慎进入幼儿的眼中，可能导致幼儿眼睛不舒服、看不清东西，甚至发生剧烈疼痛。

处理：如果是沙砾、虫子、毛线之类的东西进入幼儿的眼中，教师可用洗干净的手指轻轻地翻起孩子的眼皮，然后用清洁湿棉签或干净的手绢将异物粘出。对于沙尘，也可将幼儿的眼皮提起后向眼内吹气，刺激眼睛流泪，将沙尘冲出，或者用清水冲洗眼睛。如果是玻璃片、金属片或者木刺等尖锐的物体进入眼睛，则千万不要试图将异物取出，不要让孩子用手揉眼睛，而应当用毛巾把孩子的双眼蒙上，并耐心地对其进行安抚，告诉孩子尽量不要转动眼球，并以最快的速度将孩子送往医院救治。

- **烫伤**

幼儿在接触尚未冷却的饭菜、开水、烫锅、电热杯等物体时，很容易被烫伤。烫伤程度可分为三级：一度烫伤只损伤皮肤表层，局部轻度红肿，无水泡，疼痛明显；二度烫伤是真皮损伤，局部红肿疼痛，有大小不等的水泡；三度烫伤是皮下、脂肪、肌肉、骨骼都有损伤，并呈灰或红褐色。

处理：幼儿被烫伤后，应当立即让幼儿脱离热源，并用流动的冷水冲洗创面至少15分钟时间，以降低创面的温度，注意不要用冰，否则会造成皮肤损伤。同时，马上脱掉患儿身上的衣物，以防衣物上的高温继续对患儿造成伤害，但如果衣物粘在烫伤处，则不要硬脱，而应当先把烫伤处周围部分的衣服剪掉。如果出现小水泡，不要弄破它，要由医生进行处理。不要在创面上随意涂抹药膏，以免影响医生对病情的判断，或者造成创面感染。紧急处理后，应当及时将患儿送往医院救治。

- **流鼻血**

外伤、高热引起鼻黏膜干燥、毛细血管扩张等原因均可引起幼儿鼻出血。

处理：（1）幼儿流鼻血后，教师应当让患儿的头部保持正常直立或稍向前倾的姿势，不要让其仰起头，否则容易导致鼻血倒流进入咽喉、胃部等器官，进而引发窒息或呕吐等现象。（2）让患儿坐好后，教师用手按压患儿出血侧鼻翼上方约5分钟（右侧鼻孔流血压右侧，左侧流血则压左侧，若两边都流血，则两边一起压，并让患儿张开嘴巴呼吸），进行指压止血。（3）如果出血量较大，可用消毒棉花填入流血的鼻腔内，将鼻子堵住，再配合指压止血。（4）在指压的同时，可以用冷毛巾敷在患儿额头或鼻部，以帮助血管收缩，减轻出血症状。（5）若幼儿出血不止，则应当立即将其送往医院救治。

- 擦伤、割伤

幼儿奔跑、玩耍时不慎跌倒而导致皮肤擦伤，或者皮肤被小刀、剪刀等尖锐物割伤，需要及时对伤处进行处理。

处理：（1）幼儿擦伤、割伤后，首先应当进行止血，用干净的毛巾或布放到伤口处进行按压（没有干净的布的，也可用干净的手指按压）。如果伤口较深，流血较多，可用无菌绷带紧紧地压住伤口（但如果有玻璃、金属、尖刺嵌入伤口，则不可按压，以防尖锐物扎得更深，此种情况应当立即带孩子去医院处理）。（2）止血后，用清水或生理盐水把伤口清洗干净（没有清洗条件的，也应当用消毒纸巾或干净的毛巾将伤口处的脏东西擦拭掉），防止伤口被感染。（3）清洁处理后用干净的毛巾把伤口擦干，并可在伤口处涂抹一些含抗生素的药膏，以防感染。（4）清洁后，如果用绷带包扎伤口或者在小伤口上贴创可贴，则一定要每天进行更换，以保持创面清洁干燥。（5）对于较为严重的擦伤、割伤（如伤口较大、较深或流血较多等），一定要及时送孩子就医。

- 中暑

幼儿在高温环境中和烈日直射下活动时间较长，很容易引发中暑。一般而言，在高温环境下，如果幼儿出现浑身发烫、体温升高、烦躁不安、头痛恶心、心慌无力的症状，甚至出现突然昏倒、四肢肌肉发生抽动的情况，则孩子多半是中暑了。

处理：（1）一旦幼儿发生中暑现象，应当立即将其转移到通风、阴凉、干燥的地方。（2）让患儿仰卧，松开或除去其衣物，同时通过打开电扇或空调、在地面上洒水或放置冰块等方式降低环境温度，但是风不能直接往孩子身上吹。（3）用温凉毛巾擦拭患儿全身，将湿凉毛巾敷在其头部，或者用温凉水对其浸浴15至30分钟。（4）待患儿清醒后，可让其饮服绿豆汤、淡盐水等解暑，也可以掐患儿的人中穴、内关穴以及合谷穴，还可给患儿服用人丹、藿香正气片等解暑的药品。（5）对于重症中暑的患儿，要立即将其送往医院救治。

• 骨折

幼儿在摔倒、从高处坠落或者发生车祸等情况下，有可能发生骨折。骨折的症状表现为：疼痛、压痛、活动痛；局部肿胀，淤斑；功能障碍；畸形，反常活动（又称假关节活动）；骨擦音或骨擦感；严重者可发生休克。骨折可分为两种：一种是闭合性骨折，即骨折处皮肤或黏膜完整，不与外界相通；另一种是开放性骨折，即骨折附近的皮肤和黏膜破裂，断骨与外界相通。

处理：当幼儿摔倒或从高处坠落后，若出现肿胀、疼痛、活动受限等情况，孩子感觉活动或走动时疼痛更加剧烈的，则表明孩子很有可能发生了骨折。此时，应尽量避免和减少搬动或伤肢活动。如果是开放性骨折，伤口出血，要先进行止血包扎，用干净的纱布、绷带等包扎伤口。如果是闭合性骨折，不要急着给患儿脱去衣裤、鞋袜，若患儿肢体肿胀严重，可用剪刀将患肢的衣袖和裤腿剪开，减轻压迫。如果可能，把孩子伤到的肢体用自制夹板固定住，以减轻搬运时骨折端对软组织、血管、神经或内脏的损伤，也有利于止痛和抗休克。在经过紧急处理后，应当及时将患儿送往医院救治。如果怀疑孩子脊柱受伤，切忌扶患儿行走或将患儿放在软床上，而应在妥善固定后由专业人员实施搬运。在患儿没有经医生诊断治疗之前，不要做患部热敷，更不要随便请人推拿、按摩，以防加重损伤。

练习与思考

【案例】据《新快报》报道，出生于2012年12月的冯某从2016年3月开始入读广州市番禺区某幼儿园。录像资料显示，2018年9月11日12时26分，冯某在睡室躺下，当时睡室共有三名老师，其中一女老师坐于冯某床边。12时27分，冯某身体及肚子起伏，嘴角有呕吐物溢出。女老师发现后，想将冯某的头侧抬起，并尝试将其拉起，但未成功后离开。冯某独自躺在睡床上，其间有小朋友围观，在场的一男老师训斥其他小朋友离开，并未与另一老师上前救助。12时28分，女老师与保育员进入睡室，保育员给冯某拍背、侧身以及清理呕吐物，12时29分时将冯某抱离睡室，赶到保健室进行救助处理。12时31分，幼儿园用固话两次拨打120急救电话。至12时50分，幼儿园人员自行开车将冯某送至广州市番禺区中心医院洛浦分院。园方致电冯某母亲，并通知其到医院，后冯某因抢救无效死亡。经司法鉴定，冯某符合因呼吸道异物（胃内容物）吸入导致急性呼吸功能障碍而死亡，支气管炎为死亡的条件因素。即医学上所称的"呕吐误吸窒息死亡"。记者从判决书获悉，冯某在1岁和4岁时，曾因热性惊厥三次住院。住院情况记载，其送院时均伴有发热、抽搐情况。不过，冯某在入学填写"幼儿身体状况说明"时，父母并未告知园方其有高烧惊厥病史。广州市中级人民法院经审理认为，冯某意外死亡的原因包括其个人体质因素，突发疾病的凶险程度，监护人日常养育不周、入园时隐瞒其病史，幼儿园在处理意外事件当中救助措施不规范、管理失职等多因共同作用，综合各方面的原因力和过错程度，认定冯某的监护人与某幼儿园对于冯某死亡后果的原因力和过错程度相当，由双方各自承担89.9万元损失的50%。2021年2月25日，广州中院二审判决，幼儿园应向冯某父母支付赔偿款44.95万元。

【思考】 本案给我们留下什么样的教训？你所在的幼儿园的教师是否掌握常见的急救知识？

附录一

幼儿园管理条例

第一章 总则

第一条 为了加强幼儿园的管理，促进幼儿教育事业的发展，制定本条例。

第二条 本条例适用于招收三周岁以上学龄前幼儿，对其进行保育和教育的幼儿园。

第三条 幼儿园的保育和教育工作应当促进幼儿在体、智、德、美诸方面和谐发展。

第四条 地方各级人民政府应当根据本地区社会经济发展状况，制订幼儿园的发展规划。

幼儿园的设置应当与当地居民人口相适应。

乡、镇、市辖区和不设区的市的幼儿园的发展规划，应当包括幼儿园设置的布局方案。

第五条 地方各级人民政府可以依据本条例举办幼儿园，并鼓励和支持企业事业单位、社会团体、居民委员会、村民委员会和公民举办幼儿园或捐资助园。

第六条 幼儿园的管理实行地方负责、分级管理和各有关部门分工负责的原则。

国家教育委员会主管全国的幼儿园管理工作；地方各级人民政府的教育行政部门，主管本行政辖区内的幼儿园管理工作。

第二章 举办幼儿园的基本条件和审批程序

第七条 举办幼儿园必须将幼儿园设置在安全区域内。严禁在污染区和危险区内设置幼儿园。

第八条 举办幼儿园必须具有与保育、教育的要求相适应的园舍和设施。幼儿园的园舍和设施必须符合国家的卫生标准和安全标准。

第九条 举办幼儿园应当具有符合下列条件的保育、幼儿教育、医务和其他工作人员：

（一）幼儿园园长、教师应当具有幼儿师范学校（包括职业学校幼儿教育专业）毕业程度，或者经教育行政部门考核合格。

（二）医师应当具有医学院校毕业程度，医士和护士应当具有中等卫生学校毕业程度，或者取得卫生行政部门的资格认可。

（三）保健员应当具有高中毕业程度，并受过幼儿保健培训。

（四）保育员应当具有初中毕业程度，并受过幼儿保育职业培训。

慢性传染病、精神病患者，不得在幼儿园工作。

第十条 举办幼儿园的单位或者个人必须具有进行保育、教育以及维修或扩建、改建幼儿园的园舍与设施的经费来源。

第十一条 国家实行幼儿园登记注册制度，未经登记注册，任何单位和个人不得举办幼儿园。

第十二条 城市幼儿园的举办、停办，由所在区、不设区的市的人民政府教育行政部门登记注册。

农村幼儿园的举办、停办，由所在乡、镇人民政府登记注册，并报县人民政府教育行政部门备案。

第三章 幼儿园的保育和教育工作

第十三条 幼儿园应当贯彻保育与教育相结合的原则，创设与幼儿的教育和发展相适应的和谐环境，引导幼儿个性的健康发展。

幼儿园应当保障幼儿的身体健康，培养幼儿的良好生活、卫生习惯；促进幼儿的智力发展；培养幼儿热爱祖国的情感以及良好的品德行为。

第十四条 幼儿园的招生、编班应当符合教育行政部门的规定。

第十五条 幼儿园应当使用全国通用的普通话。招收少数民族为主的幼儿园，可以使用本民族通用的语言。

第十六条 幼儿园应当以游戏为基本活动形式。

幼儿园可以根据本园的实际，安排和选择教育内容与方法，但不得进行违背幼儿教育规律，有损于幼儿身心健康的活动。

第十七条 严禁体罚和变相体罚幼儿。

第十八条 幼儿园应当建立卫生保健制度，防止发生食物中毒和传染病的流行。

第十九条 幼儿园应当建立安全防护制度，严禁在幼儿园内设置威胁幼儿安全的危险建筑物和设施，严禁使用有毒、有害物质制作教具、玩具。

第二十条 幼儿园发生食物中毒、传染病流行时，举办幼儿园的单位或者个人应当立即采取紧急救护措施，并及时报告当地教育行政部门或卫生行政部门。

第二十一条 幼儿园的园舍和设施有可能发生危险时，举办幼儿园的单位或个人应当采取措施，排除险情，防止事故发生。

第四章　幼儿园的行政事务

第二十二条 各级教育行政部门应当负责监督、评估和指导幼儿园的保育、教育工作，组织培训幼儿园的师资，审定、考核幼儿园教师的资格，并协助卫生行政部门检查和指导幼儿园的卫生保健工作，会同建设行政部门制定幼儿园园舍、设施的标准。

第二十三条 幼儿园园长负责幼儿园的工作。

幼儿园园长由举办幼儿园的单位或个人聘任，并向幼儿园的登记注册机关备案。

幼儿园的教师、医师、保健员、保育员和其他工作人员，由幼儿园园长聘任，也可由举办幼儿园的单位或个人聘任。

第二十四条 幼儿园可以依据本省、自治区、直辖市人民政府制定的收费标准，向幼儿家长收取保育费、教育费。

幼儿园应当加强财务管理，合理使用各项经费，任何单位和个人不得克扣、挪用幼儿园经费。

第二十五条 任何单位和个人，不得侵占和破坏幼儿园园舍和设施，不得在幼儿园周围设置有危险、有污染或影响幼儿园采光的建筑和设施，不得干扰幼儿园正常的工作秩序。

第五章　奖励与处罚

第二十六条　凡具备下列条件之一的单位或者个人,由教育行政部门和有关部门予以奖励:

（一）改善幼儿园的办园条件成绩显著的;

（二）保育、教育工作成绩显著的;

（三）幼儿园管理工作成绩显著的。

第二十七条　违反本条例,具有下列情形之一的幼儿园,由教育行政部门视情节轻重,给予限期整顿、停止招生、停止办园的行政处罚:

（一）未经登记注册,擅自招收幼儿的;

（二）园舍、设施不符合国家卫生标准、安全标准,妨害幼儿身体健康或者威胁幼儿生命安全的;

（三）教育内容和方法违背幼儿教育规律,损害幼儿身心健康的。

第二十八条　违反本条例,具有下列情形之一的单位或者个人,由教育行政部门对直接责任人员给予警告、罚款的行政处罚,或者由教育行政部门建议有关部门对责任人员给予行政处分:

（一）体罚或变相体罚幼儿的;

（二）使用有毒、有害物质制作教具、玩具的;

（三）克扣、挪用幼儿园经费的;

（四）侵占、破坏幼儿园园舍、设备的;

（五）干扰幼儿园正常工作秩序的;

（六）在幼儿园周围设置有危险、有污染或者影响幼儿园采光的建设和设施的。

前款所列情形,情节严重,构成犯罪的,由司法机关依法追究刑事责任。

第二十九条　当事人对行政处罚不服的,可以在接到处罚通知之日起十五日内,向作出处罚决定的机关的上一级机关申请复议,对复议决定不服的,可在接到复议决定之日起十五日内,向人民法院提起诉讼。当事人逾期不申请复议或者不向人民法院提起诉讼又不履行处罚决定的,由作出处罚决定的机关申请人民法院强制执行。

第六章　附则

第三十条　省、自治区、直辖市人民政府可根据本条例制定实施办法。

第三十一条　本条例由国家教育委员会解释。

第三十二条　本条例自 1990 年 2 月 1 日起施行。

（中华人民共和国国家教育委员会令第 4 号，1989 年 9 月 11 日发布）

附录二

幼儿园工作规程

第一章 总则

第一条 为了加强幼儿园的科学管理，规范办园行为，提高保育和教育质量，促进幼儿身心健康，依据《中华人民共和国教育法》等法律法规，制定本规程。

第二条 幼儿园是对 3 周岁以上学龄前幼儿实施保育和教育的机构。幼儿园教育是基础教育的重要组成部分，是学校教育制度的基础阶段。

第三条 幼儿园的任务是：贯彻国家的教育方针，按照保育与教育相结合的原则，遵循幼儿身心发展特点和规律，实施德、智、体、美等方面全面发展的教育，促进幼儿身心和谐发展。

幼儿园同时面向幼儿家长提供科学育儿指导。

第四条 幼儿园适龄幼儿一般为 3 周岁至 6 周岁。

幼儿园一般为三年制。

第五条 幼儿园保育和教育的主要目标是：

（一）促进幼儿身体正常发育和机能的协调发展，增强体质，促进心理健康，培养良好的生活习惯、卫生习惯和参加体育活动的兴趣。

（二）发展幼儿智力，培养正确运用感官和运用语言交往的基本能力，增进对环境的认识，培养有益的兴趣和求知欲望，培养初步的动手探究能力。

（三）萌发幼儿爱祖国、爱家乡、爱集体、爱劳动、爱科学的情感，培养诚实、自信、友爱、勇敢、勤学、好问、爱护公物、克服困难、讲礼貌、守纪律等良好的品德行为和习惯，以及活泼开朗的性格。

（四）培养幼儿初步感受美和表现美的情趣和能力。

第六条 幼儿园教职工应当尊重、爱护幼儿，严禁虐待、歧视、体罚和变相体罚、侮辱幼儿人格等损害幼儿身心健康的行为。

第七条 幼儿园可分为全日制、半日制、定时制、季节制和寄宿制等。上述形式可分别设置，也可混合设置。

第二章 幼儿入园和编班

第八条 幼儿园每年秋季招生。平时如有缺额，可随时补招。

幼儿园对烈士子女、家中无人照顾的残疾人子女、孤儿、家庭经济困难幼儿、具有接受普通教育能力的残疾儿童等入园，按照国家和地方的有关规定予以照顾。

第九条 企业、事业单位和机关、团体、部队设置的幼儿园，除招收本单位工作人员的子女外，应当积极创造条件向社会开放，招收附近居民子女入园。

第十条 幼儿入园前，应当按照卫生部门制定的卫生保健制度进行健康检查，合格者方可入园。

幼儿入园除进行健康检查外，禁止任何形式的考试或测查。

第十一条 幼儿园规模应当有利于幼儿身心健康，便于管理，一般不超过 360 人。

幼儿园每班幼儿人数一般为：小班（3 周岁至 4 周岁）25 人，中班（4 周岁至 5 周岁）30 人，大班（5 周岁至 6 周岁）35 人，混合班 30 人。寄宿制幼儿园每班幼儿人数酌减。

幼儿园可以按年龄分别编班，也可以混合编班。

第三章 幼儿园的安全

第十二条 幼儿园应当严格执行国家和地方幼儿园安全管理的相关规定，建立健全门卫、房屋、设备、消防、交通、食品、药物、幼儿接送交接、活动组织和幼儿就寝值守等安全防护和检查制度，建立安全责任制和应急预案。

第十三条 幼儿园的园舍应当符合国家和地方的建设标准，以及相关安全、卫生等方面的规范，定期检查维护，保障安全。幼儿园不得设置在污染区和危险区，不得使用危房。

幼儿园的设备设施、装修装饰材料、用品用具和玩教具材料等，应当符合国家相关的安全质量标准和环保要求。

入园幼儿应当由监护人或者其委托的成年人接送。

第十四条 幼儿园应当严格执行国家有关食品药品安全的法律法规，保障饮食饮水卫生安全。

第十五条 幼儿园教职工必须具有安全意识，掌握基本急救常识和防范、避险、逃生、自救的基本方法，在紧急情况下应当优先保护幼儿的人身安全。

幼儿园应当把安全教育融入一日生活，并定期组织开展多种形式的安全教育和事故预防演练。

幼儿园应当结合幼儿年龄特点和接受能力开展反家庭暴力教育，发现幼儿遭受或者疑似遭受家庭暴力的，应当依法及时向公安机关报案。

第十六条 幼儿园应当投保校方责任险。

第四章 幼儿园的卫生保健

第十七条 幼儿园必须切实做好幼儿生理和心理卫生保健工作。

幼儿园应当严格执行《托儿所幼儿园卫生保健管理办法》以及其他有关卫生保健的法规、规章和制度。

第十八条 幼儿园应当制定合理的幼儿一日生活作息制度。正餐间隔时间为3.5—4小时。在正常情况下，幼儿户外活动时间（包括户外体育活动时间）每天不得少于2小时，寄宿制幼儿园不得少于3小时；高寒、高温地区可酌情增减。

第十九条 幼儿园应当建立幼儿健康检查制度和幼儿健康卡或档案。每年体检一次，每半年测身高、视力一次，每季度量体重一次；注意幼儿口腔卫生，保护幼儿视力。

幼儿园对幼儿健康发展状况定期进行分析、评价，及时向家长反馈结果。

幼儿园应当关注幼儿心理健康，注重满足幼儿的发展需要，保持幼儿积极的情绪状态，让幼儿感受到尊重和接纳。

第二十条 幼儿园应当建立卫生消毒、晨检、午检制度和病儿隔离制度，配合卫生部门做好计划免疫工作。

幼儿园应当建立传染病预防和管理制度，制定突发传染病应急预案，认真做好疾病防控工作。

幼儿园应当建立患病幼儿用药的委托交接制度，未经监护人委托或者同意，幼儿园不得给幼儿用药。幼儿园应当妥善管理药品，保证幼儿用药安全。

幼儿园内禁止吸烟、饮酒。

第二十一条 供给膳食的幼儿园应当为幼儿提供安全卫生的食品，编制营养平衡的幼儿食谱，定期计算和分析幼儿的进食量和营养素摄取量，保证幼儿合理膳食。

幼儿园应当每周向家长公示幼儿食谱，并按照相关规定进行食品留样。

第二十二条 幼儿园应当配备必要的设备设施，及时为幼儿提供安全卫生的饮用水。

幼儿园应当培养幼儿良好的大小便习惯，不得限制幼儿便溺的次数、时间等。

第二十三条 幼儿园应当积极开展适合幼儿的体育活动，充分利用日光、空气、水等自然因素以及本地自然环境，有计划地锻炼幼儿肌体，增强身体的适应和抵抗能力。正常情况下，每日户外体育活动不得少于1小时。

幼儿园在开展体育活动时，应当对体弱或有残疾的幼儿予以特殊照顾。

第二十四条 幼儿园夏季要做好防暑降温工作，冬季要做好防寒保暖工作，防止中暑和冻伤。

第五章　幼儿园的教育

第二十五条 幼儿园教育应当贯彻以下原则和要求：

（一）德、智、体、美等方面的教育应当互相渗透，有机结合。

（二）遵循幼儿身心发展规律，符合幼儿年龄特点，注重个体差异，因人施教，引导幼儿个性健康发展。

（三）面向全体幼儿，热爱幼儿，坚持积极鼓励、启发引导的正面教育。

（四）综合组织健康、语言、社会、科学、艺术各领域的教育内容，渗透于幼儿一日生活的各项活动中，充分发挥各种教育手段的交互作用。

（五）以游戏为基本活动，寓教育于各项活动之中。

（六）创设与教育相适应的良好环境，为幼儿提供活动和表现能力的机会与条件。

第二十六条 幼儿一日活动的组织应当动静交替，注重幼儿的直接感知、实际操作和亲身体验，保证幼儿愉快的、有益的自由活动。

第二十七条 幼儿园日常生活组织，应当从实际出发，建立必要、合理的常规，坚持一贯性和灵活性相结合，培养幼儿的良好习惯和初步的生活自理能力。

第二十八条 幼儿园应当为幼儿提供丰富多样的教育活动。

教育活动内容应当根据教育目标、幼儿的实际水平和兴趣确定，以循序渐进为原则，有计划地选择和组织。

教育活动的组织应当灵活地运用集体、小组和个别活动等形式，为每个幼儿提供充分参与的机会，满足幼儿多方面发展的需要，促进每个幼儿在不同水平上得到发展。

教育活动的过程应注重支持幼儿的主动探索、操作实践、合作交流和表达表现，不应片面追求活动结果。

第二十九条 幼儿园应当将游戏作为对幼儿进行全面发展教育的重要形式。

幼儿园应当因地制宜创设游戏条件，提供丰富、适宜的游戏材料，保证充足的游戏时间，开展多种游戏。

幼儿园应当根据幼儿的年龄特点指导游戏，鼓励和支持幼儿根据自身兴趣、需要和经验水平，自主选择游戏内容、游戏材料和伙伴，使幼儿在游戏过程中获得积极的情绪情感，促进幼儿能力和个性的全面发展。

第三十条 幼儿园应当将环境作为重要的教育资源，合理利用室内外环境，创设开放的、多样的区域活动空间，提供适合幼儿年龄特点的丰富的玩具、操作材料和幼儿读物，支持幼儿自主选择和主动学习，激发幼儿学习的兴趣与探究的愿望。

幼儿园应当营造尊重、接纳和关爱的氛围，建立良好的同伴和师生关系。

幼儿园应当充分利用家庭和社区的有利条件，丰富和拓展幼儿园的教育资源。

第三十一条 幼儿园的品德教育应当以情感教育和培养良好行为习惯为

主，注重潜移默化的影响，并贯穿于幼儿生活以及各项活动之中。

第三十二条　幼儿园应当充分尊重幼儿的个体差异，根据幼儿不同的心理发展水平，研究有效的活动形式和方法，注重培养幼儿良好的个性心理品质。

幼儿园应当为在园残疾儿童提供更多的帮助和指导。

第三十三条　幼儿园和小学应当密切联系，互相配合，注意两个阶段教育的相互衔接。

幼儿园不得提前教授小学教育内容，不得开展任何违背幼儿身心发展规律的活动。

第六章　幼儿园的园舍、设备

第三十四条　幼儿园应当按照国家的相关规定设活动室、寝室、卫生间、保健室、综合活动室、厨房和办公用房等，并达到相应的建设标准。有条件的幼儿园应当优先扩大幼儿游戏和活动空间。

寄宿制幼儿园应当增设隔离室、浴室和教职工值班室等。

第三十五条　幼儿园应当有与其规模相适应的户外活动场地，配备必要的游戏和体育活动设施，创造条件开辟沙地、水池、种植园地等，并根据幼儿活动的需要绿化、美化园地。

第三十六条　幼儿园应当配备适合幼儿特点的桌椅、玩具架、盥洗卫生用具，以及必要的玩教具、图书和乐器等。

玩教具应当具有教育意义并符合安全、卫生要求。幼儿园应当因地制宜，就地取材，自制玩教具。

第三十七条　幼儿园的建筑规划面积、建筑设计和功能要求，以及设施设备、玩教具配备，按照国家和地方的相关规定执行。

第七章　幼儿园的教职工

第三十八条　幼儿园按照国家相关规定设园长、副园长、教师、保育员、卫生保健人员、炊事员和其他工作人员等岗位，配足配齐教职工。

第三十九条　幼儿园教职工应当贯彻国家教育方针，具有良好品德，热爱教育事业，尊重和爱护幼儿，具有专业知识和技能以及相应的文化和专业素养，为人师表，忠于职责，身心健康。

幼儿园教职工患传染病期间暂停在幼儿园的工作。有犯罪、吸毒记录和精神病史者不得在幼儿园工作。

第四十条 幼儿园园长应当符合本规程第三十九条规定，并应当具有《教师资格条例》规定的教师资格、具备大专以上学历、有三年以上幼儿园工作经历和一定的组织管理能力，并取得幼儿园园长岗位培训合格证书。

幼儿园园长由举办者任命或者聘任，并报当地主管的教育行政部门备案。

幼儿园园长负责幼儿园的全面工作，主要职责如下：

（一）贯彻执行国家的有关法律、法规、方针、政策和地方的相关规定，负责建立并组织执行幼儿园的各项规章制度；

（二）负责保育教育、卫生保健、安全保卫工作；

（三）负责按照有关规定聘任、调配教职工，指导、检查和评估教师以及其他工作人员的工作，并给予奖惩；

（四）负责教职工的思想工作，组织业务学习，并为他们的学习、进修、教育研究创造必要的条件；

（五）关心教职工的身心健康，维护他们的合法权益，改善他们的工作条件；

（六）组织管理园舍、设备和经费；

（七）组织和指导家长工作；

（八）负责与社区的联系和合作。

第四十一条 幼儿园教师必须具有《教师资格条例》规定的幼儿园教师资格，并符合本规程第三十九条规定。

幼儿园教师实行聘任制。

幼儿园教师对本班工作全面负责，其主要职责如下：

（一）观察了解幼儿，依据国家有关规定，结合本班幼儿的发展水平和兴趣需要，制订和执行教育工作计划，合理安排幼儿一日生活；

（二）创设良好的教育环境，合理组织教育内容，提供丰富的玩具和游戏材料，开展适宜的教育活动；

（三）严格执行幼儿园安全、卫生保健制度，指导并配合保育员管理本班幼儿生活，做好卫生保健工作；

（四）与家长保持经常联系，了解幼儿家庭的教育环境，商讨符合幼儿特点的教育措施，相互配合共同完成教育任务；

（五）参加业务学习和保育教育研究活动；

（六）定期总结评估保教工作实效，接受园长的指导和检查。

第四十二条 幼儿园保育员应当符合本规程第三十九条规定，并应当具备高中毕业以上学历，受过幼儿保育职业培训。

幼儿园保育员的主要职责如下：

（一）负责本班房舍、设备、环境的清洁卫生和消毒工作；

（二）在教师指导下，科学照料和管理幼儿生活，并配合本班教师组织教育活动；

（三）在卫生保健人员和本班教师指导下，严格执行幼儿园安全、卫生保健制度；

（四）妥善保管幼儿衣物和本班的设备、用具。

第四十三条 幼儿园卫生保健人员除符合本规程第三十九条规定外，医师应当取得卫生行政部门颁发的《医师执业证书》；护士应当取得《护士执业证书》；保健员应当具有高中毕业以上学历，并经过当地妇幼保健机构组织的卫生保健专业知识培训。

幼儿园卫生保健人员对全园幼儿身体健康负责，其主要职责如下：

（一）协助园长组织实施有关卫生保健方面的法规、规章和制度，并监督执行；

（二）负责指导调配幼儿膳食，检查食品、饮水和环境卫生；

（三）负责晨检、午检和健康观察，做好幼儿营养、生长发育的监测和评价；定期组织幼儿健康体检，做好幼儿健康档案管理；

（四）密切与当地卫生保健机构的联系，协助做好疾病防控和计划免疫工作；

（五）向幼儿园教职工和家长进行卫生保健宣传和指导。

（六）妥善管理医疗器械、消毒用具和药品。

第四十四条 幼儿园其他工作人员的资格和职责，按照国家和地方的有关规定执行。

第四十五条 对认真履行职责、成绩优良的幼儿园教职工，应当按照有关规定给予奖励。

对不履行职责的幼儿园教职工，应当视情节轻重，依法依规给予相应处分。

<h2 style="text-align:center">第八章　幼儿园的经费</h2>

第四十六条　幼儿园的经费由举办者依法筹措，保障有必备的办园资金和稳定的经费来源。

按照国家和地方相关规定接受财政扶持的提供普惠性服务的国有企事业单位办园、集体办园和民办园等幼儿园，应当接受财务、审计等有关部门的监督检查。

第四十七条　幼儿园收费按照国家和地方的有关规定执行。

幼儿园实行收费公示制度，收费项目和标准向家长公示，接受社会监督，不得以任何名义收取与新生入园相挂钩的赞助费。

幼儿园不得以培养幼儿某种专项技能、组织或参与竞赛等为由，另外收取费用；不得以营利为目的组织幼儿表演、竞赛等活动。

第四十八条　幼儿园的经费应当按照规定的使用范围合理开支，坚持专款专用，不得挪作他用。

第四十九条　幼儿园举办者筹措的经费，应当保证保育和教育的需要，有一定比例用于改善办园条件和开展教职工培训。

第五十条　幼儿膳食费应当实行民主管理制度，保证全部用于幼儿膳食，每月向家长公布账目。

第五十一条　幼儿园应当建立经费预算和决算审核制度，经费预算和决算应当提交园务委员会审议，并接受财务和审计部门的监督检查。

幼儿园应当依法建立资产配置、使用、处置、产权登记、信息管理等管理制度，严格执行有关财务制度。

<h2 style="text-align:center">第九章　幼儿园、家庭和社区</h2>

第五十二条　幼儿园应当主动与幼儿家庭沟通合作，为家长提供科学育儿宣传指导，帮助家长创设良好的家庭教育环境，共同担负教育幼儿的任务。

第五十三条　幼儿园应当建立幼儿园与家长联系的制度。幼儿园可采取多种形式，指导家长正确了解幼儿园保育和教育的内容、方法，定期召开家长会议，并接待家长的来访和咨询。

幼儿园应当认真分析、吸收家长对幼儿园教育与管理工作的意见与建议。

幼儿园应当建立家长开放日制度。

第五十四条 幼儿园应当成立家长委员会。

家长委员会的主要任务是：对幼儿园重要决策和事关幼儿切身利益的事项提出意见和建议；发挥家长的专业和资源优势，支持幼儿园保育教育工作；帮助家长了解幼儿园工作计划和要求，协助幼儿园开展家庭教育指导和交流。

家长委员会在幼儿园园长指导下工作。

第五十五条 幼儿园应当加强与社区的联系与合作，面向社区宣传科学育儿知识，开展灵活多样的公益性早期教育服务，争取社区对幼儿园的多方面支持。

第十章　幼儿园的管理

第五十六条 幼儿园实行园长负责制。

幼儿园应当建立园务委员会。园务委员会由园长、副园长、党组织负责人和保教、卫生保健、财会等方面工作人员的代表以及幼儿家长代表组成。园长任园务委员会主任。

园长定期召开园务委员会会议，遇重大问题可临时召集，对规章制度的建立、修改、废除，全园工作计划，工作总结，人员奖惩，财务预算和决算方案，以及其他涉及全园工作的重要问题进行审议。

第五十七条 幼儿园应当加强党组织建设，充分发挥党组织政治核心作用、战斗堡垒作用。幼儿园应当为工会、共青团等其他组织开展工作创造有利条件，充分发挥其在幼儿园工作中的作用。

第五十八条 幼儿园应当建立教职工大会制度或者教职工代表大会制度，依法加强民主管理和监督。

第五十九条 幼儿园应当建立教研制度，研究解决保教工作中的实际问题。

第六十条 幼儿园应当制订年度工作计划，定期部署、总结和报告工作。每学年年末应当向教育等行政主管部门报告工作，必要时随时报告。

第六十一条 幼儿园应当接受上级教育、卫生、公安、消防等部门的检查、监督和指导，如实报告工作和反映情况。

幼儿园应当依法接受教育督导部门的督导。

第六十二条 幼儿园应当建立业务档案、财务管理、园务会议、人员奖惩、安全管理以及与家庭、小学联系等制度。

幼儿园应当建立信息管理制度，按照规定采集、更新、报送幼儿园管理信息系统的相关信息，每年向主管教育行政部门报送统计信息。

第六十三条 幼儿园教师依法享受寒暑假期的带薪休假。幼儿园应当创造条件，在寒暑假期间，安排工作人员轮流休假。具体办法由举办者制定。

第十一章　附则

第六十四条 本规程适用于城乡各类幼儿园。

第六十五条 省、自治区、直辖市教育行政部门可根据本规程，制订具体实施办法。

第六十六条 本规程自 2016 年 3 月 1 日起施行。1996 年 3 月 9 日由原国家教育委员会令第 25 号发布的《幼儿园工作规程》同时废止。

（中华人民共和国教育部令第 39 号，2016 年 1 月 5 日发布）

附录三

学生伤害事故处理办法

第一章 总则

第一条 为积极预防、妥善处理在校学生伤害事故，保护学生、学校的合法权益，根据《中华人民共和国教育法》、《中华人民共和国未成年人保护法》和其他相关法律、行政法规及有关规定，制定本办法。

第二条 在学校实施的教育教学活动或者学校组织的校外活动中，以及在学校负有管理责任的校舍、场地、其他教育教学设施、生活设施内发生的，造成在校学生人身损害后果的事故的处理，适用本办法。

第三条 学生伤害事故应当遵循依法、客观公正、合理适当的原则，及时、妥善地处理。

第四条 学校的举办者应当提供符合安全标准的校舍、场地、其他教育教学设施和生活设施。

教育行政部门应当加强学校安全工作，指导学校落实预防学生伤害事故的措施，指导、协助学校妥善处理学生伤害事故，维护学校正常的教育教学秩序。

第五条 学校应当对在校学生进行必要的安全教育和自护自救教育；应当按照规定，建立健全安全制度，采取相应的管理措施，预防和消除教育教学环境中存在的安全隐患；当发生伤害事故时，应当及时采取措施救助受伤害学生。

学校对学生进行安全教育、管理和保护，应当针对学生年龄、认知能力和法律行为能力的不同，采用相应的内容和预防措施。

第六条 学生应当遵守学校的规章制度和纪律；在不同的受教育阶段，应当根据自身的年龄、认知能力和法律行为能力，避免和消除相应的危险。

第七条 未成年学生的父母或者其他监护人（以下称为监护人）应当依法履行监护职责，配合学校对学生进行安全教育、管理和保护工作。

学校对未成年学生不承担监护职责，但法律有规定的或者学校依法接受委托承担相应监护职责的情形除外。

第二章 事故与责任

第八条 发生学生伤害事故，造成学生人身损害的，学校应当按照《中华人民共和国侵权责任法》及相关法律、法规的规定，承担相应的事故责任。

第九条 因下列情形之一造成的学生伤害事故，学校应当依法承担相应的责任：

（一）学校的校舍、场地、其他公共设施，以及学校提供给学生使用的学具、教育教学和生活设施、设备不符合国家规定的标准，或者有明显不安全因素的；

（二）学校的安全保卫、消防、设施设备管理等安全管理制度有明显疏漏，或者管理混乱，存在重大安全隐患，而未及时采取措施的；

（三）学校向学生提供的药品、食品、饮用水等不符合国家或者行业的有关标准、要求的；

（四）学校组织学生参加教育教学活动或者校外活动，未对学生进行相应的安全教育，并未在可预见的范围内采取必要的安全措施的；

（五）学校知道教师或者其他工作人员患有不适宜担任教育教学工作的疾病，但未采取必要措施的；

（六）学校违反有关规定，组织或者安排未成年学生从事不宜未成年人参加的劳动、体育运动或者其他活动的；

（七）学生有特异体质或者特定疾病，不宜参加某种教育教学活动，学校知道或者应当知道，但未予以必要的注意的；

（八）学生在校期间突发疾病或者受到伤害，学校发现，但未根据实际情况及时采取相应措施，导致不良后果加重的；

（九）学校教师或者其他工作人员体罚或者变相体罚学生，或者在履行职责过程中违反工作要求、操作规程、职业道德或者其他有关规定的；

（十）学校教师或者其他工作人员在负有组织、管理未成年学生的职责期间，发现学生行为具有危险性，但未进行必要的管理、告诫或者制止的；

（十一）对未成年学生擅自离校等与学生人身安全直接相关的信息，学校发现或者知道，但未及时告知未成年学生的监护人，导致未成年学生因脱离监护人的保护而发生伤害的；

（十二）学校有未依法履行职责的其他情形的。

第十条 学生或者未成年学生监护人由于过错，有下列情形之一，造成学生伤害事故，应当依法承担相应的责任：

（一）学生违反法律法规的规定，违反社会公共行为准则、学校的规章制度或者纪律，实施按其年龄和认知能力应当知道具有危险或者可能危及他人的行为的；

（二）学生行为具有危险性，学校、教师已经告诫、纠正，但学生不听劝阻、拒不改正的；

（三）学生或者其监护人知道学生有特异体质，或者患有特定疾病，但未告知学校的；

（四）未成年学生的身体状况、行为、情绪等有异常情况，监护人知道或者已被学校告知，但未履行相应监护职责的；

（五）学生或者未成年学生监护人有其他过错的。

第十一条 学校安排学生参加活动，因提供场地、设备、交通工具、食品及其他消费与服务的经营者，或者学校以外的活动组织者的过错造成的学生伤害事故，有过错的当事人应当依法承担相应的责任。

第十二条 因下列情形之一造成的学生伤害事故，学校已履行了相应职责，行为并无不当的，无法律责任：

（一）地震、雷击、台风、洪水等不可抗的自然因素造成的；

（二）来自学校外部的突发性、偶发性侵害造成的；

（三）学生有特异体质、特定疾病或者异常心理状态，学校不知道或者难于知道的；

（四）学生自杀、自伤的；

（五）在对抗性或者具有风险性的体育竞赛活动中发生意外伤害的；

（六）其他意外因素造成的。

第十三条 下列情形下发生的造成学生人身损害后果的事故，学校行为并无不当的，不承担事故责任；事故责任应当按有关法律法规或者其他有关规定认定：

（一）在学生自行上学、放学、返校、离校途中发生的；

（二）在学生自行外出或者擅自离校期间发生的；

（三）在放学后、节假日或者假期等学校工作时间以外，学生自行滞留学校或者自行到校发生的；

（四）其他在学校管理职责范围外发生的。

第十四条 因学校教师或者其他工作人员与其职务无关的个人行为，或者因学生、教师及其他个人故意实施的违法犯罪行为，造成学生人身损害的，由致害人依法承担相应的责任。

第三章 事故处理程序

第十五条 发生学生伤害事故，学校应当及时救助受伤害学生，并应当及时告知未成年学生的监护人；有条件的，应当采取紧急救援等方式救助。

第十六条 发生学生伤害事故，情形严重的，学校应当及时向主管教育行政部门及有关部门报告；属于重大伤亡事故的，教育行政部门应当按照有关规定及时向同级人民政府和上一级教育行政部门报告。

第十七条 学校的主管教育行政部门应学校要求或者认为必要，可以指导、协助学校进行事故的处理工作，尽快恢复学校正常的教育教学秩序。

第十八条 发生学生伤害事故，学校与受伤害学生或者学生家长可以通过协商方式解决；双方自愿，可以书面请求主管教育行政部门进行调解。成年学生或者未成年学生的监护人也可以依法直接提起诉讼。

第十九条 教育行政部门收到调解申请，认为必要的，可以指定专门人员进行调解，并应当在受理申请之日起 60 日内完成调解。

第二十条 经教育行政部门调解，双方就事故处理达成一致意见的，应当在调解人员的见证下签订调解协议，结束调解；在调解期限内，双方不能达成一致意见，或者调解过程中一方提起诉讼，人民法院已经受理的，应当终止调解。调解结束或者终止，教育行政部门应当书面通知当事人。

第二十一条 对经调解达成的协议，一方当事人不履行或者反悔的，双方可以依法提起诉讼。

第二十二条 事故处理结束，学校应当将事故处理结果书面报告主管的教育行政部门；重大伤亡事故的处理结果，学校主管的教育行政部门应当向同级人民政府和上一级教育行政部门报告。

第四章 事故损害的赔偿

第二十三条 对发生学生伤害事故负有责任的组织或者个人，应当按照法律法规的有关规定，承担相应的损害赔偿责任。

第二十四条 学生伤害事故赔偿的范围与标准，按照有关行政法规、地方性法规或者最高人民法院司法解释中的有关规定确定。

教育行政部门进行调解时，认为学校有责任的，可以依照有关法律法规及国家有关规定，提出相应的调解方案。

第二十五条 对受伤害学生的伤残程度存在争议的，可以委托当地具有相应鉴定资格的医院或者有关机构，依据国家规定的人体伤残标准进行鉴定。

第二十六条 学校对学生伤害事故负有责任的，根据责任大小，适当予以经济赔偿，但不承担解决户口、住房、就业等与救助受伤害学生、赔偿相应经济损失无直接关系的其他事项。

学校无责任的，如果有条件，可以根据实际情况，本着自愿和可能的原则，对受伤害学生给予适当的帮助。

第二十七条 因学校教师或者其他工作人员在履行职务中的故意或者重大过失造成的学生伤害事故，学校予以赔偿后，可以向有关责任人员追偿。

第二十八条 未成年学生对学生伤害事故负有责任的，由其监护人依法承担相应的赔偿责任。

学生的行为侵害学校教师及其他工作人员以及其他组织、个人的合法权益，造成损失的，成年学生或者未成年学生的监护人应当依法予以赔偿。

第二十九条 根据双方达成的协议、经调解形成的协议或者人民法院的生效判决，应当由学校负担的赔偿金，学校应当负责筹措；学校无力完全筹措的，由学校的主管部门或者举办者协助筹措。

第三十条 县级以上人民政府教育行政部门或者学校举办者有条件的，可以通过设立学生伤害赔偿准备金等多种形式，依法筹措伤害赔偿金。

第三十一条 学校有条件的，应当依据保险法的有关规定，参加学校责任保险。

教育行政部门可以根据实际情况，鼓励中小学参加学校责任保险。

提倡学生自愿参加意外伤害保险。在尊重学生意愿的前提下，学校可以为学生参加意外伤害保险创造便利条件，但不得从中收取任何费用。

第五章 事故责任者的处理

第三十二条 发生学生伤害事故，学校负有责任且情节严重的，教育行政部门应当根据有关规定，对学校的直接负责的主管人员和其他直接责任人员，分别给予相应的行政处分；有关责任人的行为触犯刑律的，应当移送司法机关依法追究刑事责任。

第三十三条 学校管理混乱，存在重大安全隐患的，主管的教育行政部门或者其他有关部门应当责令其限期整顿；对情节严重或者拒不改正的，应当依据法律法规的有关规定，给予相应的行政处罚。

第三十四条 教育行政部门未履行相应职责，对学生伤害事故的发生负有责任的，由有关部门对直接负责的主管人员和其他直接责任人员分别给予相应的行政处分；有关责任人的行为触犯刑律的，应当移送司法机关依法追究刑事责任。

第三十五条 违反学校纪律，对造成学生伤害事故负有责任的学生，学校可以给予相应的处分；触犯刑律的，由司法机关依法追究刑事责任。

第三十六条 受伤害学生的监护人、亲属或者其他有关人员，在事故处理过程中无理取闹，扰乱学校正常教育教学秩序，或者侵犯学校、学校教师或者其他工作人员的合法权益的，学校应当报告公安机关依法处理；造成损失的，可以依法要求赔偿。

第六章 附则

第三十七条 本办法所称学校，是指国家或者社会力量举办的全日制中小学（含特殊教育学校）、各类中等职业学校、高等学校。本办法所称学生是指在上述学校中全日制就读的受教育者。

第三十八条 幼儿园发生的幼儿伤害事故，应当根据幼儿为完全无行为能力人的特点，参照本办法处理。

第三十九条 其他教育机构发生的学生伤害事故，参照本办法处理。

在学校注册的其他受教育者在学校管理范围内发生的伤害事故，参照本办法处理。

第四十条 本办法自 2002 年 9 月 1 日起实施，原国家教委、教育部颁布的与学生人身安全事故处理有关的规定，与本办法不符的，以本办法为准。

在本办法实施之前已处理完毕的学生伤害事故不再重新处理。

（中华人民共和国教育部令第 12 号，2002 年 6 月 25 日发布，根据 2010 年 12 月 13 日《教育部关于修改和废止部分规章的决定》修正）

附录四

中小学幼儿园安全管理办法

第一章 总则

第一条 为加强中小学、幼儿园安全管理，保障学校及其学生和教职工的人身、财产安全，维护中小学、幼儿园正常的教育教学秩序，根据《中华人民共和国教育法》等法律法规，制定本办法。

第二条 普通中小学、中等职业学校、幼儿园（班）、特殊教育学校、工读学校（以下统称学校）的安全管理适用本办法。

第三条 学校安全管理遵循积极预防、依法管理、社会参与、各负其责的方针。

第四条 学校安全管理工作主要包括：

（一）构建学校安全工作保障体系，全面落实安全工作责任制和事故责任追究制，保障学校安全工作规范、有序进行；

（二）健全学校安全预警机制，制定突发事件应急预案，完善事故预防措施，及时排除安全隐患，不断提高学校安全工作管理水平；

（三）建立校园周边整治协调工作机制，维护校园及周边环境安全；

（四）加强安全宣传教育培训，提高师生安全意识和防护能力；

（五）事故发生后启动应急预案、对伤亡人员实施救治和责任追究等。

第五条 各级教育、公安、司法行政、建设、交通、文化、卫生、工商、质检、新闻出版等部门在本级人民政府的领导下，依法履行学校周边治理和学校安全的监督与管理职责。

学校应当按照本办法履行安全管理和安全教育职责。

社会团体、企业事业单位、其他社会组织和个人应当积极参与和支持学校安全工作，依法维护学校安全。

第二章　安全管理职责

第六条　地方各级人民政府及其教育、公安、司法行政、建设、交通、文化、卫生、工商、质检、新闻出版等部门应当按照职责分工，依法负责学校安全工作，履行学校安全管理职责。

第七条　教育行政部门对学校安全工作履行下列职责：

（一）全面掌握学校安全工作状况，制定学校安全工作考核目标，加强对学校安全工作的检查指导，督促学校建立健全并落实安全管理制度；

（二）建立安全工作责任制和事故责任追究制，及时消除安全隐患，指导学校妥善处理学生伤害事故；

（三）及时了解学校安全教育情况，组织学校有针对性地开展学生安全教育，不断提高教育实效；

（四）制定校园安全的应急预案，指导、监督下级教育行政部门和学校开展安全工作；

（五）协调政府其他相关职能部门共同做好学校安全管理工作，协助当地人民政府组织对学校安全事故的救援和调查处理。

教育督导机构应当组织学校安全工作的专项督导。

第八条　公安机关对学校安全工作履行下列职责：

（一）了解掌握学校及周边治安状况，指导学校做好校园保卫工作，及时依法查处扰乱校园秩序，侵害师生人身、财产安全的案件；

（二）指导和监督学校做好消防安全工作；

（三）协助学校处理校园突发事件。

第九条　卫生部门对学校安全工作履行下列职责：

（一）检查、指导学校卫生防疫和卫生保健工作，落实疾病预防控制措施；

（二）监督、检查学校食堂、学校饮用水和游泳池的卫生状况。

第十条　建设部门对学校安全工作履行下列职责：

（一）加强对学校建筑、燃气设施设备安全状况的监管，发现安全事故隐患的，应当依法责令立即排除；

（二）指导校舍安全检查鉴定工作；

（三）加强对学校工程建设各环节的监督管理，发现校舍、楼梯护栏及其他教学、生活设施违反工程建设强制性标准的，应责令纠正；

（四）依法督促学校定期检验、维修和更新学校相关设施设备。

第十一条 质量技术监督部门应当定期检查学校特种设备及相关设施的安全状况。

第十二条 公安、卫生、交通、建设等部门应当定期向教育行政部门和学校通报与学校安全管理相关的社会治安、疾病防治、交通等情况，提出具体预防要求。

第十三条 文化、新闻出版、工商等部门应当对校园周边的有关经营服务场所加强管理和监督，依法查处违法经营者，维护有利于青少年成长的良好环境。

司法行政、公安等部门应当按照有关规定履行学校安全教育职责。

第十四条 举办学校的地方人民政府、企业事业组织、社会团体和公民个人，应当对学校安全工作履行下列职责：

（一）保证学校符合基本办学标准，保证学校围墙、校舍、场地、教学设施、教学用具、生活设施和饮用水源等办学条件符合国家安全质量标准；

（二）配置紧急照明装置和消防设施与器材，保证学校教学楼、图书馆、实验室、师生宿舍等场所的照明、消防条件符合国家安全规定；

（三）定期对校舍安全进行检查，对需要维修的，及时予以维修；对确认的危房，及时予以改造。

举办学校的地方人民政府应当依法维护学校周边秩序，保障师生和学校的合法权益，为学校提供安全保障。

有条件的，学校举办者应当为学校购买责任保险。

第三章 校内安全管理制度

第十五条 学校应当遵守有关安全工作的法律、法规和规章，建立健全校内各项安全管理制度和安全应急机制，及时消除隐患，预防发生事故。

第十六条 学校应当建立校内安全工作领导机构，实行校长负责制；应当设立保卫机构，配备专职或者兼职安全保卫人员，明确其安全保卫职责。

第十七条 学校应当健全门卫制度，建立校外人员入校的登记或者验证制度，禁止无关人员和校外机动车入内，禁止将非教学用易燃易爆物品、有毒物品、动物和管制器具等危险物品带入校园。

学校门卫应当由专职保安或者其他能够切实履行职责的人员担任。

第十八条 学校应当建立校内安全定期检查制度和危房报告制度，按照国家有关规定安排对学校建筑物、构筑物、设备、设施进行安全检查、检验；发现存在安全隐患的，应当停止使用，及时维修或者更换；维修、更换前应当采取必要的防护措施或者设置警示标志。学校无力解决或者无法排除的重大安全隐患，应当及时书面报告主管部门和其他相关部门。

学校应当在校内高地、水池、楼梯等易发生危险的地方设置警示标志或者采取防护设施。

第十九条 学校应当落实消防安全制度和消防工作责任制，对于政府保障配备的消防设施和器材加强日常维护，保证其能够有效使用，并设置消防安全标志，保证疏散通道、安全出口和消防车通道畅通。

第二十条 学校应当建立用水、用电、用气等相关设施设备的安全管理制度，定期进行检查或者按照规定接受有关主管部门的定期检查，发现老化或者损毁的，及时进行维修或者更换。

第二十一条 学校应当严格执行《学校食堂与学生集体用餐卫生管理规定》、《餐饮业和学生集体用餐配送单位卫生规范》，严格遵守卫生操作规范。建立食堂物资定点采购和索证、登记制度与饭菜留验和记录制度，检查饮用水的卫生安全状况，保障师生饮食卫生安全。

第二十二条 学校应当建立实验室安全管理制度，并将安全管理制度和操作规程置于实验室显著位置。

学校应当严格建立危险化学品、放射物质的购买、保管、使用、登记、注销等制度，保证将危险化学品、放射物质存放在安全地点。

第二十三条 学校应当按照国家有关规定配备具有从业资格的专职医务（保健）人员或者兼职卫生保健教师，购置必需的急救器材和药品，保障对学生常见病的治疗，并负责学校传染病疫情及其他突发公共卫生事件的报告。有条件的学校，应当设立卫生（保健）室。

新生入学应当提交体检证明。托幼机构与小学在入托、入学时应当查验预防接种证。学校应当建立学生健康档案，组织学生定期体检。

第二十四条 学校应当建立学生安全信息通报制度，将学校规定的学生到校和放学时间、学生非正常缺席或者擅自离校情况，以及学生身体和心理的异常状况等关系学生安全的信息，及时告知其监护人。

对有特异体质、特定疾病或者其他生理、心理状况异常以及吸毒行为的学生，学校应当做好安全信息记录，妥善保管学生的健康与安全信息资料，依法保护学生的个人隐私。

第二十五条　有寄宿生的学校应当建立住宿学生安全管理制度，配备专人负责住宿学生的生活管理和安全保卫工作。

学校应当对学生宿舍实行夜间巡查、值班制度，并针对女生宿舍安全工作的特点，加强对女生宿舍的安全管理。

学校应当采取有效措施，保证学生宿舍的消防安全。

第二十六条　学校购买或者租用机动车专门用于接送学生的，应当建立车辆管理制度，并及时到公安机关交通管理部门备案。接送学生的车辆必须检验合格，并定期维护和检测。

接送学生专用校车应当粘贴统一标识。标识样式由省级公安机关交通管理部门和教育行政部门制定。

学校不得租用拼装车、报废车和个人机动车接送学生。

接送学生的机动车驾驶员应当身体健康，具备相应准驾车型3年以上安全驾驶经历，最近3年内任一记分周期没有记满12分记录，无致人伤亡的交通责任事故。

第二十七条　学校应当建立安全工作档案，记录日常安全工作、安全责任落实、安全检查、安全隐患消除等情况。

安全档案作为实施安全工作目标考核、责任追究和事故处理的重要依据。

第四章　日常安全管理

第二十八条　学校在日常的教育教学活动中应当遵循教学规范，落实安全管理要求，合理预见、积极防范可能发生的风险。

学校组织学生参加的集体劳动、教学实习或者社会实践活动，应当符合学生的心理、生理特点和身体健康状况。

学校以及接受学生参加教育教学活动的单位必须采取有效措施，为学生活动提供安全保障。

第二十九条　学校组织学生参加大型集体活动，应当采取下列安全措施：

（一）成立临时的安全管理组织机构；

（二）有针对性地对学生进行安全教育；

（三）安排必要的管理人员，明确所负担的安全职责；

（四）制定安全应急预案，配备相应设施。

第三十条　学校应当按照《学校体育工作条例》和教学计划组织体育教学和体育活动，并根据教学要求采取必要的保护和帮助措施。

学校组织学生开展体育活动，应当避开主要街道和交通要道；开展大型体育活动以及其他大型学生活动，必须经过主要街道和交通要道的，应当事先与公安机关交通管理部门共同研究并落实安全措施。

第三十一条　小学、幼儿园应当建立低年级学生、幼儿上下学时接送的交接制度，不得将晚离学校的低年级学生、幼儿交与无关人员。

第三十二条　学生在教学楼进行教学活动和晚自习时，学校应当合理安排学生疏散时间和楼道上下顺序，同时安排人员巡查，防止发生拥挤踩踏伤害事故。

晚自习学生没有离校之前，学校应当有负责人和教师值班、巡查。

第三十三条　学校不得组织学生参加抢险等应当由专业人员或者成人从事的活动，不得组织学生参与制作烟花爆竹、有毒化学品等具有危险性的活动，不得组织学生参加商业性活动。

第三十四条　学校不得将场地出租给他人从事易燃、易爆、有毒、有害等危险品的生产、经营活动。

学校不得出租校园内场地停放校外机动车辆；不得利用学校用地建设对社会开放的停车场。

第三十五条　学校教职工应当符合相应任职资格和条件要求。学校不得聘用因故意犯罪而受到刑事处罚的人，或者有精神病史的人担任教职工。

学校教师应当遵守职业道德规范和工作纪律，不得侮辱、殴打、体罚或者变相体罚学生；发现学生行为具有危险性的，应当及时告诫、制止，并与学生监护人沟通。

第三十六条　学生在校学习和生活期间，应当遵守学校纪律和规章制度，服从学校的安全教育和管理，不得从事危及自身或者他人安全的活动。

第三十七条　监护人发现被监护人有特异体质、特定疾病或者异常心理状况的，应当及时告知学校。

学校对已知的有特异体质、特定疾病或者异常心理状况的学生，应当给予适当关注和照顾。生理、心理状况异常不宜在校学习的学生，应当休学，由监护人安排治疗、休养。

第五章　安全教育

第三十八条　学校应当按照国家课程标准和地方课程设置要求，将安全教育纳入教学内容，对学生开展安全教育，培养学生的安全意识，提高学生的自我防护能力。

第三十九条　学校应当在开学初、放假前，有针对性地对学生集中开展安全教育。新生入校后，学校应当帮助学生及时了解相关的学校安全制度和安全规定。

第四十条　学校应当针对不同课程实验课的特点与要求，对学生进行实验用品的防毒、防爆、防辐射、防污染等的安全防护教育。

学校应当对学生进行用水、用电的安全教育，对寄宿学生进行防火、防盗和人身防护等方面的安全教育。

第四十一条　学校应当对学生开展安全防范教育，使学生掌握基本的自我保护技能，应对不法侵害。

学校应当对学生开展交通安全教育，使学生掌握基本的交通规则和行为规范。

学校应当对学生开展消防安全教育，有条件的可以组织学生到当地消防站参观和体验，使学生掌握基本的消防安全知识，提高防火意识和逃生自救的能力。

学校应当根据当地实际情况，有针对性地对学生开展到江河湖海、水库等地方戏水、游泳的安全卫生教育。

第四十二条　学校可根据当地实际情况，组织师生开展多种形式的事故预防演练。

学校应当每学期至少开展一次针对洪水、地震、火灾等灾害事故的紧急疏散演练，使师生掌握避险、逃生、自救的方法。

第四十三条　教育行政部门按照有关规定，与人民法院、人民检察院和公安、司法行政等部门以及高等学校协商，选聘优秀的法律工作者担任学校的兼职法制副校长或者法制辅导员。

兼职法制副校长或者法制辅导员应当协助学校检查落实安全制度和安全事故处理、定期对师生进行法制教育等，其工作成果纳入派出单位的工作考核内容。

第四十四条 教育行政部门应当组织负责安全管理的主管人员、学校校长、幼儿园园长和学校负责安全保卫工作的人员，定期接受有关安全管理培训。

第四十五条 学校应当制定教职工安全教育培训计划，通过多种途径和方法，使教职工熟悉安全规章制度、掌握安全救护常识，学会指导学生预防事故、自救、逃生、紧急避险的方法和手段。

第四十六条 学生监护人应当与学校互相配合，在日常生活中加强对被监护人的各项安全教育。

学校鼓励和提倡监护人自愿为学生购买意外伤害保险。

第六章 校园周边安全管理

第四十七条 教育、公安、司法行政、建设、交通、文化、卫生、工商、质检、新闻出版等部门应当建立联席会议制度，定期研究部署学校安全管理工作，依法维护学校周边秩序；通过多种途径和方式，听取学校和社会各界关于学校安全管理工作的意见和建议。

第四十八条 建设、公安等部门应当加强对学校周边建设工程的执法检查，禁止任何单位或者个人违反有关法律、法规、规章、标准，在学校围墙或者建筑物边建设工程，在校园周边设立易燃易爆、剧毒、放射性、腐蚀性等危险物品的生产、经营、储存、使用场所或者设施以及其他可能影响学校安全的场所或者设施。

第四十九条 公安机关应当把学校周边地区作为重点治安巡逻区域，在治安情况复杂的学校周边地区增设治安岗亭和报警点，及时发现和消除各类安全隐患，处置扰乱学校秩序和侵害学生人身、财产安全的违法犯罪行为。

第五十条 公安、建设和交通部门应当依法在学校门前道路设置规范的交通警示标志，施划人行横线，根据需要设置交通信号灯、减速带、过街天桥等设施。

在地处交通复杂路段的学校上下学时间，公安机关应当根据需要部署警力或者交通协管人员维护道路交通秩序。

第五十一条 公安机关和交通部门应当依法加强对农村地区交通工具的监督管理，禁止没有资质的车船搭载学生。

第五十二条 文化部门依法禁止在中学、小学校园周围 200 米范围内设立互联网上网服务营业场所，并依法查处接纳未成年人进入的互联网上网服务营业场所。工商行政管理部门依法查处取缔擅自设立的互联网上网服务营业场所。

第五十三条 新闻出版、公安、工商行政管理等部门应当依法取缔学校周边兜售非法出版物的游商和无证照摊点，查处学校周边制售含有淫秽色情、凶杀暴力等内容的出版物的单位和个人。

第五十四条 卫生、工商行政管理部门应当对校园周边饮食单位的卫生状况进行监督，取缔非法经营的小卖部、饮食摊点。

第七章 安全事故处理

第五十五条 在发生地震、洪水、泥石流、台风等自然灾害和重大治安、公共卫生突发事件时，教育等部门应当立即启动应急预案，及时转移、疏散学生，或者采取其他必要防护措施，保障学校安全和师生人身财产安全。

第五十六条 校园内发生火灾、食物中毒、重大治安等突发安全事故以及自然灾害时，学校应当启动应急预案，及时组织教职工参与抢险、救助和防护，保障学生身体健康和人身、财产安全。

第五十七条 发生学生伤亡事故时，学校应当按照《学生伤害事故处理办法》规定的原则和程序等，及时实施救助，并进行妥善处理。

第五十八条 发生教职工和学生伤亡等安全事故的，学校应当及时报告主管教育行政部门和政府有关部门；属于重大事故的，教育行政部门应当按照有关规定及时逐级上报。

第五十九条 省级教育行政部门应当在每年 1 月 31 日前向国务院教育行政部门书面报告上一年度学校安全工作和学生伤亡事故情况。

第八章 奖励与责任

第六十条 教育、公安、司法行政、建设、交通、文化、卫生、工商、质检、新闻出版等部门，对在学校安全工作中成绩显著或者做出突出贡献的单位和个人，应当视情况联合或者分别给予表彰、奖励。

第六十一条　教育、公安、司法行政、建设、交通、文化、卫生、工商、质检、新闻出版等部门，不依法履行学校安全监督与管理职责的，由上级部门给予批评；对直接责任人员由上级部门和所在单位视情节轻重，给予批评教育或者行政处分；构成犯罪的，依法追究刑事责任。

第六十二条　学校不履行安全管理和安全教育职责，对重大安全隐患未及时采取措施的，有关主管部门应当责令其限期改正；拒不改正或者有下列情形之一的，教育行政部门应当对学校负责人和其他直接责任人员给予行政处分；构成犯罪的，依法追究刑事责任：

（一）发生重大安全事故、造成学生和教职工伤亡的；

（二）发生事故后未及时采取适当措施、造成严重后果的；

（三）瞒报、谎报或者缓报重大事故的；

（四）妨碍事故调查或者提供虚假情况的；

（五）拒绝或者不配合有关部门依法实施安全监督管理职责的。

《中华人民共和国民办教育促进法》及其实施条例另有规定的，依其规定执行。

第六十三条　校外单位或者人员违反治安管理规定、引发学校安全事故的，或者在学校安全事故处理过程中，扰乱学校正常教育教学秩序、违反治安管理规定的，由公安机关依法处理；构成犯罪的，依法追究其刑事责任；造成学校财产损失的，依法承担赔偿责任。

第六十四条　学生人身伤害事故的赔偿，依据有关法律法规、国家有关规定以及《学生伤害事故处理办法》处理。

第九章　附则

第六十五条　中等职业学校学生实习劳动的安全管理办法另行制定。

第六十六条　本办法自 2006 年 9 月 1 日起施行。

（中华人民共和国教育部令第 23 号，2006 年 6 月 30 日发布）

附录五

"练习与思考"参考答案
（思路点拨）

1. 思路点拨：本起意外伤害，主要是由于事发时教师对幼儿照顾不周、疏于管理所致，同时，幼儿园晨检制度不严，未及时发现和制止幼儿将危险物品带进园内也是原因之一。此外，家长对家中的药品未进行妥善保管，且在孩子上学时，没有检查孩子的着装及携带物品情况，未尽监护职责，也是事件发生的一个诱因。

2. 思路点拨：幼儿上学到校后，教师杨某和实习教师张某没有清点人数，未能及时发现受害幼儿的缺勤情况，两位教师的这一过错是事故得以发生的诱因之一。

3. 思路点拨：幼儿上户外活动课之前，任课教师未对学生的着装安全情况进行检查，在上课过程中，教师对学生照管不周，未能及时发现并消除危险因素，是事故发生的主要原因，故园方应对事故承担主要责任。

4. 思路点拨：幼儿园没有行使告知义务，将提前放学的情况通告小雨的监护人，且在小雨的家长未前来接送的情况下，即让小雨自行回家，园方未尽到管理职责，应承担相应的法律责任。

5. 思路点拨：幼儿园未建立严格的接送的交接制度，未将幼儿交给其监护人或监护人指定的接送人，交接工作存在漏洞，对事故的发生存有过错。

6. 思路点拨：虽然韩某在冒领孩子时向园方出示了接送卡，但接送卡制度的施行并没有免除园方应当核实接送人身份的义务，面对不同于往常的"接送人"，教师没有进行核实而仅仅凭卡就"放人"，园方的过错是显而易见的。

7. 思路点拨：幼儿园要避免卷入离异家庭的接送或探视孩子的纠纷中，关键是要建立严格的学生接送的交接制度，不要把孩子交给约定的接送人之外的人员，发生纠纷时应及时向公安司法部门求助。

8. 思路点拨：虽然放学了，但是孩子并没有正常离园，在没有家长陪同的情况下，门卫或值班老师不能让孩子自行离园，一旦发生意外，幼儿园仍需承担一定的法律责任。

9. 思路点拨：引发该起幼儿走失事件的原因，一是班级任课教师对幼儿的课堂活动疏于管理，二是门卫未能锁好、看好大门，严重失职，园方的安全管理制度存在重大漏洞。

10. 思路点拨：血的教训告诉我们，学校或校车服务提供者在使用校车时，应当严格遵守国家关于校车的管理规定，确保校车及其驾驶人符合法定的资质条件，司机在运送学生上下学的过程中应当严格按照机动车道路通行规则和驾驶操作规范安全驾驶、文明驾驶。平时，学校应当注意了解本校学生上下学乘坐车辆的情况，发现有家长租用社会非法营运车辆接送学生上下学情况的，要立即予以劝阻，并尽快通报相关部门，积极配合有关部门做好学生上下学接送车辆的监管工作，确保学生上下学的交通安全。

11. 思路点拨：在案例中，校车司机为了赶时间，在幼儿下车后尚未站稳的情形下即关闭车门、启动车辆，司机的违章行为引发了重大交通事故，产生了致人死亡的严重后果，其行为已触犯刑法，构成交通肇事罪。同时，作为校车服务提供者的学校（或其他单位）违反安全运输义务，应当向受害者家属承担民事赔偿责任。

12. 思路点拨：幼儿园的开办者苗某明知使用的校舍存在安全隐患，而不及时采取防护措施，致使发生重大伤亡事故，其行为已构成教育设施重大安全事故罪。

13. 思路点拨：保证园内设施、设备的安全，是幼儿园的法定义务。幼儿经常接触、靠近的设备不应含有尖锐的边角，而应向软、圆上靠近。平时，教师应当教育幼儿不得在室内奔跑或快速行走，以免摔倒或碰伤、磕伤。

14. 思路点拨．2周岁大的幼儿是无民事行为能力的人，幼儿园在幼儿托保期间，有义务对幼儿的安全负责。幼儿园本应该预见玻璃瓶会对幼儿造成损害，却仍然使用玻璃瓶作为教具，表明其未尽到职责范围内的安全保障义务，应对洲洲的损失予以赔偿。

15. 思路点拨：事故发生时施工方对作业场地未采取有效的隔离措施，

而作为场地、设施的所有人和管理人的幼儿园，对施工方的施工安全也缺乏监督，且在上课时对幼儿疏于管理，最终酿成了悲剧。

16．思路点拨：按照《中华人民共和国侵权责任法》第四十条的规定："无民事行为能力人或者限制民事行为能力人在幼儿园、学校或者其他教育机构学习、生活期间，受到幼儿园、学校或者其他教育机构以外的人员人身损害的，由侵权人承担侵权责任；幼儿园、学校或者其他教育机构未尽到管理职责的，承担相应的补充责任。"本案中，3家厂家生产的产品质量不合格，是酿成事故的直接原因，因此，3家厂家作为直接侵权人应承担民事责任。而学校在购买产品时未尽谨慎审查义务，购买了不合格的产品，且在粉刷教室后，没有经过一定的空气净化期，没有采取相应的空气净化措施的情况下，即将教室投入使用，以致引发事故，学校对此有过错，应承担补充责任，即在3家厂家的财产不足以承担其应负的民事责任时，由学校承担与其过错相应的补充赔偿责任。

17．思路点拨：幼儿园应当列出本园的危险物品清单，并根据危险物品的特性分门别类进行管理，从物品的采购、存放、保管、使用、处理等各个方面建立安全管理制度。

18．思路点拨：幼儿园伙食费应当独立核算，按实际成本向幼儿收取，并应当专款专用，只能用于幼儿的膳食，不得与教职工的膳食费用混同，不得将教职工福利、幼儿园招待费等支出计入幼儿的伙食成本。

19．思路点拨：幼儿园应当按照规定，对食堂和就餐场所采取严格的安全保卫措施，防止投毒事件的发生。应当采取的防范措施包括：严禁非食堂工作人员随意进入幼儿园食堂的食品加工操作间和食品原料存放间；食堂各个功能间的安全应当由专人负责，下班时应当锁好食堂门；食堂钥匙不得转交给非工作人员，如需维修等，必须报幼儿园总务处批准并由专人在现场监管；食堂工作人员上班时应检查食堂门锁是否有撬过的痕迹，食堂内水池、调味罐等是否有异味，发现异常应立即向领导汇报；每日饭菜、开水做好后，最好先由专人试尝、试喝，确保安全后再向师生提供；严禁无关人员接触幼儿伙食和饮用水；等等。

20．思路点拨：从童童被烫伤的情况来看，幼儿园应该是在饭菜还很烫的情况下即将其送到幼儿活动室并让幼儿食用。同时，在分餐、用餐过程中，教师对危险因素估计不足，对幼儿疏于管理，未及时制止幼儿做出的危险性行为，这些都是事故发生的原因。

21．思路点拨：幼儿园应当建立药品安全管理制度。幼儿上学期间需要服药的，应当由家长将药品交给保健教师，并填写《喂药委托书》，委托书应载明需要喂药的幼儿的姓名、班级、服药原因、服药剂量、服药时间，保健教师在接收药物以及给受托的孩子喂药时，应当核实药品的相关信息。

22．思路点拨：该幼儿园的做法确有不妥之处。幼儿园应当通过建立严格的晨检制度和因病缺勤病因追查与登记制度，对传染病疫情进行监测。当发现传染病或疑似传染病病人时，幼儿园应当立即向当地疾病预防控制机构报告相关信息，同时向教育行政部门报告，并根据疾病预防控制机构的建议采取将患者隔离、对校园环境和设施进行消毒、停课等措施，做到早发现、早报告、早隔离、早治疗。

23．思路点拨：制定突发公共卫生事件应急预案，可以有效预防、及时控制和妥善处理幼儿园突发公共卫生事件，提高快速反应和应急处置能力，将各类突发公共卫生事件对幼儿园师生员工造成的危害降到最低程度。

24．思路点拨：幼儿园应当建立在园幼儿午睡安全管理制度，对幼儿午睡中的行为加强管理，纠正幼儿不正确的睡姿，制止幼儿做出的危险性行为，发现异常情况要及时予以处理。

25．思路点拨：在组织幼儿如厕时，幼儿园对幼儿的活动秩序缺乏科学、合理的安排，管理不周，致使幼儿因相撞而受伤，园方有过错，应承担相应的法律责任。

26．思路点拨：在区角活动进行过程中，带班教师之间应有明确的分工，保证每一区角的活动都处在教师的监管之下。该起案件中教师在进行分组教学时，对部分学生的行为疏于管理，特别是对使用具有一定危险性的学具（如剪刀、铅笔等）的幼儿，教师没有预见到可能发生的行为，并未对幼儿的行为加强监督和管理，致使发生了伤害事故。

27．思路点拨：教师所选择的游戏对幼儿而言具有较大的危险性，超出了四五岁幼儿的身心承受能力，且在幼儿游戏过程中，教师未在一旁进行保护并给予必要的帮助，未及时制止、纠正幼儿错误的行为，对幼儿保护不周，以致发生了安全事故。

28．思路点拨：这一看法是错误的。亲子运动会是幼儿园组织的教育活动，园方对参与活动的幼儿仍负有教育、管理和保护之责，家长在场并不能免除幼儿园的这一职责。由于幼儿园对活动的组织缺乏周密的安排，安全管理不到位，对幼儿疏于照管，由此引发安全事故，园方有过错，应承担相应的法律责任。

29. 思路点拨：在集体通行高峰期，不同年级的学生群体在楼道逆向通行，且片面追求速度，加之没有教师在现场疏导通行、维持秩序，最终引发了拥挤踩踏事故。幼儿园应当建立预防拥挤踩踏事故的安全管理制度。

30. 思路点拨：幼儿园应当建立健全消防安全管理制度，落实消防安全岗位责任制，预防火灾事故的发生。

31. 思路点拨：司机在启动车辆时未注意观察周围的环境，未留意幼儿的行踪，在幼儿下车后尚未离开车辆达一定安全距离的情况下即仓促开车，其过错是明显的。

32. 思路点拨：幼儿园应当建立防范校园暴力伤害事件的安全管理制度，加强校园人防、物防和技防建设，建立突发暴力伤害事件应急处理机制，案件发生后要立即启动应急预案。

33. 思路点拨：（略）

34. 思路点拨：猥亵儿童，是指以性为目的，用性交以外的方法对儿童实施的淫秽行为，包括公开暴露生殖器，强制抠摸、搂抱、吮吸、舌舔以及手淫、鸡奸等行为。"猥亵儿童罪"之中的"儿童"，是指不满14周岁的未成年人，包括女孩和男孩。幼儿园应当建立防范校园性侵害案件的安全管理制度。

35. 思路点拨：门卫未核实来访人员的身份，未对其进行必要的安全检查，就让其进入校内会见学生，明显构成失职。

36. 思路点拨：幼儿园提前放学，应当将这一事关幼儿安全的信息提前通告家长，以便家长相应地调整接送孩子的时间，但该幼儿园并未通知到受害幼儿的家长，且在家长未前来接送孩子的情况下，即让孩子自行回家（未履行交接义务），园方对受害幼儿未尽到管理职责，应承担相应的法律责任。

37. 思路点拨：学校、幼儿园瞒报安全事故，将会影响到对受害学生、幼儿的及时、有效救助，影响到事故的妥善处置。对于违反安全事故报告职责的，将追究学校、幼儿园负责人和其他直接责任人员的行政责任，情节严重构成犯罪的，依法追究其刑事责任。

38. 思路点拨：在园幼儿受到伤害后，幼儿园应当积极履行救助义务。

对于园方有过错的事故，幼儿园可与受害幼儿的监护人协商处理赔偿事宜，无法达成一致意见的，双方可通过法律途径解决园方的赔偿问题。对于因教师或者其他工作人员在履行职务中的故意或者重大过失造成的幼儿伤害事故，幼儿园应当落实事故责任追究制，对有关责任人员进行处分（幼儿园向受害幼儿赔偿后，还可以向有关责任人员追偿），并采取整改措施，防范类似事故重复发生。

39. 思路点拨：（略）

40. 思路点拨：教师体罚幼儿给幼儿造成人身伤害的，幼儿园要承担人身损害赔偿责任。相关责任教师应承担行政责任，后果严重的甚至有可能承担刑事责任。

41. 思路点拨：侮辱罪是指使用暴力或者其他方法，公然贬低、损害他人人格，破坏他人名誉，情节严重的行为。侮辱罪的行为具有三个方面的特征，一是行为性质的侮辱性，即行为人采用暴力或其他方法实施了使他人人格、名誉受到损害的侮辱性行为。侮辱性行为包括三种类型：（1）行为侮辱，如向他人身上泼洒粪便、在他人身上刻画侮辱性的标记等；（2）言语侮辱，即使用下流、污秽的言语侮辱他人；（3）文字侮辱，即使用大字报、漫画等方式侮辱他人。二是行为方式的公然性，即侮辱性的行为是在有第三者在场的情况下当众实施的。三是行为后果的严重性，即侮辱性行为造成了严重的后果，如造成他人自杀、自残、发生严重的精神疾病，或造成严重的社会影响或政治影响等。构成侮辱罪，上述三个特征缺一不可。

42. 思路点拨：丁丁的单亲家庭信息属于个人隐私的范畴，因幼儿园老师的过失，这一信息遭到泄露，由此给丁丁的生活造成了不利影响，园方教师的行为已侵犯了丁丁的隐私权。

43. 思路点拨：教师给幼儿起不雅外号，使得幼儿受到他人嘲笑，导致其社会评价受到不利影响，教师的行为已涉嫌侵犯幼儿的名誉权。

44. 思路点拨：幼儿园在制作、使用幼儿的肖像时，原则上应当事先征得幼儿监护人的同意，以免侵犯幼儿的肖像权。

45. 思路点拨：小虎在校身患急症，任课教师没有及时把他送往医院，也未直接与其家长联系，延误治疗多时，导致小虎错过最佳救治时间而死亡，学校对此存有一定的过错，应承担相应的民事责任。

46. 思路点拨：法院经审理认为，在小晖上学期间，幼儿园对小晖负有教育、管理、保护的职责。原告小晖在上课期间遭受人身损害，幼儿园虽有两位老师在岗，但都在教小孩写字，未对全班其他学生进行监督管理，疏忽了使用铅笔（尖锐物）写字可能对学生造成伤害的合理注意义务，且事发后未及时发现铅笔芯断在小晖的左眼内，这是导致事故发生的主要原因，鉴于此，幼儿园应承担主要赔偿责任。被告小军事发时只有五周岁，对于自身行为的认知能力极为有限，其应承担次要赔偿责任。

47．思路点拨：晓房可以要求幼儿园赔偿医疗费、残疾赔偿金、交通费、住院伙食补助费、营养费、护理费、（家属）误工费等损失。

48．思路点拨：（略）

49．思路点拨：（略）

50．思路点拨：（略）